心理勵志 BBP395

WHY GOOD THINGS HAPPEN TO GOOD PEOPLE

好人肯定有好報。

Stephen Post & Jill Neimark

史帝芬・波斯特 、吉兒・奈馬克 著　　李淑珺　譯

目錄

前言

在沙漠中種下玫瑰

默思牧師（Otis Moss, Jr.）

愛是全世界最重要、最能改變生命的力量。波斯特和奈馬克在本書傳達了真愛的科學與精神。我和波斯特住在同一個城市，因此有許多時間相處。他為這裡的學術界和社區帶來一個特別的召喚，讓科學與靈性結合。本書將告訴我們如何擁有力量、勇敢、懂得原諒，同時**忠於人道精神**，並從一般人習以為常的行為中超越出來。

我很清楚為愛而奮鬥的影響力有多大。在我大學時，有個十四歲男孩提爾（Emmett Till）因為向白人女性搭訕而在密西西比州遭受私刑致死，還有帕克斯（Rosa Parks）拒絕在阿拉巴馬州蒙哥馬利市的公車上讓座給白人。最重要的是，我也是在這個時期，受到金恩博士的精神感召，追隨他的理念，在亞特蘭大市領導群眾進行非暴力的靜坐抗議。這麼多年前，我就學到這個世界需要愛的傳播者與和平的使者。羅伯・甘迺迪在競選總統時引用英國詩人但尼生的詩句說得好：「來吧，我的朋友，尋求更新的世界，永不嫌晚。」

所有偉人都知道愛的真理：愛永遠不會太遲，而且是通往新世界的道路。對聖雄甘地而言，愛是不合作主義（真理的力量），他因此能不靠槍彈，掙脫了英國對印度的殖民枷鎖。對耶穌與祂的門徒，愛是救贖。對在猶太人大屠殺中倖存的法蘭科（Victor Frankl），愛是讓生命的每一個面向都擁有意義的唯一真實。

《新約聖經・以賽亞書》第三十五章第一節，有一段很美的訊息：「沙漠也必快樂；又像玫瑰開花。」在我擔任牧師期間，無論是經歷到至高的喜悅，甚至是遭受最深的痛苦、折磨和哀傷時，這個想法都引導著我。短短幾個字就道盡我介紹這本書時想說的一切，那就是**沙漠與玫瑰**。

我們在人生裡體會到許多猶如身陷沙漠的經驗。但是，如果我們做個朝聖者而非遊客，最終一定會穿越沙漠，走過荒野。

確實，人生中遍布著沙漠。有時是人際關係的沙漠。經過許多年才建立起來的關係，卻在某些時刻變成一片乾涸、枯槁、了無生趣的沙漠。有些時候，我們穿的衣服、開的車子、住的房子，都是高品質的產品，但這一切背後，卻是灼人的高溫、燃燒的沙漠，讓我們與他人的關係完全失去意義。

有時我們也會遇到經濟的沙漠。因經濟衰退和失業而形成的沙漠，光在美國，就可能有數百萬人茫然無助地受困其中。

有時候，疾病也會是一片沙漠。記得多年前，當我在俄亥俄州擔任牧師時，去醫院探望教友是我的職責之一。我走進麥克納爾（Leola McNair）的病房時，她熱情洋溢地迎接我說：「入院時，我心裡已經準備好有一腿必須截肢。但是住院以後，我發現兩條腿都得截肢。」

我呆住了，心想：**我要怎麼回答？**在學校受的訓練，這時候完全派不上用場。當我努力想說出一些有意義的話時，她看著我，真誠地說：「我躺在床上一直想著，等我出院回家後，我可以用雙手做哪些美好的事。」

請注意，她不是說「**如果**我出院回家」，而是「**等**我出院回家」。她又接著說：「我從小就會縫紉、編織、烹飪，還有很多很棒的事。我一直想著可以做哪些了不起的事。」她暫停了一下說：「我想幫你烤個蛋糕。」

在這樣充滿挑戰、甚至令人難以招架的時刻，她不但找到智慧與生命意義，甚至發揮了幽默感。在疾病的沙漠裡，她種下一株玫瑰。我永遠不會忘記她，還有那一刻她帶給我的美好。即將失去雙腿並沒有改變她的人生觀，或摧毀她的意志。如果說疾病帶來任何影響，那就是讓她從內在找到更偉大、深刻的意志，見證了更真實的勇氣與愛。出院回家後，她靠著社會救濟金獨自生活，但她真的照自己所宣告般，做出許多神奇的事。在她身上，我們看到愛的力量。沒有人會為麥克納爾感到遺憾，因為她是這麼忙碌，忙著帶給他人幫助和希望。

世上到處都有像麥克納爾這樣的人。或許你就是其中之一。每個禮拜天，我望著成群的面孔，其中有些人經歷了三次心血管繞道手術，或親友早逝，也有人日復一日為生活而掙扎，但他們都能以嶄新的聲音唱出「哈利路亞」。他們見證了愛可以為生命帶來什麼力量。愛會說明我們是誰，並給予我們新的勇氣。

所以，當你看這本書的時候，請想著沙漠與玫瑰。**當你陷入沙漠，請種下一株玫瑰。**種下一株又一株象徵和平及和諧的玫瑰，象徵信念、希望與愛的玫瑰。如此，沙漠中將處處綻放燦爛的花朵。我希望，這本書能改變你的一生。

第一章

付出是世界上最強大的力量

如果我能帶著一句話到來生，這句話會是「付出」。我在凱斯西儲大學（Case Western University）醫學院教授醫學倫理十八年，並從二〇〇一年起，領導一所研究機構，致力於研究「付出」的神奇力量。我們迄今資助了四十四所主要大學，多達五十多項的研究計畫。

我只想傳達一個簡單的訊息：「付出」是世界上最強大的力量。付出是你唯一可以仰賴的愛，因為你永遠可以選擇付出，你的內在永遠有能力付出。付出會讓你終生身心健康。

大多數人都能清楚記得，那些付出與收穫成正比、他人快樂自己也快樂的時刻。在地球上活了五十五年的我，和你一樣，將這些時刻視為人生的至寶。除此之外，還有一個原因讓我理解付出的力量：我在領導「無限大愛研究中心」（Institute for Research on Unlimited Love, IRUL）期間，資助過許多相關的研究，親眼看見科學的佐證。來自許多領域的科學先鋒，正在開拓一片全新的研究領域，探索什麼樣的人格特質能創造健康、快樂、滿足，與持續成功的人生。這些科學家不斷發現，友善的行為對人的心理與生理健康，會造成深遠而顯著的影響。社會學家普特南（Robert Putnam）用「單人保齡球」（注：普特南觀察到美國有愈來愈多人打保齡球，球隊卻相形減少的現象）來描述現代生活的疏離感，這種疾病侵蝕了許多人的生活，我深信治療這種疾病，最好的解藥就是付出。

你希望快樂、被愛、感覺安全、有保障嗎？你希望在痛苦的時刻有人幫助你？或想擁有真誠溫暖的人際關係？你是否想在活著的每一天，都知道世界是一個充滿善意與希望的地方？那麼我的答案是：付出。每天付出，一點一滴地付出，你就會更快樂。付出，你就會更健康，甚至更長壽。

慷慨的行為能保護我們一輩子。對此，許多研究都有驚人的發現，如果你在青少年時期經常幫助別人，六十年甚至七十年後，你仍然會因此而更健康。而且無論什麼時候開始經常付出，即使老年之後才開始，你的身心狀態還是會有所改善。慷慨的行為與較低的疾病及死亡風險、罹患憂鬱症的機率，都有密切相關。更值得注意的是，付出與造就成功的人格特質，例如人際互動能力、同理心、正面情緒等息息相關。學習付出，你會更懂得如何生活。

如精神醫學家曼寧格博士（Dr. Karl Menninger）所言，「愛讓人痊癒，無論給予或接受愛的一方都會獲得療癒。」這本書會告訴你，付出是有科學支持的忠告。讀完本書，你也將學會如何活得更健康、更懂得付出。

唯有付出，愛才能歷久彌新

本書的目的是激勵你展開更健康、更懂得付出的生活，本書提供：

- 有關慷慨行為與快樂、健康、長壽的關係的最新科學發現。
- 一份實用的地圖，詳述了每天都能做到的、各種不同的付出方式，讓你能隨著一章章閱讀，想想自己該怎麼做。
- 許多人付出的故事。人生不就是故事編織而成的？人類會賦與事物意義，而故事也最能激勵我們。
- 由頂尖科學家研發出來、創新而獨特的「愛與長壽量表」，讓你評量自己的長處與天賦。
- 簡單實用的建議與練習，幫助你逐漸改變並習慣付出。

你會發現，我在書中討論付出與愛的時候，很少提到浪漫的情感。那讓千艘戰船為之出征的容顏呢？那些為了愛情而生的吟遊詩人、音樂、詩歌、藝術，和戰爭呢？

浪漫的吸引力是人因為愉悅而產生的熱情，來自獨特的大腦化學作用，有時讓人狂熱亢奮，有時令人痛徹心扉。當我們「墜入」愛河時，迷戀使我們經歷高潮迭起的正面情緒，因此愛人在我們眼中就是完美的化身。這種初始的幸福感能幫助人類繁衍後代，但經常稍縱即逝。雖然我們都看重戀愛的經驗，在生命中真正重要的卻不是這種愛。

要持續活在愛裡，需要經常表達出各種慷慨行為。我已經結婚二十五年。我的婚姻一開始，確實出於浪漫的迷戀。逐漸地，夫妻之間的友情開始萌芽，分擔與寬容在女兒出世後更變得不可或缺；事實上，為人父母是一生中讓我成長最多的事之一。但即使是這股新友誼，也不足以讓我們相守數十年，而是一種更深刻的愛。我們在婚姻中孕育出來的，是建立在同理心、希望、原諒、忠誠、寬容與尊重的愛。

每一樁婚姻或許都從令人暈眩、亢奮的浪漫開始，但最終能讓婚姻延續的，是更深刻而沉靜的愛。哈佛大學的精神醫學家瓦倫特（George Vaillant）曾追蹤哈佛大學畢業生的生涯發展長達半世紀，他舉了一個法官的例子。這位法官在高中時認識他的妻子。六十五歲時，他說他的愛「比剛開始時更深入」。到了七十七歲時，他說，「當未來的日子愈來愈短，我更愛她了」。本書談的就是這種愛。而唯有付出，才能讓愛歷久彌新。

成立研究愛與付出的機構

二〇〇〇年一個傍晚，慈善家坦伯頓爵士（John Templeton）和我在杜克大學聊天時，建議我成立一個機構來研究愛，而且只研究愛。坦伯頓爵士創立了二十世紀最成功的共同基金之一，成為投資界的傳奇。他的專長是找出新興市場，讓好的企業造福當地經濟。坦伯頓爵士在一九八七年受封爵士後，退休並移居至巴哈馬群島，同時開始了一項獨特的慈善事業。他的基金會每年提供六千萬元美金，資助和獎勵各種在靈性和科學上的研究與成就。他的「坦伯頓靈性真相研究或發現促進獎」（Templeton Prize for Progress Toward Research or Discoveries About Spiritual Realities）每年頒發一百五十萬元美金的獎金，受獎人包括德蕾莎修女、小說家索忍尼辛、物理學家戴維斯（Paul Davies）等。

當時我對坦伯頓爵士的提議有些不知所措。我到凱斯西儲大學醫學院任教時，決定全力研究阿茲海默症患者與其家屬的需求。我想接近這些我稱為「深度健忘」的人，因為我自己的祖母死於阿茲海默症，我知道即使身在失智症的迷霧裡，她仍舊能付出而且接受愛。事實上，愛是她僅剩的語言。這些患者對我揭露了真理：人類的核心是愛。當我在全國各地舉辦焦點團體座談時，我從這些深度健忘的人與他們的家人身上學到了許多關於付出的道理。

幾個月後，坦伯頓爵士寫了一封信，繼續這次對話。他邀請我成立一所頂尖的科學機構，來研究愛與付出對人類的影響。不久之後，我與凱斯醫學院院長貝格（Nathan A. Berger）討論了這件事。我說：「影響公眾健康的不只是流行性感冒、含鉛油漆和肥胖症而已，善行、慷慨與希望，也是重要的因素。愛，事實上是效力最強大的良藥。我們都知道這件事，但是我們的研究還不夠多。」

一九五一年，心理學家哈洛在美國心理學協會發表了一篇重要的演講。哈洛是第一個把「愛」拿到實驗室裡研究的科學家。他用布與鐵絲做的「媽媽」代替猿猴母親，實驗猿猴親子的依附關係，這些實驗證實了我們天生對情感與溫暖有多麼強烈而深刻的需求。哈洛說過：「愛是一種神奇的狀態，深刻、溫柔而且關懷……（然而）心理學家愈來愈少關注這項生活中無所不在的動力。」他對台下的同儕發出戰帖，質疑為什麼他們研究憎恨、暴力、恐懼、色情，卻不研究正面情緒。

貝格明白我的想法。就這樣，二〇〇一年，由於坦伯頓基金會的慷慨贊助，無限大愛研究中心成立了。

當別人問起這所中心做些什麼，我會有三個答案。第一：我們贊助任何具開創性、高水準、重視實證的對無私的愛的研究，各領域都包括在內，從人類發展學、基因遺傳學到正向心理學與社會學等。第二：記得名主持人羅傑斯先生（Fred Rogers）在九一一恐怖攻擊事件後所說的話嗎？他被問及面對恐怖攻擊，父母該對孩子說什麼時，他只簡單回答：「把注意力放在那些對人伸出援手的人身上。」這就是我們研究中心所做的事：研究助人者的慈悲心、慈善工作和美好人生，並從他們的經驗中學習。

第三個答案呢？當我們付出時，通常會意外地對自己有更多發現，找到真實的自我。我們的目的之一，就是盡可能協助大家有這樣的發現。

我們皆非完人，唯有付出，能指引人生的方向。克爾文學院（Calvin College）的哲學家葛瑞霍特（Ruth Groenhout）最近問我：「什麼才能激發科學與演化學領域的真正革命，讓我們能大方地公開承認愛的重要？」

把科學的證據作為起點如何？證據正在不斷累積，而且你將會在本書中發現，自己實在很難不被新近的研究結果說服。就讓我們超越「我思，故我在」，以更具有善意的「我愛，故我在」來取代。愛不用教導，而是感染。愛會從好鄰居、好父母、子女、陌生人及聖人身上散發，進而感染我們。還有什麼訊息比這更重要？

讓我們看看梅爾絲（Katherine Meyers）的故事。一九九六年冬天，她在芝加哥的街頭遇到名叫馬文的流浪漢。他對她說：「不要叫我流浪漢。在我的心裡，我有一個家。」

這一天早晨，梅爾絲如往常一樣，在密西根大道上散步，而她才剛放了錢在馬文的杯子裡。她回憶道：「我走過他身邊時，覺得自己的腳彷彿有兩百磅重。我沒辦法繼續往前走，一直被往回拉。」

她忍不住回頭，向馬文自我介紹。馬文一出生就全盲，但他不靠枴杖就能走路。「眼睛在你的腳上和手上，還有你的心裡，」梅爾絲向馬文這麼說，馬文拉起她的手放在自己的胸口。兩人開始交談。不多久她就摟住馬文的肩，而此時，她注意到路人都把眼神轉開。梅爾絲還說，「他們看不到這個男人的智慧。他就這樣坐在那裡，不評斷也不怨恨。」從此，她一直幫助街頭流浪者。「我學會分辨，一隻伸出的手不一定表示『丟錢進來』，有時候是在說：『握住我的手。我是一個人。請承認我的存在。』」

付出使人平等。不論優渥富足或家徒四壁，好運不斷或艱難困苦，這都是你開始無私之愛的人生起點。我想到華德姿（Susie Valdez）的故事。有「貧民窟皇后」之稱的華德姿，出生於墨西哥的貧民區，讀到十年級就輟學，接連生了四個孩子。後來她收拾僅剩不多的財物，帶著孩子搬到德州，接下來四十年，她一直照顧一貧如洗的墨西哥人。

華德姿創立了一個慈善團體，為兩間醫學中心募款，說服顯赫的政治人物重視貧困的問題、資助學校，而且讓三千人每天有飯可吃。許多人都對她在艱困的時候，仍然散發領袖魅力而感到驚奇。

付出愛，你將會發現生命裡所有的力量、活力、喜悅與快樂。療癒與健康就存在善行之中。

免費的神奇新藥

關於愛的研究中最驚人的發現是，付出對整體健康的保護能力，比阿斯匹靈對心臟疾病的預防能力，還要高出一倍。如果付出不是免費的，製藥公司肯定歡天喜地迎接這項發現，並推出一種神奇的新藥，叫做「付出樂」而不是「百憂解」，然後在電視上為「愛」大打廣告。無限大愛研究中心的發現奠基於許多偉大先驅的研究成果上，包括探討愛的社會學家，如素羅金（Pitirim Sorokin），以及開創新局的正向心理學家，如曾任美國心理學協會主席及《學習樂觀，樂觀學習》（遠流出版）的作者塞利格曼等。

愛的研究幾乎囊括了所有專家與科學領域。研究對象包含了各個族群，從非裔美籍青少年，到中年越戰退伍軍人，到經常做禮拜的信徒、無神論者，以及老年族群；也從各領域如心理學、演化生物學、跨文化人類學、老人學、流行病學、公共衛生、宗教和人類發展等相關專業中汲取靈感。有些研究者甚至試圖把愛帶到醫生的診間，請醫生開立「慷慨」這個處方。

賀許菲德（Adam Hirschfelder）就是這樣的先驅之一：他主持一項名為「處方：志願工作」（Rx：Volunteer）的新計畫，從加州一家大型醫療管理機構的醫療服務中心裡，徵求接受醫生開立志願工作「處方」的病患進行研究。

付出，對於任何年齡、任何生命階段的人都有益。我們常說好人不長命。當然，好人有時候確實不長命，而且所有人最終難免要面對自己無法控制的病痛。但是一項值得注意的好消息是，過去十年來，已經有大約五百項嚴謹的科學研究證實，無私的愛確實有益人類健康，而無限大愛研究中心贊助的新研究，則使整體成果更振奮人心。

我將在接下來的章節中，更仔細說明這些最新的科學發現：

一個人在高中時期若開始付出，可以預測他在未來五十年直到成年後期，身體與心理都會比較健康。這個發現來自心理學家魏克（Paul Wink）的研究，可能是該中心所贊助的研究當中，最令人印象深刻也最有說服力的一項。他的研究是從一九二〇年代開始追蹤將近兩百名受試者，其中有些人當時才剛出生。這項研究由研究者每隔十年對受試者進行一次長達四到五小時的訪問，可說是心理學研究的白金級標準，因為其中包含了相當多細節，時間又長達數十年，讓我們得以真正看到一個人的生命如何開展。

「付出」明顯降低一個人在晚年時期的死亡率，即使很晚才開始付出。這項研究來自加州大學柏克萊分校的歐曼（Doug Oman）。歐曼在五年的時間裡，追蹤將近兩千名五十五歲以上的研究對象。相當驚人的是，在兩個以上機構擔任志工的人，死亡機率比其他人整整低了四四％——而且這是在排除了其他相關因素，包括健康情況、運動、性別、吸菸等生活習慣、婚姻狀態及其他更多因素之後。這個幅度實在驚人，其影響程度甚至高過活動力（三九％）、每週運動四次（三〇％）或參與宗教服務（二九％）等因素，僅次於戒菸（四九％）。

「付出」降低青少年罹患憂鬱症與自殺的風險。無限大愛研究中心贊助了四項針對青少年的研究，結果發現助人行為對青少年的心理健康有重大影響。根據明尼亞波利研究院（Search Institute in Minneapolis）的班森（Peter Benson）研究顯示，愛的感受和助人行為對男孩子的益處尤其明顯。同樣引人注意的另一項研究，則來自當代偉大演化生物學家之一的大衛・威爾森（David Sloan Wilson），以及提出「心流」（flow）來描述某種特別強烈的創造狀態而聞名的心理學家契克森米哈賴。他們發現，青春期的女孩子比男孩子更會付出，而且樂於付出、懷抱希望，此外，善於人際互動的青少年，相較於不擅付出的同儕，較為快樂、主動、積極，也比較活躍、喜歡接受挑戰。

「付出」比「接受」更有助於降低死亡率。一項重要的科學文獻證實，高掌控感和高自我評價都對身心有益。此外，密西根大學公共衛生學院（School of Public Health）與老人學研究中心（Institute of Gerontology）的柯勞斯（Neal Krause）則以三年的時間，追蹤九百六十七名經常去教堂做禮拜的成年人，來測試這個論點。柯勞斯發現，有經濟壓力的人如果對他人提供社會支持，他們自己的經濟焦慮將會降低。他猜測這項結果也可以應用在其他壓力上，也就是說若一個人能夠付出，將會降低其生活壓力，因此延長壽命。

「付出」有助於我們原諒自己的過錯，而寬恕自我是幸福感的關鍵。柯勞斯在研究中發現，某種付出方式具有特別強大的力量。柯勞斯和同事訪問了九百八十九位平均年齡為七十四歲的年長美國人，當中四六%是白人，五四%是非裔美國人。結果顯示，除了參與正式的志工計畫之外，對他人提供情感支持，將大幅提升一個人原諒自己的能力。

幫助朋友、親人和鄰居，以及支持伴侶，都會降低死亡率；但接受這些幫助，不會產生正面影響。心理學家布朗（Stephanie Brown）花了五年時間追蹤四百二十三對年長的夫妻。在調整年齡、性別、身體與心理健康狀況等影響因素後，布朗發現，不會明顯相互提供支持的受試者，在這五年內過世的機率是其他人的兩倍。

根據柯勞斯的發現，對老年人而言，僅是為他人禱告就能減少伴隨健康狀況不佳而來的有害影響。社會學家慕西克（Marc Musick）與同事進行的研究發現，對六十五歲以上的人而言，志願工作可以降低罹患憂鬱症的機率；擔任志工的人，在之後八年中死亡的可能性，明顯比較低。

為什麼付出是良藥？

一個人在付出的時候，往往會把壓力反應先關閉起來。付出會排除那些籠罩你的負面情緒，例如憤怒、憎恨和嫉妒，而這些負面情緒顯然跟壓力引發的心理與生理疾病有關。

早在一九八八年，路克斯（Allan Luks）博士就提出「助人者的快感」（helper's high）這個名詞。有五〇％的助人者表示他們在幫助別人時感到「亢奮」，還有四三％的人會覺得自己變得比較強壯、有活力。令人驚訝的是，甚至有十三％的人身體疼痛減少了。確實有證據顯示，「同理心」等心理狀態是人類天生的本能，可以用大腦的功能性核磁共振造影（fMRI）觀察得知。此外也有證據顯示，培養對生命的欣賞與感激的態度，能降低諸如可體松（cortisol）等壓力荷爾蒙的分泌。我們還知道，會幫嬰兒按摩的成人，壓力荷爾蒙的濃度較低。

付出之所以有強大的力量，可能是因為如魏克在研究中所發現的，付出行為需要三項重要特質，也就是一個人的個性傾向、同理心和能力（尤其是社會能力），這三項特質會影響我們在工作、友誼、愛等所有領域的成功程度，進而影響我們是否快樂與健康。

另一項有趣的發現是，付出之所以有益身心健康，可能是因為你必須過得好，才可能付出。柯勞斯的說法是：「一個人如果無法同情且同理地進入他人的內心，就不可能提供有效的幫助。」付出也會讓我們覺得自己是可以掌握生活的。柯勞斯說一個影響健康的重要因素之一是，你是否相信努力會改變環境，「幫助他人會提升掌控感，讓人有效對抗低自尊。」

付出就像一只洪亮的鐘，會持續在生命中迴響。派普（Teri Pipe）就是一個很好的例子。派普在梅約醫院（Mayo Clinic Hospital）擔任照護研究主任，工作龐雜且必須與員工和病患密切互動。二十年前，她是一間鄉下療養院的護理長。某一年春天，病患K先生住進了療養院，也給了她一份「經過這麼多年還存在心底」的禮物。

不過這份禮物得來不易。他會吼叫、咒罵，把所有護士和看護都趕跑。「我們唯一有的工具就是愛。我要求所有護理人員，不論他說了什麼，都要以愛和尊重來回應。」漸漸地，K先生開始轉變了，幾星期後，他終於願意洗澡。他也開始梳頭髮，而且不再整天都穿著睡衣。

「半年後，有一天，K先生在無人協助的情況下走到護理站，叫了我的名字，跟我打招呼，」派普說。「我握住他的手，兩個人靜靜站了片刻，然後我告訴他，是他提醒了我們愛的力量。在他最無法讓人喜愛的時候照顧他，實在辛苦，有時候也讓人感到絕望，但是此刻他能站在我面前，準備好對別人伸出手，正是因為我們先對他伸出了手。這就是我們唯一需要付出的：我們自己。這是多麼重大的禮物和責任！直到二十年後的現在，一想到他的轉變讓我感受到的謙卑與祝福，我還是覺得很溫暖。」

你也能付出偉大的愛

愛可大也可小。愛很小，因為有時候只是一個安慰的微笑、片刻的耐心、溫柔的碰觸，或以開放的心做了一件事這麼簡單。愛很大，因為有價值的人生就由千百萬個微小的尋常善良舉動累積而成。那麼，我們可以將這些舉動以及活得有價值的人生加以量化，而從中學習嗎？

經過二十五年來的持續研究，我找到了一個非常有效的方法：我在人生的四個「領域」中，找到十種不同的付出方式。無限大愛中心以這個方法為基礎，邀請了邁阿密大學的頂尖心理學家發展出「愛與長壽量表」。量表包含兩百個問題，並在數百人身上做過測試。本書三至十二章會分別討論這十種付出方式，並在章末讓你做出評量。你可以自我評量長處，並隨著改變與成長，記錄自己的變化。

任何人都可以藉著練習與鼓勵，而變得善於付出。我的同事歐曼曾在為期八週、每週兩小時的訓練計畫中，教導六十一名護士學習八種靈性修養的方法。訓練結束時，每個護士都說自己內心的平靜、活力、生活平衡的程度大幅提升了，而且感覺壓力明顯變小，也更有能力處理許多事，包括與病患家屬的互動，以及與病患建立情感等。

但最令人驚訝的是：當歐曼隔了八週、十九週之後，再次訪問這些護士，結果發現他們心理健康的程度更高、壓力持續降低，同理心持續增加。即使在學習計畫結束許久之後，這些護士也能自行運用所學的工具，從中受益更多。歐曼說：「我們很驚訝地發現，幾乎每一種正面影響的程度都更增加了。」

我希望本書所提供的練習和原則，對你的人生發揮同樣的影響。你可以自由調整速度，選擇吸引你的事物做實踐。此刻就坐在你身邊的人，可能就會因你的一點善意——一句溫柔的話或撫摸，或一個體貼的舉動，而欣喜不已。德蕾莎修女曾說：「我們無法做偉大的事；只能用偉大的愛做許多微小的事。」

二十二歲的健康心理學研究學者喬瑟琳，寫了一封信給我：「電話在清晨六點響起。我的前男友，也是我現在很親近的朋友，正在醫院裡。他在前一晚企圖重演他父親死去的一幕：他以高達一百三十五公里的車速衝向電線杆，右手握著玫瑰念珠，希望跟他崇拜的父親一樣，一頭衝出擋風玻璃。他企圖自殺後的兩個星期，是我一生中最心痛的時光，但神奇地，這也是他一生中最有建設性、最能療傷的一段時光。他活下來了。在住院的兩週裡，他坦誠地談著多年來縈繞不去的自殺念頭，談著他如何痛苦地放掉我們曾經珍視的愛，也談到他努力做違背自我的另一個人時，所承受的羞愧與憎惡。當這個我曾經以為是自己最了解的人，傾吐這麼多我從來不知道的事時，我所做的只是抱住他。我用靈魂擁抱著他，而在一瞬間領悟了何謂無私的愛，那就是不帶任何評斷、需要或期望，去接受另一個人的全部。我不在乎他做了什麼，只全心接受他的存在。我抱住渾身瘀青、心靈破碎的他，前所未有地感覺到一種活生生的、屬於人性的、由亙古以來無限多元素融合而成的、具體顯現的奇蹟。我不再想要他身上最好或最理想的部分，我只想擁抱他珍貴的每一個部分，包括光明與黑暗、強壯與脆弱，被照顧和被忽略的部分，用同情的絲線把它們全都縫合，織成一幅美麗的織錦。

「我看得出來，他也感受到了。他感受到這是一份讓所有部分得以合一的禮物。這是我所給過的最偉大的禮物之一。而在企圖自殺至今的十二個星期裡，他已經開始一點一滴對自己給予同情，一針一線地縫合靈魂。而我這個超級入世的不可知論者，在這十二個星期裡，每天晚上睡前都不禁深深感激賦予他、賦予我、我身邊所有人、在我之前及之後到來者生命的造物主。」

找到適合自己的付出方式

大多數的人，包括我自己在內，在慷慨與付出上，都要面對一條陡峭的學習曲線。去年我有一次錯過了從紐約到克里夫蘭的班機，以致於必須搭長途客運才來得及出席第二天早上的教學課程。那天晚上天氣酷熱，而客運上的空調又壞了。駕駛特地站起來致歉說：「我們現在可以出發了，但是我得提醒你們，今天晚上恐怕會很熱。」他說得沒錯。在那一夜即將結束時，我的身心都暖烘烘的。

我後面坐著一個有輕微唐氏症的年輕男子。他的頭部寬扁、眼睛歪斜，還有異於常人的大舌頭，都是這類患者的典型特徵。我那天晚上非常想睡覺，但是大約每十五分鐘，這個年輕人就會輕敲我的肩膀，問：「克里夫蘭到了嗎？」

我回答，「還沒，我們大概要坐一整晚的車。」

坐在我前面的男人則滿腔怒氣，不時從座位上站起來，憤怒地敲打車頂，還一邊吼叫：「熱死了！怎麼開得這麼慢？後面那個傢伙能不能閉嘴？」他帶著兩個年幼的兒子，每次他發火，小孩子就會本能地在椅子上縮成一團，恐懼地望著他，默默地哭起來。這時候，司機就會停車，請男人冷靜下來，再繼續往前開。

這聽起來不像是教人如何愛的祕訣，是吧？當我們最後終於到了一個小鎮。駕駛把車開進停車場，慢慢停下來。然後，他堅定地把那個男人和他兩個孩子送下車，拒絕讓他們繼續搭乘。我們繼續上路，而剩下的四個小時車程裡，這位唐氏症朋友當然仍不時輕敲我的肩膀：「克里夫蘭到了嗎？」

他稚氣的眼睛睜得大大的，就像那兩個小男孩的成人版。他需要有人給他安慰。

「還沒到，但很快就會到了。」

早上六點三十分，終於抵達克里夫蘭，我們陸續下車。我的年輕朋友跟在我後面，最後一次輕敲我的肩膀。然後，他以我們經常會在輕度智能障礙者身上看到的毫不壓抑的熱情，給了我一個大大的擁抱。

「終於到了！晚安，」他笑容滿面說。

這確實是一個美好的夜晚。後來每次經過這裡，我就會想起客運上這兩個男人。其中一個心智健全，但是他一次又一次選擇憤怒，直到他與他兩個倒楣的兒子被留在停車場為止。另一個男人心智受損、需要幫助，卻擁有豐富的情感。我因為對他付出，而獲得無比的喜悅與感激。我很慶幸自己搭了那輛巴士。

你不需要在冰冷的冬天早晨從床上跳起來，到救濟處去分發三明治，或拿著社會運動的牌子到街上示威遊行，才能擁有因付出而來的收穫。你會找到適合自己的方式。

所以，請握住我的手，然後對別人伸出你的手。跟我一起找尋內心那把火炬。你不需要過模範生活，才能感受愛的溫暖。你不需要諾貝爾和平獎、詩句歌曲或偉人傳記來紀念你。你唯一需要知道的是，行善有益於自身的快樂與充實，科學也證實如此。

克里夫蘭到了嗎？巴士裡很熱，但是我們感到溫暖嗎？或許我們還沒有到家，但我希望這本書能幫你踏上旅程。

第二章

愛與長壽量表：學習十種付出的方法

付出是一個看似簡單，變化卻多得驚人的字眼，有點像加拿大北部依努特族語中描寫的雪。這個族群生活在這白色粉狀物質構成的極地世界裡，因此發明了各式各樣的字來表示：像雨一樣的雪、會黏在身上的雪、柔軟而深厚的雪、表面會變成硬殼的雪、會形成屋檐冰柱的雪、漂浮在水面上的雪，還有輕飄飄的雪。「付出」也包含這麼多意義。即使只在《韋氏大辭典》中查詢，也會看到一長串定義——從「贈與」、「提供」、「獎勵」、「奉獻」、「託付」、「同意」、「讓予」到「照顧」等等。所以可以這麼說，我們就像是一直把自己浸淫在各種付出的「雪」中那般，每個人都有不同的能力，就像某一場雪如細粉般慢慢堆積出堅硬的質地，最適合滑雪狂熱者，而另一場雪則像枕頭般鬆軟，讓黃金獵犬興奮地在上面翻滾。

慶祝美好的事物就是一種付出。住在華盛頓州紐波特市（Newport）的瑪姬（Maggie Smith）是一個已婚的按摩治療師，育有二子。一九九八年，她在《家庭圈》（*Family Circle*）

雜誌中看到一篇關於骨髓捐贈的文章，便在「普吉灣血液中心」（Puget Sound Blood Center）登記成為捐贈者。幾年後，瑪姬的丈夫被診斷出罹患惡性皮膚黑色素瘤，還好很幸運地完全康復。醫生確定他體內已經完全沒有癌細胞的那一晚，瑪姬告訴他：「我們應該做一件大事來慶祝。」當他們回到家時，電話答錄機上留有一個訊息，瑪姬的骨髓也許可以捐贈給一名罹患白血病的十二歲男孩麥可。

「我怎麼能不抽出人生中短短兩個星期，去救一個小男孩？」瑪姬回憶道。「我記得自己在麻醉後醒過來，看著一袋骨髓掛在那裡，心底充滿了祝福，然後又睡著了。」麥可成功接受移植並康復的一週年紀念日時，他的家人邀請了瑪姬一起慶祝。他們在機場迎接她，麥可親手送上一打玫瑰。「我們回到他家時，外面站著六十個人在等待，全都穿上他們在麥可生病期間為他打氣的特製T恤。他的朋友、家人，甚至為他父母證婚的牧師全都擠向前擁抱我。麥可四年級時的籃球隊教練走到我面前說：『如果麥可不在了，對這個社區是多大的損失……你真的無法想像。』直到這麼多人站在面前，我才真正感受到麥可影響了多少人的人生。麥可跟我之間有很奇妙的默契，我很愛他，很喜歡他，而他的家人現在就像我的家人。」

傳承（generativity）又是另一種付出的方式。一位名叫亨利的男士寫信告訴我他母親的故事。小時候，他曾經很想要一副新的棒球手套。亨利說：「那一年，媽媽在她生日那天為自己買了一副棒球手套，然後再送給我。我請她陪我去外面玩球，但運動讓她一直咳嗽，咳到臉都紅了。」可是，她仍繼續跟他玩。「因為母親的付出，即使她已去世三十八年，卻似乎仍與我保持聯繫。在她過世那天早上，我跟姊姊出門前，她最後一次祝福我在學校裡過得開心。到我們放學的時候，她已經結束了她在這世界上的旅程。但是每一天，她都透過類似那副棒球手套的許多記憶，告訴我愛的道理。因為她的愛，讓我能在暴風雪的早晨走到鄰居家，靜靜地跟他一起清理車道上的積雪。」這就是傳承的意義：讓付出的火炬代代相傳。

四個愛的領域

為什麼我會創造「愛與長壽量表」？首先，量表是社會科學研究中一項很有用的工具，能捕捉人類行為的驚人多樣變化。一旦量表可靠，不同領域的研究者就可以運用它來了解某些特質跟整體行為的關聯。量表也可以用來診斷個人健康狀況的質與量，對初步治療有所助益。幫助我發展這項量表的波諾（Giacomo Bono）說過：「量表可以改變人生。量表可以助人了解自我、克服困難，並幫助我們了解哪些行為最有利於人類適應環境或找尋快樂。」量表讓我們得以描繪出人類隨著時間改變的軌跡，以找出是哪些因素，例如愛、感激、原諒與快樂等，最能夠影響人格特質。

發展量表的另一個原因，則源於我數年前參與的一項計畫。我曾與在邁阿密大學擔任心理學與宗教研究副教授的麥可庫勒（Michael McCullough），為《品格的力量與美德：

手冊與分類》（*Character Strengths and Virtues: A Handbook and Classification*）共同撰寫一個討論善良的章節。這本書由正向心理學大師塞利格曼和彼得森（Christopher Peterson）編輯，把所有幫助人類成長茁壯的正面特質與優點分類列出，且將每一項加以研究佐證，出版後即成心理學領域的經典之作。

麥可庫勒和我剛開始時，檢視了相關研究的文獻，發現一些測量感激、寬恕與志工行為的量表，但是沒有任何一項量表可以涵蓋日常生活所有層面的付出。

於是我們發展出「愛與長壽量表」並收錄書中，讓你測量自己在付出方面的天賦。你很可能會發現自己在某些付出的方式上得分較高，其他則較低，因為這反映出你的天分與性格。而其他的方法對你而言可能就不是那麼自然，但你也會發現練習將帶來意想不到的回報。這項量表好用之處是，你可以在改變生活方式後，再重新測量自己。

量表中四個愛的領域，是一九九〇年代早期，當我撰寫《愛的範圍》（*Sphere of Love*）時思考出來的。當時我瀏覽了所有討論愛的學術著作，驚訝地發現幾乎所有作者都只選擇生活的某個領域鑽研，沒有人完整地討論各個領域之間的關聯，因此我開始往這個方向跨出第一步。

家庭

大多數人每天都會接觸到愛的第一層領域：家庭。我們的伴侶可能就在身旁酣睡，孩子可能爬上床來，或寵物會跑來磨蹭鼻子央求吃早餐。即使父母沒有同住，我們也會用電話連繫或在心裡思念。家庭是最內層的範圍，包含且定義了生命的核心，讓我們體驗到最深刻、最有挑戰性，也最持久的愛。無限大愛研究中心的研究者之一史瓦茲（Carolyn Schwartz）說：「我記得自己請育嬰假時，參加了一個新手媽媽團體。一個跟我同年齡的女士說，她對女兒所感受到的愛，遠超過自己任何想像。你不會知道自己擁有多少愛，直到它發生。」

朋友

朋友在一生中陪伴著我們，是愛的第二個領域。美國國家圖書獎（National Book Award）入圍者柯法特（Beth Kephart）這樣描寫友誼：「在我們的一生中，朋友就像一對括號，將我們包圍，改變我們的界限，給我們忠告。朋友像從屋子縫隙間冒出來的藤蔓一般，某部分永遠與我們同在……友誼有所要求、需索，挖空卻也充實我們，呵護擁抱我們，隨著我們共同經歷人生直到老去，而最終會宛如家人之情。友誼是一種生態、一個謎、一種語言，或三者皆是。」

社區

從城市到郊區，從高樓大廈到鄉間小屋，我們的社區織成一張支撐我們的網。我們會跟鄰居聊天、組織鄰里協會，安排孩子跟鄰居孩子玩。在工作上，我們則宛如身處於全國性、甚至全球性的同事所組成的社區裡。對社會工作者而言，社區的意義經常延伸到他們所引導和協助的人身上，因為社區裡的人或許不像朋友那麼親近，卻仍比陌生人親近。各式各樣的社區，都是豐富的人生裡不可或缺的。

人類

如甘地所說，「人類像一片海洋，即使其中幾滴水是汙濁的，海也不會變髒。」人類整體是第四層領域，我們在這個領域所接觸到的或許是街上賣花的小販；或許是在飛機上聊得愉快、卻永遠不會再相見的陌生人；或許是受到我們啟發、但我們永遠不會認識的某人；又或許是接受我們捐款的不知名災民。

十種付出的方法

在四個愛的領域裡，有無數種付出的方法。我們的量表捕捉了其中十種：讚頌、傳承、寬恕、勇氣、幽默、尊重、慈悲、忠誠、傾聽，以及創造。

讚頌

我最喜愛的一種付出方式是讚頌，那是對生命的變化如此無窮盡而湧生的感思。讚頌是一種純粹的快樂，如此生氣盎然，而讚頌的儀式更是不可計數，例如生日慶祝、畢業典禮、嬰兒滿月、喬遷之喜、感謝函、給所愛者的禮物、一次充滿祝福的冥想，或是在自己擁護的隊伍勝利時脫口而出的歡呼。

傳承

付出是一種深刻而持久的傳承。傳承的行為在社會科學中已有廣泛深入的研究，也是一個人身心健康的重要表徵。也許有點老生常談，不過，傳承背後的利他信念是：「給人一條魚，只能吃一餐；教他釣魚，一輩子都有魚吃。」我們培育他人最好的方式，就是把愛的火炬傳承下去，讓他們的人生能夠以意料之外且美好的方式茁壯。

寬恕

最多人研究的付出方式之一，就是寬恕。寬恕會帶來內在的自由、寧靜、和平，這些特質決定了人生態度。寬恕讓我們不必再背著罪惡的負擔，讓人從痛苦中解脫。有時候寬恕的意義只是讓人放下回憶與怨恨，繼續往前。或許某些時刻確實不適合寬恕，但是絕大多數的時刻，寬恕都能療傷止痛。

勇氣

從聖女貞德到金恩博士，我們知道有時候付出的表現是一種帶著關懷的對抗。一個人必須勇敢，才能質疑不當的行為。所有改變人類歷史的愛，從爭取黑人公民權的帕克斯到甘地，都包含了對抗邪惡的勇氣。對抗的形式可能是質問、以身作則、建議、以引導發揮影響力，有時候也需要採取堅決、不退縮的方法，參與社會改造行動。

幽默

幽默是最快速、最敏捷的付出方式——可以在轉瞬間將痛苦轉為歡笑。當其他愛的方式都無效時，有時候一個好笑話就足以讓人立刻脫離痛苦。以幽默幫人療傷止痛的最佳例子，就是穿上小丑服、戴上紅鼻子，在醫院裡娛樂病人的亞當斯（Patch Adams）醫生。〔注：電影〈心靈點滴〉便是根據他的故事改編。他相信歡笑就是最好的處方，常扮演小丑逗病人開心。後來他在西維吉尼亞州一座鄉下農莊創立了「理想園地健康中心」（Gesundheit Hospital），遵循以同情和友誼為基礎的人本醫療模式。〕

尊重

尊重的英文「respect」源於拉丁文的「respectare」，意思就是「再看一次」。我們必須一再觀看，深入地看，直到超越自己的偏見與評斷為止。尊重讓愛得以呼吸，讓我們可以接受他人的人生選擇，即使與我們的不同。尊重包含容忍、禮貌、接納，甚至崇敬。當我們對別人有深刻的尊重時，會產生一種驚喜與敬畏，甚至是對「存在」的欣賞。

慈悲

付出的方式也可能是慈悲，這是我們對他人受苦的同情反應。同理心是許多佛教思想的精髓，現在也是大腦造影科學領域裡一項嶄新有趣的研究主題。研究者已經可以看到母親聽到寶寶哭泣、看到孩子微笑時，或者是僧侶冥想時，會啟動腦中哪些區域。慈悲是如此廣泛存在且感染力強大，因此我認為慈悲可說是道德情感的核心。

忠誠

忠誠是長期持久的愛。這種最高形式的愛可以禁得起困難與考驗。婚姻如果少了忠誠所滋養的信任，就不可能茁壯。忠誠的父母會一輩子照顧有嚴重殘缺的孩子；好朋友不論發生什麼事都依然是朋友；而許多人致力關懷、照顧需要幫助的人之後，一生都會忠於自己的使命。

傾聽

只要傾聽，我們就能給予他人愛的禮物。這種關注是一項技巧，也是一種天賦。

能深入傾聽的人並非想解決某件事，而是以讓對方感到安心的方式存在。好的治療、領導、為人父母之道、友誼，甚至有意義的政治行為，都必須有專注的傾聽做為基礎。所有人都需要被聽見、理解與真正認識。

創造

最後，創造是生命本身最自然、喜悅的表現，例如宇宙驚人的創造力，以及如貝多芬、愛因斯坦、米開朗基羅、愛迪生等人所擁有的難以置信的天賦才華。其中我最敬重愛迪生，尤其是他每天清早即起，孜孜不倦一再實驗，直到找到點亮全世界的燈絲為止的精神。

量表可以為你做什麼？

「愛與長壽量表」經過邁阿密大學科羅蓋柏斯（Coral Gables）分校三百三十九名大學生的測試。這個測試群體包含來自各種文化和種族，包括白種人、非裔、拉丁裔、亞裔美國人等的男性及女性，完整地代表了美國的人口組成。測驗的分數會顯示你與測試這項量表的樣本群體比起來，在每一種愛的方式上位於五等分群組的最上層、第二、第三、第四或第五層，進而有效地幫助你了解自己的長處。

在每一章最後，我們列出該量表中的二十個問題，測量你在該章所討論的付出方式上，分別在四個領域的得分。你可以回答這二十個問題、加總得分，然後檢視自己位於哪個群組。整個量表總結起來，理論上，你能得到的最高分是一千兩百分，但我至今還沒看過有人得到滿分（我也希望我不會看到！畢竟你我都是凡人）。如果你的得分落在八〇％，表示你比八成以上的人更懂得付出，屬於高度付出者。如果得分在二〇％，表示你是低度付出者。

但是你很快就會發現，這張量表能夠迅速反映出你在生活中的改變。如果你能先知道自己現在位於哪一個群組，三個月後再做量表時，可能就會很驚喜地發現自己有很大的進步。

量表像一面鏡子

為了了解這項量表可以揭露什麼，我邀請兩位知名的慈善家做測驗；此外，我還讓幾位青少年先測量一次，然後實踐一個我所設計的計畫，在連續八週、每週付出兩小時之後，請他們再做一次量表，看看分數的變化。我測試青少年，是因為他們很容易做出衝動而危險的行為，而研究顯示，付出對青少年發揮了很高的保護作用，同時也增進身心健康與自我評價。

坦伯頓爵士是第一位做這項量表的受試者。高齡九十四歲的坦伯頓爵士，在過去二十年內大力支持有關人類靈性、科學與人類潛能的研究，因此我對他的測試結果非常感興趣。不出所料，在「我認為，讓這個世界變得比我誕生時更美好，對我而言是比較重要的」這類問題上，坦伯頓爵士的回答都是「非常同意」。不過，即使總體分數顯示他是一位高度付出者，但從回答中可以看出，由於來自田納西州鄉下的他後來能畢業於耶魯大學，大多靠自己的努力，因此對於「如果沒有朋友支持，我不會擁有今天的一切」，他只表示「稍微同意」。對於「當別人覺得哀傷、痛苦、孤單時，我會拋下一切去照顧他」，則表示不贊同。他的投資策略一直專注於新興市場，也就是努力讓比較貧窮的經濟體有機會自立自強。即使最親近的人，他也不會過度溺愛。在做過量表之後，坦伯頓爵士告訴我：「身為一個慈善家，我覺得愛的意義也可能是幫助他人了解他自己的能力，包括節約、責任感與人格特質。」

富勒（Millard Fuller）是世界知名的「仁人居所」（Habitat for Humanity）的創辦者。這個非營利組織的宗旨是與有需要的家庭共同建造他們負擔得起的住所。富勒在三十歲的時候捐出全部財產，幾年後與妻子琳達創辦了「仁人居所」。他在一九八一年被問到「仁人居所」的目標時，毫不猶豫地回答：「消滅地球上所有的貧民窟。讓破房子消失！」目前富勒主持「富勒造屋中心」（Fuller Center for Housing），繼續致力於消除貧民窟和遊民現象。對於所有關於付出的問題，富勒幾乎都回答「非常同意」，唯一同意程度較低的領域，則是對家庭的付出。身為一個願景遠大的人道主義者，他把最多的心力貢獻給最需要幫助的人。在「我經常花額外的心力去幫助家人」的題目上，他只回答「有點同意」。此外，他也承認自己很難原諒傷害他的人。

我們都是凡人，即使最偉大的慈善家也不例外。這項量表會反映出我們的人生哲學、優點以及弱點。

這項量表也反映我們付出能力的變化。參與「付出」計畫的年輕人中，有好幾個一開始是高度付出者，後來也維持如此。有兩個人則在八週後得分大幅增加。來自加州的高中生布萊恩為成績落後的同學補習。布萊恩剛開始的得分大約四〇％（中度付出者），但八週之後，一下子跳到八〇％（高度付出者）。按照布萊恩自己的說法：「我很喜歡做這件事，因此每個星期都義務撥出幾個小時當家教。我學會如何跟這些同學建立感情，也讓我了解自己可以為世界做些什麼。我樂在其中。」

另一個青少年亞當，則在這八週中幫家人和鄰居整理院子，而從低度付出者變成中度付出者。義務工作「讓我不會浪費時間在打電動上。整理院子滿好玩的，也讓我比以前開心，我猜，可能也讓自己有成就感吧」，亞當這麼說。

我自己當然也做了量表。我在幽默和勇氣的項目得分最高，但在紐約市長大的我，最大的弱點就是缺乏耐心，尤其是對社區裡的人。儘管已經在步調緩慢的中西部待了好幾年，我還是經常忙著從 A 點衝到 B 點，看似太「忙碌」，而沒有空對我所遇到的人，包括服務生、收銀員，或在超市裡切熟食肉品的女士表示善意。自從主持無限大愛研究中心後，我對這種微小但重要的表達方式思考了很多，也努力改進。今天我特別早起寫了一封電子郵件給女兒，祝賀她找到新工作。我在上班途中遇到一位正在哭泣的女士，因為她剛知道自己失業了，我答應協助她找一份新的工作。

人的需要很多元，你絕對找得到付出的機會。如果你跟我一樣，已經開始相信慷慨行為的益處，那麼希望你大步向前，你將在付出中收到最慷慨的報酬。

第三章

讚頌之道：將感激化為行動

佛瑞提亞尼（Richard Fratianne）醫生曾說：「我的工作讓我充滿欣喜。當我嘗試描述生命中的豐富寶藏時，經常感動到熱淚盈眶。」他是我的同事，也是克里夫蘭都會健康醫療中心燒燙傷全面照護中心（Comprehensive Burn Care Center of MetroHealth Medical Center）的榮譽主任。佛瑞提亞尼已經七十幾歲，過著半退休的生活。他當年創辦這個機構時，這還只是在加護病房裡圍著塑膠布的一張病床，但今天已成為全俄亥俄州西北部的區域性燒燙傷中心。

佛瑞提亞尼醫生說：「我曾經成功治癒嚴重燒傷、性命危急的病人，但是他們出院時會帶著嚴重的傷痕，永遠戴著寬大低垂的帽子，穿著長袖衣服。我不能不幫病人找回自尊和完整的生命，就送他們回到現實世界。」佛瑞提亞尼醫生決定用愛一路護送病患回歸正常生活。他組織了一個團隊，招募醫生、護士、心理治療師和社工人員一起幫助病患恢復身心健康。「燒燙傷病房裡充滿了能改變一切的愛，病患再度對生命充滿感激。」

他說：「沒有任何工作讓我感到如此充實」，還說了關於露西的故事。露西四歲的時候差點在火災中喪生，而必須在照護中心接受十二次手術，兩腿都裝上義肢，並接受了好幾個月的治療。佛瑞提亞尼說：「露西永遠在讚頌生命。她每年都會回來我們的燒燙傷營隊，參加所有活動，騎馬、拔河，像條魚一樣地游泳。如果你憐憫地看著她，她就會給你一個大大的微笑，好像在說：『我很快樂，我沒事，而且我很高興自己活著。』沒有人能保證明天會如何。每一天都很珍貴。這是我從患者身上學到的珍貴啟發。」

讚頌的強大力量

每一天都很珍貴。那麼我們該如何讚頌人生？讚頌，其實就是表達感激的方式，是以行動表現感激。或者以心理學家馬斯洛的話來說，就是「不斷帶著敬畏、愉悅、驚異、甚至狂喜，單純地感激生命最基本的美好事物」。我認為讚頌的力量具有以下的基本特質：

讚頌源自一種感激的心態。科學界已充分研究並證實了感激心態對健康的助益。例如，不論一個人經歷何種遭遇，在寫感激日記好幾週後，都會覺得自己變得比較快樂，比較樂觀，睡得比較好，也與他人更親近。

除此之外，我們的新近研究也顯示，感激可以讓人度過極大的難關，例如照顧罹患阿茲海默症的至親。此外，另一項新近研究顯示，感激也會激勵我們付出更深，例如捐贈器官來拯救陌生人的生命。

讚頌創造愛的循環。當我們讚頌他人的存在時，對方也會感到振奮。研究顯示一個感激的行動會激勵出另一個行動，創造出互惠的愛的循環。

讚頌把恐懼轉化為信念。研究顯示，最懂得感激生命的人，經常是那些遭遇過極大困難與挑戰的人。年輕時曾克服逆境者，通常比一般人更樂觀，更能心懷感激。對颶風災民的研究顯示，人在遭受自然災害後，最明顯的情緒是感激。

研究者訪談了一九九二年經歷安德魯颶風的十三位為人父母者，發現他們最強烈的情緒之一，便是對自己沒有失去的事物懷著無比的感激。受訪者中有五個家庭的房屋被颶風完全摧毀，但他們都沒有失去親人。

讚頌讓人從疲憊轉為振奮。東華盛頓大學（Eastern Washington University）的心理學家華特金（Philip Watkins）說：「我們必須提醒自己，生命其實多麼美好。」研究顯示，情緒的作用十分神速，經常繞過理智思考，直接啟動大腦中較為古老原始的部分。當我們學習感激時，就會幾乎同時激發出正面感覺，往往比正面思考更有力量。

讚頌如何療癒人們

詩人布雷克寫過這樣的詩句：

在一粒細沙中看見世界，在一朵野花中看見天堂，
在你的掌心握住無限，在片刻裡握住永恆。

每次讀到這些詩句，我就會想起自己在人生片刻裡體會到永恆的經驗，例如當我與妻子剛墜入愛河時，或我從中學畢業的前一晚，獨自到禮拜堂靜思的時刻。我記得自己站在巨大的玫瑰花束前，盛開的花朵猶如奔放的噴泉向外四溢。這些花是為隔天畢業典禮所準備的。之後我走進森林，這裡宛如一座天然的教堂。我抬頭仰望銀河。「浩瀚天空延伸了我的想像。當我望著無邊天際，雙眼便能捕捉百萬年前的光，」物理學家費曼寫道。當晚的我也有相同的感覺。似乎我在當下就已經因為某種原因，以某種方式，決定奉獻一生來研究愛。

由於幾位先驅科學家的研究，我們對感激心態已經有相當的了解。加州大學的艾莫斯（Robert Emmons）是這個研究領域的先驅，他與同事麥可庫勒共同編輯了由牛津大學出版社出版的《感激心理學》（*The Psychology of Gratitude*）。他認為，感激是在快樂研究中，「被遺漏的影響因子」。艾莫斯說：「長久以來，宗教和哲學裡都認為感激對一個人的健康、幸福、完整，是不可或缺的一項因素。但是科學上卻較晚才領悟到這個觀念。」事

實上，感激確實跟情緒和身體健康有強烈關聯。我們不妨來看以下的研究成果：

感激對健康具有深刻影響。根據艾莫斯最近為無限大愛研究中心所做的研究顯示，器官受贈者的感激之情愈強，康復的速度就愈快。這項研究詢問了器官捐贈者和受贈者對於這項「生命恩賜」的感覺。研究對象包含七十四名接受心臟、肝臟、肺臟、腎臟和胰臟移植手術的病患。結果顯示，不論直接表達或寫日記，表達感激之情的人比起沒有表示的人，都感覺自己身體狀況比較好，而身體功能也比較強。我認為這項結果對病患，不只是器官受贈者，甚至是經歷攸關性命的手術病患，都是一大啟示。深入了解感激如何影響疾病痊癒，必定能為醫學帶來很大幫助。

感激帶來喜悅。根據蓋洛普公司於一九九八年針對美國青少年與成年人所做的民調顯示，九五%的受訪者表示自己在表達感激時，至少會感覺到有點快樂，而且超過一半以上的人覺得非常快樂。自認常常對他人和對生命本身心存感激者，都比較健康、充滿活力、樂觀、有同理心，也較不易罹患憂鬱症。即使排除了年齡、健康、收入等因素，這項結果還是成立。常心懷感激的人通常比較不重視物質，也因此容易對生命感到滿足。

五分鐘的感激就能讓神經系統轉為平靜。由加州心能商數研究院（Institute of Heart Math）的研究員麥可柯瑞提（Rollin McCraty）博士，於一九九五年所做的研究顯示，感激的心理狀態，與一種稱為「共振」（resonance），或副交感神經主宰（parasympathetic dominance）的生理狀態相關。所謂共振狀態是指一個人的心跳、呼吸、血壓、腦波頻率，甚至皮膚上的電位都協調同步。共振狀態也會出現在深刻放鬆與睡眠狀態中。麥可柯瑞提說，人處於共振狀態時，全身的能量運用會變得比較有效率。當我們感受到壓力情緒，例如憤怒、挫折或焦慮時，心跳頻率就會變得不規律，反之，當我們感受到欣賞、感激、愛與同情時，就會變得規律，也因此讓我們的神經系統和內分泌系統都平靜下來。

麥可柯瑞提請三十名受試者積極專注於感激的情緒，並測量他們在此之前和期間內的腦波活動。結果他發現，受試者的心跳速度和阿爾法波的穩定性（alpha coherence，注：腦波的一種，通常在大腦感覺平靜、放鬆、愉悅的狀態下出現。）都會在感激狀態中大幅增加。此外還發現，花十五分鐘專注在感激上，就能導致人體內一種稱為分泌性免疫球蛋白 A（Secretory IgA）的免疫抗體濃度顯著增加。分泌性免疫球蛋白 A 是人體對抗微生物入侵的重要防衛。在經過連續一個月，每天十五分鐘的感激練習後，這三十名受試者體內一種脫氫表雄甾酮（dehydroepiandrosterone，DHEA）的重要有益荷爾蒙增加了一〇〇％，同時壓力荷爾蒙可體松的分泌量則降低了三〇％。

感激與正面的社會行為和健康相關。如果你心懷感激，比較可能關心照顧他人、為他人的福祉努力。你會比較有同理心，比較容易原諒，也比較願意幫助人。由無限大愛研究中心贊助、喬安・曾（Jo Ann Tsang）所做的研究發現，感激對於家庭照顧者（caregivers，指的是那些無私地對生病親人伸出援手，而過著高壓力生活者），有明顯的助益。她針對阿茲海默症的病患和照顧者做研究，發現只是針對感激這個主題寫作，照顧者的健康就顯著變好。

感激的影響力，可以延續多年。一項對中年婦女的研究顯示，年輕時曾接受年長者指引的人，即使經過二十年之後，仍然比較可能指導他人，像以前別人幫助他們一樣，去幫助他人。就如一句古老的俄羅斯格言：「感激澆灌了舊的友誼，讓新的友誼萌芽。」

深刻的感激來自於人生歷練

對生命的深刻感激來自於真實深刻地關注他人的生命，理解他們偉大的挑戰與成功等人生歷練。所以我們必須與他人深刻連結，才可能真正讚頌生命。如果有幸做到這點，就可能在鍛鍊之中獲得喜悅。衛斯里學院的魏克說：「身為臨床心理師，我一直都想了解人類如何真正欣賞彼此，前提就是要放下自戀與自我中心。沒有人能脫離自己的身體或心智，所以我們註定要透過自身這個稜鏡，去映照生命。」

五十二歲的魏克生長在共黨時期的波蘭。他因為父親擔任外交官，而去過印尼、衣索比亞、巴基斯坦和澳洲。在接受我們中心的委託調查期間，他採訪美國各地，對九十個人進行深度訪談。這些受訪者從小就接受人類發展研究院贊助的計畫研究，定期接受訪談。魏克與受訪者見面時，這些人大概都已經六、七十歲。他見到了社會各階層的人，也發現每一個人都遭遇過逆境並從中再次振作。這些有時長達五小時的訪談，讓魏克產生深深的感激之情。

「訪問這些人，讓我有機會看到並欣賞人類經驗的多彩多姿，」魏克說。「就像到第三世界國家的某個地方去傳教一樣，你會接觸到與你不相同的人，卻會發現我們都具有相同的人性。當你聽到一個完整的人生故事時，真的會欣賞人類的精神。這些人願意一再對陌生人訴說自己的故事，就是一份恩賜。我認為，他們一定是相信自己的參與可以幫助我們得到新發現，而造福未來的子孫。我也深深感謝過去世世代代的研究者，雖然他們許多人在研究完成之前就已經過世，像摩西一樣，看不到應許之地。在進行這些訪談之後，我覺得自己好像多了許多親人。我了解這些人所講的，他們十四歲、十六歲，或十八歲時的事。整個過程就像我深入閱讀了一百八十四本不同的小說。」

魏克印象深刻的是某位女士所說的故事。她現在的婚姻非常幸福，兒女也很親近。但她曾遭遇過重大打擊。她的第一任丈夫拋棄了她，什麼都沒留給她，連一棟房子也沒有。她回憶道：「我那時候一無所有。我的哥哥剛巧過世，然後我母親也過世了，我的一個孩子又因為腦震盪而住院。接著就是我們離婚。但最美好的一件事是，沒有人能把上帝從我身邊帶走。我認為這些悲劇，事實上對我有益而非有害。」

不論順遂或困苦，讚頌都應該存在於生活之中。讚頌通常很容易、單純，而且自然。一位女士寫電子郵件給我，信中舉了一個有關讚頌的美好例子：「星期天，我在教堂聽了一次激勵人心的講道。我滿腦子都想著愛，還有愛的最佳定義就是熱烈擁抱生命的一切。當我準備回家時，我跟停車場管理員互相打招呼。他的藍色襯衫映著他黝黑的印度裔膚色，顯得特別燦爛。我毫不猶豫地讚美他，因為這個顏色穿在他身上真是好看。我真希望你能看到他有多開心、振奮。

「我繼續踏上回家的路，途中在農產品市場買了一些無花果。我旁邊一位年長的紳士正在問店員，可不可以只買兩顆無花果而不是一整籃。當店員去詢問老闆時，我從自己的籃子拿了兩顆無花果給他。他驚訝與愉悅的反應，讓我整天都好開心。」

這位女士送出的不只是幾個無花果。她以簡單的舉動，表達了對另一個人的欣賞。這場激勵人心的教堂講道讓她進入愛的領域，讓她想要讚頌並擁抱他人。她不需要尋找特別的方法，當她在那個週日回家途中，機會自然而然就在身邊。讚頌會從快樂的心自然流瀉出來。

關於讚頌的三堂課

讚頌是多了一點活力的感激，是一種奔放與喜悅。以下這些啟示摘自實證的科學文獻，並特別強調喜悅與行動。讚頌的方式，可以是日常生活中的小舉動，也可以是一輩子的付出。

第一課：欣賞每一天

「能夠留意、欣賞和品味生活，是影響幸福的決定因素，而這種能力可以經由練習來培養。」艾莫斯說。艾莫斯認為，我們經常在不知不覺間陷入追求快樂的無止境循環——很快就習慣了好東西，並視為理所當然。大腦中兩個古老的區域「杏仁體」和「隔核」，負責調節我們對愉悅和回報的預期，而這兩個調節中心無可避免地會導致我們渴望新的愉悅。專注於感激現有的一切，可以改變我們的不知足。所以，讚頌生命吧！從現在開始欣賞每一天！以下是一些方法：

寫日記。我用一個「地方」寫日記。在我居住的城市附近，有一個夏格林瀑布（Chagrin Falls）小鎮，鎮裡有蜿蜒的河流、參天樹木，和許多瀑布。這是我洗滌心靈與大腦而能欣賞生命的地方，宛如我的活動日記。我會到這裡散步，提醒自己有多幸運。就如史懷哲醫生所說：「每個人心底都有一種提升自我的能力，讓我們不須仰賴事件的恩賜，就能感到喜悅。」

哲學家盧梭回憶小時候，每一天都是一種讚頌：「我跟太陽一起起床，覺得好快樂；我去外面散步，覺得好快樂……我走在花園裡，採水果……我到任何地方，快樂都跟著我。」這是讚頌日記最珍貴的一刻！

這個方法出奇地有效。如艾莫斯所指出，你只要每天深思一次自己所得到的恩賜，就會立即影響健康。在三項針對大學生的獨立研究中，艾莫斯發現，定期專注於所擁有的美好事物，會增進一個人的快樂感。每天練習感激也有類似的效果。艾莫斯說：「只要每天寫下感激日記，很快地，受試者的快樂程度就會持續提升。藉由小小的改變，我們看到受試者的正面情緒提升高達二〇％。甚至在每天面對身體局限、經常感到疼痛疲憊的肌肉萎縮症和小兒麻痺症候群患者身上，也有同樣的結果。我們請他們連續二十一天寫感激日記，結果，他們的活力與正面情緒大幅提升，覺得和他人更親密，睡眠時間和品質也改善了。」

最令人驚訝的是，當艾莫斯半年後再次探望這群受試者時，當時研究早就結束了，仍然有一半以上的人繼續寫感激日記。他說：「我相信他們會不斷地更快樂。」

艾莫斯說：「用感激的態度面對人生是任何人都做得到的。」所以維持寫日記的習慣，騰出一個時空讚頌生活。你可以用各種形式，例如放在桌上的一本日誌、裝訂優美的精裝日記本、一疊記事小卡片、每天在火車上或公車上的幾分鐘，或其他任何你喜歡的形式。讓自己每天更新喜悅、熟悉的事物，是很重要的事。

在儀式中讚頌。儀式的歷史與人類的存在一樣悠久，而且很有道理，因為儀式建構意義，使意義神聖。讚頌儀式可以是簡單說出感恩，而且不論形式。感恩可以用禱告、藏傳佛教祝禱等方式，也可以藉由朗讀你最喜歡的詩句來表現。拜訪教堂或其他舉行敬拜儀式的地方，觀看或參與誦經、歌唱、管風琴音樂演奏、福音詩歌，或其他經由聲音呈現的讚頌。讓音樂進入你的心靈。每天花一點時間閱讀寫下古老智慧的書籍，每天停下來好好思考某一段或某一頁。我經常重讀那些多年前影響我的偉大哲學作品：例如在一九三一年創立哈佛大學社會系的索羅金所寫的《愛的方法與力量》（*The Ways and Power of Love*）。索羅金曾在俄國先後受到三次監禁，但後來得以移居美國。他經歷過人性黑暗的一面，對廣島被原子彈轟炸一事非常驚愕，於是創立了「哈佛創造性利他主義中心」（Harvard's Center for Creative Altruism）。他是第一位主張創造性工作應該為人類服務，而非充作毀滅性用途（例如發明原子彈）的社會科學家。我會朗誦書中的部分文章，而我最喜歡的一句是：「愛使全宇宙美麗。」

第二課：讚頌他人的生命

什麼讓我們真正幸福？答案是與他人的情感連結。根據《時代》雜誌一項對五千多名美國人的調查顯示，四大快樂來源都與他人有關：

- 對七七％的人而言，孩子是很重要的快樂來源。
- 友誼是七六％的人的快樂來源。
- 對他人的生命有貢獻，有七五％的人感到快樂。
- 與伴侶的關係，對七三％的人而言，是很重要的快樂來源。

或許你現在可以暫停一下，思考自己與他人有多深的情感連結，而且不限於仍在身邊的人。那些已經不在我們周遭，但仍留在記憶中或歷史上的人，也會帶來幸福感。

我自己就喜歡思考那些間接影響我的歷史人物，我尤其喜歡林肯的幽默感。他在十幾歲時曾這樣描述自己：「亞伯拉罕・林肯／他將會是好人，但是／只有上帝知道何時實現。」後來的林肯當然不只是好人而已——他受到眾人愛戴，公認為美國最偉大的總統之一。

以下是幾個開始練習讚頌他人的方法：

助人時，讓對方知道你出於真誠。在一項非常有趣的研究中，喬安・曾發現，當一個人知道協助他們的人出於行善的意念時，感激的程度會顯著提升，也會覺得與對方有更強的情感連結。羅馬哲學家塞尼加說過，當我們感激某人，就與他建立了友誼。所以你可以讓別人知道，你的動機不只是責任感，還有真心的關懷與愛。

現在就讚頌。心理學家艾朗森（Dale Ironson）博士，正在研究愛滋病患者的靈性轉變。我最近問他，在我提問的那個當下他會想讚頌什麼，他毫不猶豫地說出一長串清單：「我與你這段愉快的談話。我的許多朋友。晴朗的天氣。世界上某些角落的人正在挨餓時，我還能吃到的這些美味食物，還有許多奇妙發現正在繼續的這個時代。」你可以寫下讚頌的清單或日記，並且在有時間和意願時，增添更多項目。

做一次讚頌探訪。這個練習的靈感來自於正向心理學家塞利格曼的一項練習。他表示，做一次「感激探訪」（gratitude visit），幾乎能立刻提升一個人的快樂程度。塞利格曼說，只要寫一封感謝信給你真心感激的某個人（老師、朋友、父母或兒女），然後親自把這封信唸給他聽，就會產生驚人的效果。即使過了一個月，你的快樂程度還是會明顯增加。我稍微修改他的想法，建議你進行一次「讚頌探訪」。請你寫一封信讚美某個人的特質或個性，描述他／她的勇敢、堅持、忠誠、善良、聰明、智慧、毅力、關懷等等，每個人都會有許多特質值得稱讚。然後請你特別空出時間，把信唸給這個人聽，不只是感謝他，也和他一起讚頌生命的神奇。

你也可以對陌生人展開讚頌的探訪。「在我開始專注於善良和感激後，就從一個滿腹牢騷的單身女人，變成滿心歡喜、擁有許多朋友的人，」加州「明亮之光」（Bright Lights）計畫創辦人葛藍特（Gail Grant）說。該計畫是讓十二歲以下的兒童到老人院幫助老人。葛藍特說：「孩子們都很喜歡這項活動。一個年紀稍長的女孩子跟我說，這個計畫讓她學會幫助別人，也讓她為自己感到驕傲。孩子們看得出自己的貢獻。他們會看到老人臉上的微笑和眼睛裡的光芒。」老少相聚的那一刻，是心靈交流也是值得讚頌的時刻。「甘地曾說：『實踐你希望看到的改變。』幫助他人是很重要的心靈練習。你必須幫助不在自己生活圈內的人，這對你與他人，都有莫大的好處。」葛藍特說。

記得曾讚美你的人。請以同樣的精神，在心裡探望那些曾讚美你的人。我小時候得到一本《公禱書》（*The Book of Common Prayer*，注：基督教福音教會所用的禮儀書）。這本書已經破舊不堪，但仍為我所珍藏。我在內頁列出已經過世，但對我有重大啟發且深愛過我的人。到目前為止總共有十七個名字。這些人曾經讚美我、相信我，而且必然也對其他人這麼做。裡頭包括總是讓我感受到滿滿溫暖的古典吉他老師波洛廷；總是在我面臨重大決擇時指引我的朋友雷西；還有始終給予我純粹之愛的母親。這張清單本身就是一種讚頌，你可以不時瀏覽，閉上眼睛回想其中一個人，以及你在這個人身上感受到的溫暖與光輝。當生活特別艱難時，回憶他人對你的稱讚，會更有幫助。

第三課：重新定義生活，調整情緒

在最困難的時刻，你可以轉向感激與讚頌，不一定要成為現狀的「受害者」。李維（Primo Levi）曾在他描寫納粹死亡集中營的書《如果這還算是個人》（*If This Is a Man*）中寫道：「今天沒有颳風，真是幸運。奇怪的是，人總是會有種幸運的感覺，感激某個偶然的事件，不論它多麼微小，這就足以讓我們不至於絕望，而繼續活下去。今天下了雨，但是至少沒有颳風。或者今天下雨又颳風，但是晚上卻輪到你多喝一碗湯。」這些美麗的字句背後隱含了某種悲慘的遭遇，但也見證了人類不屈不撓的精神，以及即使在生命中最險惡的時刻，都還能擁有感激的能力。

感激與讚頌帶來幫助。在華特金與同事的研究中，感激與一種稱為「修復情緒」的情緒智商有強烈關聯。華特金在結論中說：「感激會讓人對生命有正面的看法，有助於當事人在壓力事件後修復情緒。」有關感激力量的進一步有趣的證據，則來自東華盛頓大學心理學家寇茲（Russell Kolts）在二〇〇一年對創傷倖存者所做的研究。結果顯示在感激項目上得分很高的人，創傷壓力症候群的症狀明顯較少。

此外，如我之前提到，感激會帶來一種全身的共振狀態，就像處於深度放鬆或睡眠狀態時一樣。在這種狀態下，我們的心跳平穩、神經系統安定。因此當你覺得有壓力、煩躁不安，或莫名低潮時，請嘗試以下這些簡單的讚頌，改變自己的狀態：

走入大自然。在這本書中，我經常建議你走入大自然。因為這對我很有效！有時候最古老而原始的讚頌方式也會最深刻。親近大自然一直都是人類讚頌生命的方式。你可以在街角停下腳步，聽樹梢的鳥兒歌唱，或跟親朋好友去健行露營，或者計畫一次在大自然中的特殊讚頌慶典，包括禱告、跳舞、打鼓、聽音樂等。你甚至可以像一九六〇年代的嬉皮一樣，擁抱一棵樹。被譽為美國國家公園之父的自然主義者謬爾（John Muir）說：「爬上山脈，感受美好的訊息／自然的寧靜會流入身體，如陽光流瀉於樹木／風會將清新吹進你之內……／憂愁則如秋葉掉落。」或者像詩人惠特曼讚頌一片草葉時說的：「我相信一片草葉並不比星星的旅程渺小。」

享受微小的每一步。有一次我和編輯普波羅（Kris Puopolo）談話，她有感而發地說，雖然她希望自己拿到的每一本書都成為暢銷書，但是現在她已經改變觀點，轉而讚頌過程中的每一步。「我每一次編書時，都會出現一個很令人滿足的時刻，那就是我突然明白它到底需要什麼，而忍不住在心底喊出『啊哈！』的時候。那些星級的書評或美麗的封面，就是從這裡誕生的。」每件事都有它特殊的時刻。讚頌這些時刻。

欣賞更大的全貌。對本書的另一位作者而言，讚頌生命最簡單的方法，就是提醒自己曾經站在宇宙的某處，感受存在。例如紐約某個春天的夜晚，或看到像花一般的管蟲閃爍著深紅色的光，在海床上搖曳擺動。圓月像用蒼白的粉筆畫在四月傍晚的天空上。公園的蘋果樹綻放著白色花朵。孩子們在學校操場上玩耍。在地球的另一端，一隻駱駝在沙漠的熱氣中跪地休息。在全世界各地，母親正在哺育新生的嬰兒。成群結隊的魚群正搖擺穿過大堡礁的珊瑚群。尼加拉瓜瀑布正在每秒鐘傾瀉近七百公噸的水，沿著六十公尺高的白雲岩和頁岩石壁沖刷而下。在大西洋的對岸，旅客正站在羅浮宮的蒙娜麗莎畫像前端詳那個神祕的微笑。即使在壓力最大的日子，只要這樣冥想幾分鐘，她就能肯定這世界絕對不缺乏奇蹟。

你的讚頌量表

現在我們要邀請你回答「愛與長壽量表」中有關讚頌的部分。計算分數有兩個步驟。首先，請你確定哪些題目必須「相反計分」（以®符號標示）。對於相反計分的題目，請按照以下表格計分：

如果你選擇的分數是	請把該題目的分數計算為
1	6
2	5
3	4
4	3
5	2
6	1

第二步驟是計算「相反計分題目」的分數之後，再把每項題目的分數加總起來。你可以現在開始做這份量表，或看完本書、在日常生活中實踐有關讚頌的各種事情之後，再測量一次。

請在以下的量表中，按照你認為每句話符合個人特質或經驗的程度，圈出適當的分數。**這個量表沒有所謂的正確答案，所以請盡可能誠實地回答。**

1. 我會特別注意讓家人知道我多在乎他們。
1非常不同意；2不同意；3有點不同意；4有點同意；5同意；6非常同意

2. 我愛的人會認為，每一次他們為我做了一些事，我一定會立刻感謝他們。
1非常不同意；2不同意；3有點不同意；4有點同意；5同意；6非常同意

3. 我會打電話或寫信給我愛的人，謝謝他們為我所做的事。
1非常不同意；2不同意；3有點不同意；4有點同意；5同意；6非常同意

4. 對家人說「謝謝」，會讓我覺得不自在。Ⓡ
1非常不同意；2不同意；3有點不同意；4有點同意；5同意；6非常同意

5. 我能擁有今天的一切，大部分是靠自己的努力，所以我不覺得欠家人任何東西。Ⓡ
1非常不同意；2不同意；3有點不同意；4有點同意；5同意；6非常同意

6. 我會特別注意讓朋友知道我多感謝他們。
1非常不同意；2不同意；3有點不同意；4有點同意；5同意；6非常同意

7. 我很感激朋友為我做的事。
1非常不同意；2不同意；3有點不同意；4有點同意；5同意；6非常同意

8. 如果沒有朋友的支持，我不會擁有今天的一切。
1 非常不同意；2 不同意；3 有點不同意；4 有點同意；5 同意；6 非常同意

9. 當我思考朋友為我做的，覺得好像沒有什麼值得感激的。Ⓡ
1 非常不同意；2 不同意；3 有點不同意；4 有點同意；5 同意；6 非常同意

10. 我生命中的成就，沒有什麼可以歸功於朋友。Ⓡ
1 非常不同意；2 不同意；3 有點不同意；4 有點同意；5 同意；6 非常同意

11. 仔細想想，社區中很多人是我應該感謝的。
1 非常不同意；2 不同意；3 有點不同意；4 有點同意；5 同意；6 非常同意

12. 當不熟的鄰居或同事幫助我時，我會努力說謝謝。
1 非常不同意；2 不同意；3 有點不同意；4 有點同意；5 同意；6 非常同意

13. 我可以想到很多鄰居所做的讓我感謝的事。
1 非常不同意；2 不同意；3 有點不同意；4 有點同意；5 同意；6 非常同意

14. 我的鄰居幾乎沒做過什麼令我感激的事。Ⓡ
1 非常不同意；2 不同意；3 有點不同意；4 有點同意；5 同意；6 非常同意

15. 我的社區裡沒有很多事情是值得感謝的。Ⓡ
1 非常不同意；2 不同意；3 有點不同意；4 有點同意；5 同意；6 非常同意

你的得分：

- 高度付出者（80%）：105 分以上
- 經常付出者（60%）：99-104 分
- 中度付出者（40%）：94-98 分
- 低度付出者（20%）：86-93 分

16. **我感謝那些努力讓世界更美好的人。**

1 非常不同意；2 不同意；3 有點不同意；4 有點同意；5 同意；6 非常同意

17. **聽到有人幫助別人時，我會很感謝有這樣的人存在。**

1 非常不同意；2 不同意；3 有點不同意；4 有點同意；5 同意；6 非常同意

18. **我很感激自己生活在這個大家會互相關心的世界。**

1 非常不同意；2 不同意；3 有點不同意；4 有點同意；5 同意；6 非常同意

19. **這世界沒有很多值得我感謝的事。**Ⓡ

1 非常不同意；2 不同意；3 有點不同意；4 有點同意；5 同意；6 非常同意

20. **我很難因為某個地方發生了一些好事，而覺得感激。**Ⓡ

1 非常不同意；2 不同意；3 有點不同意；4 有點同意；5 同意；6 非常同意

第四章

傳承之道：幫助他人成長

四十年前，前加拿大海軍中校瓦尼爾（Jean Vanire），邀請兩位殘障男士離開安置機構，到他家裡同住。這一真摯而非正式的邀請，後來卻擴大為全球知名的「國際方舟團體聯盟」（International Federation of L'Arche Communities），成員分布三十一個國家，一百二十六個社區，總共五千多人參與。在這些社區中，身心健全的人（稱為「助手」）和殘障人士生活在一起。瓦尼爾本人是虔誠的天主教徒，但方舟團體歡迎各種信仰的人，甚至無神論者參與。瓦尼爾說，團體的名稱源於《聖經》中諾亞方舟的故事，希望讓「不論任何種族、文化、能力的人，無論哪一種殘障者，都能找到一個向世界顯露天賦的地方。我們都知道，每個人身上都充滿了缺點，我們在某些方面都是殘缺的，但生命唯一的解答就是彼此相愛」。

在暢銷書作家、前耶魯與哈佛大學神學院教授諾文（Henri Nouwen）牧師，離開學院到方舟團體生活，並寫出親身經驗之後，該團體一下子聲名大噪。他說自己在方舟團體，比在哈佛或耶魯更覺得自在。高大、優雅又充滿紳士氣息的瓦尼爾，至今仍住在位於巴黎北方一個約有一百人的方舟團體裡。他寫了許多書，到世界各地演講、募款，並創立了第二個基金會「信仰與光」（Faith and Light），宗旨是服務殘障人士的親屬。瓦尼爾說，與殘障人士團體一起生活，讓他學會身為人的意義，而「今天世界上所有痛苦，都是藩籬造成。我們面對的孤單、獨立和競爭實在太多了」。

瓦尼爾告訴我，他在方舟團體中最難忘的經驗：「我永遠忘不了艾力克。我在當地醫院的精神病房認識四歲時就遭人遺棄的他。當時他已經十六歲，看不見、聽不到，也不會走路或說話。我從來沒有見過這麼憤怒的人，連護士和看護人員都覺得他很難相處。他在一九七八年來到方舟團體，我有幸跟他一起生活了一年：幫他穿衣服、洗澡、學會自己吃飯。他一點一滴地覺得自己為人所愛，被當成一個獨特而重要的人來看待，他慢慢變得比較平靜。每天晚上我們在小小的屋子裡禱告時，他會安靜地依偎在他人懷裡。艾力克教會我們很多事：如何溫柔，如何注意到他的需求，如何幫助他自立。他更教會我如何更有人性，更有愛心。他過世的時候，已經完全脫胎換骨，而我也是。最重要的是，艾力克教會我，不論有什麼能力、殘障、宗教信仰或文化背景，每個個體都是很重要的。」

瓦尼爾以身作則地表現了照顧他人的能力，也就是科學家所稱的「創建培育」（generativity）。這個辭彙由心理學家艾瑞克森（Erik Erikson）創造，後來用來指對他人，尤其是對後代的無私付出。我認為，傳承指的是照顧他人，讓受照顧者更能展現自己愛的天賦，我也稱之為「培育者（nurturer）之道」。

瓦尼爾接納兩位殘障人士，並提供住家與行動，現在已演變成分布世界各地五千多人的生活方式，其中包括許多年輕的志工。瓦尼爾最近告訴我，有個年輕志工寶琳的轉變：「寶琳才加入方舟團體四個月，但她母親告訴我，她的女兒徹底改變了。她感覺寶琳不但奉獻生命給身邊的人，也為他們所愛。照顧他人、與他人交流所產生的新能量充滿了她全身。這份工作在寶琳還這麼年輕的時候，就喚醒了她內心深處為他人奉獻生命、喜悅、希望的能力。」

幫助別人迎接春天

傳承是有史以來受到最多研究的一種能力。在這一章裡，你會學到為什麼培育他人可能是確保快樂人生的最好方法，甚至從人類孩童時期就開始了。事實上，研究顯示，這種付出方式可能是對抗青少年憤怒的最佳方法。無論在任何情況、任何年齡，你都可以用各種方法將培育他人的行為融入生活中，得到它帶給心靈、頭腦與身體的益處。

有關人類這項獨特能力的研究相當豐富且引人入勝。哈佛大學精神病學家瓦倫特，曾對哈佛大學男性的健康狀況做過長達數十年的研究，結果顯示，傳承是充實人生的一項關鍵要素。瓦倫特的話，總結了無私付出的意義：「每個人遲早都會遇到生命中的冬天，但春天仍會來臨，就像規律的時鐘運作一樣，我們的花園總會重生。當死去的時候，唯一重要的是自問：『我們做了什麼，讓花園能準備好，幫助下一個人迎接春天？』」

基本上，傳承就是準備好另一個花園去迎接春天。那是為愛服務的力量，是一種付出的行動，讓另一個人可以經由這份愛，展現自己的優點與天賦。傳承可能簡單如傾聽和支持，藉此重振他人的自我意識與希望；也可能很辛苦，例如好好扶養孩子，或在困難而高挑戰的領域指引學生。

我們將在本章看到關於傳承的好消息，科學界令人激勵的發現包括：

傳承這種付出，會終生保護我們的心理與生理健康。當我們培育他人時，也滋養了自己。無限大愛研究中心新近最令人印象深刻的研究之一顯示，比起較不付出的同儕，在高中時期比較樂於付出的青少年，後來會享有更快樂、長壽的人生。在年輕時樂於扶助他人所形成的生活方式，能夠保護一個人的心理與生理健康長達五十年！

由無限大愛研究中心贊助的四項有關青少年與付出的實驗性研究顯示，**傳承這種付出對年輕人的影響，有明顯性別差異：**男孩子在付出時，自尊和快樂程度都有大幅改善，但女孩子卻沒有如此明顯的改善。反之，女孩子如果不願意付出，會有低自尊、憂鬱和焦慮等困擾。這可能是因為女孩本來就預期自己要照顧別人，因此不像男孩會因為付出而得到正面的回饋。因此我們真的需要好好檢視，該如何鼓勵和獎勵不同性別的青少年幫助他人。雖然這些研究都只是初步的嘗試，但相當引人入勝。

研究顯示，**傳承式的付出行為保護並改善老年人的心理健康，且延後死亡時間。**照顧他人也對生病的人有幫助：對多重硬化症患者和愛滋病帶原者的研究發現，當患者伸出援手幫助同類患者時，會覺得心理健康大幅改善，病情惡化也會趨緩。

傳承與領導能力和高自我評價有正面相關。

傳承讓我們感受到伴隨愛而來的力量，而非取代愛的力量。

傳承行為讓我們終生受益

無限大愛研究中心贊助的所有研究中，最令人驚訝的結果之一，來自衛斯理學院魏克的心血結晶。前一章曾提到，他非常幸運，能夠從最早生於一九二〇年代的受訪者的人生故事中，挖掘出非常豐富的資料。魏克承續一項六十多年前開始的研究，持續追蹤所有受訪者，總共研究了將近兩百名終生參與該研究的人。這項研究最早是在一九二〇年代由加州大學柏克萊分校的人類發展研究院發起，研究對象包括新生兒和年紀十到十二歲的兒童。這些研究對象每隔十年接受一次專業臨床人士的訪談，訪談內容包括家庭、工作、健康、休閒活動、志工活動、個人興趣、社會與政治態度等等。

魏克從該項研究中發現，一個人如果在高中時代即有傳承這種付出行為，他在老年時就能擁有較健康的身心狀態。魏克總結說：「這項研究像一座金礦，也像華格納歌劇中力量驚人的尼布龍根指環。我對這項研究顯現了如此有力的證據，也感到驚訝。傳承對心理健康的影響尤其強烈，但與身體健康的關聯也相當明顯。」

像這樣的長期追蹤研究充滿了豐富的細節，讓我們史無前例地得見付出力量的全貌，窺見人一生的演變。而該項研究之所以如此豐富，亦拜九〇%的研究對象持續參與之賜。魏克解釋說：「臨床人員進行的訪談非常深入，蒐集了有關利他行為、傳承與精神信念的大量資訊，只是之前沒有人分析而已。」以下是他的一些確切發現：

傳承的行為可以預測一個人是否成功。它會帶來正面影響，無關乎一個人的社會階級、智商或宗教信仰。有高度傳承付出行為的青少年，最後大多會進入較高的社會階級。

傳承與重視精神性有關。有較多傳承行為的青少年，在成年初期大多會有中度或高度的宗教信仰。

懂得傳承的青少年，通常有溫暖的家庭關係。溫暖親近的家庭關係可能是我們年輕時學習照顧他人的典範。但是後來自己學會照顧他人，或儘管家庭有問題仍學會付出的人，也會因傳承行為受益。魏克去除家庭溫暖這個因素，並重新分析資料之後，發現傳承的特質依然可以相當準確地預測一個人未來的身心健康。

懂得傳承的青少年到中年時會有較好的健康習慣。他們比較可能在中年時有適切的健康計畫，比較不會抽菸、喝酒過量，以及定期做健康檢查。

傳承行為跟人際互動能力有關。人際互動能力是傳承行為的核心，且與生理和心理健康密切相關。為什麼人際互動能力這麼重要？因為當一個人要有效對他人付出，必須能夠與對方溝通、連結，因此需要具備人際互動技巧、同理心與自尊。

魏克也提出這項研究的幾個問題：基於當初選擇的人口範圍限制，研究參與者雖然經濟地位平均分散於低、中、高階層，但都是在一九二〇年代成長於舊金山東部灣區，那是相當重視公民責任的年代，且該區大多數居民是白人和基督新教教徒。即便如此，對他而言，這項研究最重要的訊息是，我們應該鼓勵青少年照顧他人，而且不論對任何人而言，「做好事會讓我們看到自己本質中的善，發展出相當的自信，有助於我們度過艱難時刻」。

魏克說，受訪者在青少年時期展現的慷慨之心，讓他印象深刻。一名少女被問及如果她得到十萬美金會怎麼運用，她回答要用來支付家人的醫藥費；另一名青少年男孩則自願用打工賺來的錢，幫助陷入經濟困境的父母。這些青少年長大成人後，持續展現同樣的同情心。某個女性的小叔在空難中過世後，她與丈夫拿出所有的積蓄，幫助他的遺孀和五個孩子。即使在她離婚且因為許多個人健康問題而飽受困擾時，偶爾仍會收容一兩個外甥與她同住。這位女性還為有學習障礙的孩子擔任老師，並在老年時投入環境保護工作。研究中還有一名已退休的受訪者，每個星期花一天晚上陪伴一位有失智症的鄰居，讓他的妻子可以獲得休息。

關於傳承的五堂課

無限大愛研究中心贊助的傳承行為新近研究，加上其他極有說服力的科學文獻，累積出很有趣的啟發，教導我們如何將傳承行為融入生活中。傳承行為可以是日常生活中的微小舉動，也可以是一個人一生的投入。

第一課：活出意義

納粹集中營倖存者法蘭科，在他的經典著作《活出意義來》（*Man's Search for Meaning*）中寫道：「身而為人，我們總是會朝向或被指引到自身以外的某物或某人，例如自身要實踐的意義或與另一個人相遇。一個人愈是遺忘自己、愈能將自己獻身於一項使命或愛一個人，不但能不愧生而為人，也愈能自我實踐……或許自我實踐不過是自我超越的一種副作用。」

我們傳承時，就在他人的生命中創造了意義。哈佛醫學院的瓦倫特對哈佛畢業生進行長達六十年的傑出研究，就發現了這點。瓦倫特的書《老得好》（*Aging Well*）甚至囊括了更廣的範圍，檢視了三項研究：哈佛畢業生之研究（從一九二〇年開始）、市中心非問題行為男性青少年研究（一九三〇年），以及心理學家特曼（Lewis Terman）針對高智商女性進行的「特曼的女性研究」（Terman Women study，一九二二年），總共追蹤了八百多人從青少年直到老年的人生。

瓦倫特的發現是：傳承行為融合了愛與領導的能力，最基本的表現是直接照顧較年輕的人，例如作他人的心靈導師或為人父母。之後，傳承表現向外擴大，這些人成為意義的守護者，在較大的社群中守護某種文化價值觀和傳統。雖然我們想到培育他人的人時，常常想到犧牲奉獻的義工，但研究結果顯示，大多數成功的高階主管也是非常會培育他人、激勵人心的領導者。一個研究對象說：「從二十歲到三十歲，我學習如何跟妻子相處；從三十歲到四十歲，我學習如何在事業上成功；從四十歲到五十歲，我則比較不擔心自己，而更在乎下一代。」他餘生都奉獻於一間小型學院，擔任院長。瓦倫特說，對這個研究對象而言，傳承行為與他成功建立充滿愛的關係之間，密不可分。

任何人都有能力傳承。在瓦倫特的研究中，一個名為比爾，來自市中心低下階層的男性，成長於窮困的環境裡，十六歲失去母親，父親則是殘障人士。比爾的智商大約只有八十二，人生早期確實沒有傳承者通常會擁有的成功，但是他後來婚姻幸福，在麻州公共工程部擔任木工，並成為備受資深管理階層敬重的工會幹事，也是一個經常帶孩子去釣魚的好父親。他覺得妻子「擁有自己希望女人有的一切」，而他的妻子則在訪談中說：「比爾是我最好的朋友。」他們共同奉獻時間為市長候選人助選，比爾也活躍於波士頓地區慈善機構的統整組織。比爾談到自己的人生時，經常說自己多麼感激幫助過他的人，這也是許多傳承者常有的感想。他們通常會因擁有的而感激，不會因面對挑戰而怨恨。

傳承行為會為我們的生活帶來意義和一種善的力量。與柯哈納（Eva Kahana）合著《老年時期的利他主義》（*Altruism in Later Life*）的心理學家米德拉斯基（Eva Midlarksy）提出了五種原因：

1. 我們會覺得自己的人生更有意義。
2. 可以藉由把注意力轉移到他人身上，減少自己的壓力。
3. 我們會覺得融入社會且與他人有所連結。
4. 我們會自覺較有能力且能發揮影響力。
5. 照顧他人可能引發比較主動積極的生活方式。

此外，還有一項簡單的事實就是，幫助他人會讓自己感到快樂。「當你對他人敞開心靈並給予關懷的時候，看待世界的方式就因而改變，你會比較快樂，」行為科學家史瓦茲說。她研究了超過兩千名長老會教徒，結果發現提供幫助比接受幫助更有助於改善心理健康。

傳承行為之所以能增進我們的健康，很重要的一項因素是它能提供我們人生的意義。米德拉斯基與柯哈納訪問了八十五名曾在猶太大屠殺期間救過猶太人的人，也訪問了七十三名當時生活在歐洲納粹佔領區，但袖手旁觀、沒有參與過任何拯救猶太人行動的人。這些救人者在社會責任、同理心、冒險性和自主性等特質上的得分，都比袖手旁觀者高得多；對生活的滿意度，以及在家庭和友誼中獲得的樂趣，也都比較高。雖然救人者的身體健康或財富並沒有高於袖手旁觀者，但他們可能因為遵照自己的價值觀生活，而有比較深刻的滿足感。

所以，你如何能為他人的生活帶來意義？以下是你現在就可以開始嘗試的一些練習：

寫下你的人生目標和熱情所在。寫完後請你檢視一下，看看其中有沒有至少兩項是純粹的傳承行為（例如養育健康快樂的孩子、在工作上指導同事，或擔任義工、積極參與助人活動）。如果清單上沒有照顧與培育他人的活動，試著想出一些能吸引你的活動，加入清單。

學習如何拯救他人的性命。你可以參加心肺復甦術課程、學習急救窒息者的哈姆立克急救法，或受訓成為急救人員或救生員。把一個人從死神手中搶救回來，可能是最令人震撼的經驗！米德拉斯基與柯哈納在一九九四年針對自費上心肺復甦術課程者做過研究，其中好幾個人說，學習如何在生死存亡的緊急時刻幫助他人，「花再多錢」也值得。

利用你的技能賦予他人力量。你可以為弱勢兒童擔任家教、教移民說本國語文，或在任何一種諮詢熱線當義工。

從此時此刻、你所在的地方做起。不論職業為何，在學校、在家，或在工作，你都可以開始思考如何在實際行動或情感上，為身旁的人做些什麼。對方可能是同事、公車上的陌生人，或某個家人。給陌生人一個微笑或一句溫暖的話；幫助同事精進他在工作上的技能；讚美家人本身的重要特質（「我覺得你真是很會傾聽的人」或「我覺得你能夠同時承擔這麼多責任，真的很了不起。」）

第二課：擔任志工

英格蘭艾色斯大學（University of Essex）的研究人員在二〇〇四年發表了一項引人注目的研究：在成員從事志工事業比例很高的社區，犯罪率較低、學校較好，居民也比較快樂健康。在研究中，不論任何地區（從市區中心到鄉下村鎮）都顯示相同的結果。研究總共調查了一百零一個地點，寄發問卷給九千個居民，並對其中三千名做了深度訪談。

加州大學柏克萊分校的歐曼認為：「擔任志工跟死亡率的大幅降低相關。擔任志工的人不但比較長壽，也比較健康。」一項期間長達三十年，針對紐約州北部四百二十七名同時身為妻子與母親的女性所做的調查顯示，有擔任任何類型志工的人，在三十年後健康狀況都較好。另外一項於一九八六年到一九九四年間，追蹤了一千五百名成人的研究則發現，擔任志工者未來較少出現功能性的身體障礙。歐曼認為，美國和歐洲的研究都凸顯出一個重點：同時擁有人際連結和社會支持的人，會從擔任志工中獲得最大的益處。歐曼說：「難怪千百年以來，愛與利他行為一直受到讚頌。」

你可以採取以下幾個有創意的方法，來從事志願工作：

創造一個付出的網絡。你可以在自己認識的人當中，找一個不太快樂或感覺受到孤立的人，邀請他一起去幫助某個遭遇困難的人。你不但可以藉此幫助他人，也能幫助你認識的這個人點燃自己的熱情。

付出你自己需要的。給予他人你自己需要的，將是治癒自己人生的最佳良藥。付出不是二元對立的行為，對人慷慨與從中獲得益處和愉悅，二者完全不衝突。付出即收穫，尤其是當你給予他人自己渴望的事物時，更會帶來意想不到的回報，其中最好的就是，你能因此與相似的人建立情感連結。

一些引人入勝的研究還顯示，即使是罹患嚴重疾病的患者，也可能因為幫助其他有同樣疾病的人，而使病情改善。史瓦茲曾於《社會科學與醫藥》期刊（*Social Science and Medicine*）發表過一項長達兩年的研究成果。一百三十二名多重硬化症患者，有一部分接受為期八週、每週一次的紓壓技巧學習；另一部分則每個月接聽一次電話，傾聽其他多重硬化症患者的來電並給予支持。最意外的研究結果是，五名經過史瓦茲訓練，負責聆聽患者電話、給予支持的多重硬化症患者，當實驗在兩年後結束時，變得很善於同理地傾聽別人。

史瓦茲用極為嚴謹的資料分析法，分析參與實驗的一百三十七名患者，發現付出支持比接受支持更能改善健康狀況。此外，這五名提供支持的多重硬化症患者，覺得他們看待自己和人生的方式都有大幅的改變。這些付出者對抗憂鬱、增加自信和自我評價都有顯著進步。付出無私的愛顯然能提升精神層面。史瓦茲說：「這些人的心靈經歷了徹底的蛻變，讓他們得以全新的眼光看待自己。」

邁阿密大學的艾瑞森（Gale Ironson）的研究發現同樣讓人印象深刻。她的研究對象是七十九名愛滋病的長期存活者，他們在第一次出現嚴重愛滋病症狀後，存活時間超過預期時間一倍以上。這些人擔任志工的比例遠高於其他疾病患者，而且特別偏向選擇幫助同樣有HIV的帶原者。這些志工感受的憂鬱、焦慮和壓力都比較低。艾瑞森進行的第二項研究也有類似的驚人發現：她追蹤一百七十七名HIV帶原但從來沒有嚴重愛滋病相關症狀的人，記錄他們的病毒量、免疫功能，以及情緒和身體健康狀況。結果發現，在接下來兩年中，願意幫助他人以及在利他行為上的高得分，都大幅降低了病毒量的增加速度。艾瑞森因此做出結論：「既然利他行為具有如此強大的潛在正面力量，我們應該盡力做進一步了解。」

這些研究雖小卻極為重要，因為它們有助於解答一個長久以來的問題：是先有慷慨行為，還是先有健康的身心？這些研究中的研究對象本來就已經生病，藉由付出增進了他們情緒與身體上的健康，這是非常令人振奮的發現。里昂薩（Vic Leanza）的故事也充分證明了這點，這個盲人在學會駕駛帆船後，徹底改變了自己的人生。

里昂薩是一個視力受損的大學生，有一天在校園湖畔散步時，一位在學生體育中心教舉重的牧師注意到他，並帶他走進校園內的船屋，跟他一起把一艘帆船放入水中。「那位牧師教我駕駛帆船。我當然不是負責掌舵，而是控制纜繩。像我這樣有身體殘障的人，也能夠成為校隊的一員，真的讓我興奮不已。他在我身上看到我自己都沒有看到的能力。」

這不就是傳承的真正意義？傳承行為很少會在接受者身上停住，因為接受者經常會把這份愛的禮物，持續傳遞下去。里昂薩正是如此。他不久後結了婚，即使這時候只剩一〇％的視力，且經歷過好幾次失敗的眼角膜移植手術，他還是繼續駕駛帆船。「我三十歲出頭時，已經完全看不見了，」里昂薩說，「但我仍繼續攻讀心理學博士學位，花了十年才拿到學位，因為我動了許多次手術，還要一邊工作。但我堅持下去，也成立了私人診所，許多人都轉介殘障人士前來看診。」與此同時，里昂薩還買了帆船，開始教他視力正常的朋友和自己的兩個孩子駕船。後來他成為「克里夫蘭光明帆船計畫」（Cleveland Sight Center Sailing Program）遊艇俱樂部會長。

這個俱樂部有兩艘帆船和八十名會員，一半是視力正常者，一半是視力受損者。里昂薩說：「從五月到十月，兩個隊伍每晚都會出海，而且視力正常者的收穫跟盲人一樣多。我把其中一艘船取名叫『奈克瑟斯』（Nexus），這個拉丁文表示『人與人的連結』。因為在這艘船上，每個人都可以得到同心協力的體驗。在共同合作幾個星期後，所有人都會了解如何在沒有視力的情況下駕船。我們有六十幾歲、七十幾歲，甚至八十幾歲，逐漸失去視力而且從來沒駕駛過帆船的人來學習。從一節、一海里、三角帆、前桅支索等等是什麼開始學起。視力正常的會員一再表示從盲人身上學到很多：『芭芭拉讓我覺得好慚愧，我一直抱怨手機沒電了，但是她正在駕駛那艘難搞的帆船，而她眼睛全盲，平常時還有一份全職工作跟兩個孩子要照顧。』或者一個盲人會說：『我聽到船的六點鐘方向有一隻海鷗。』視力正常的隊員回頭看，發現真的有一隻海鷗，很驚訝自己居然都沒發現！」里昂薩還說，「我對別人付出，自己卻沒有失去任何東西。這就是教導他人的意義。」

現在，請你花一分鐘問自己：「我在生活中渴望的是什麼？」更異想天開、更新奇的感覺？增進某個工作領域的技能？在家料理一頓晚餐？收到愛人寫給你的感謝卡？一份令人驚喜的禮物？不論你想要得到什麼，試著給予他人這個東西。你會很驚訝，這份付出會帶給自己多少欣喜，也很可能反過來接收到其他人的慷慨給予。

從小處做起，無限擴大。一切都從二〇〇二年一頓四・九九美元吃到飽的午餐開始。「黃昏願望基金會」（Twilight Wish Foundation）創辦人暨執行長佛金（Cass Forkin）正與女兒在一家餐廳吃飯，注意到有一群年老女士在算著零錢，要付午餐錢。她臨時起意，拿了一張二十美金的鈔票，對服務生說：「請告訴那群女士，她們的午餐有人付了。」佛金回憶說：「那感覺只是一件小事，但是其中一位女士走過來，熱烈地擁抱我說：『沒想到世界上還有像你這樣的人。』」

幾年後，擁有醫療管理碩士學位的佛金，因為那個午後的啟發，而創辦了黃昏願望基金會。這個非營利慈善機構的目的是要送給老人家，他們自己無法負擔的禮物。禮物可能很簡單：一場棒球賽門票、一張特殊的輪椅、一床新毯子、一次熱氣球之旅，或給某個親人的一座墓碑。事實上，基金會贊助的第一項禮物，就是讓住在養老院的八十二歲老太太瑪格瑞特，可以為她死去的兒子立一座墓碑。「事情完成後，我們辦了一個盛大的派對，請來了瑪格瑞特、她的朋友、家人、她的浸信會牧師，與黃昏願望基金會的所有成員，一起去吃了一頓義大利大餐，她還吃了兩片乳酪蛋糕。」從那時候開始，黃昏願望基金會實現了數千個願望，而且有來自美國各州將近七百人都想成立分會。「我們曾經送一個只剩六週生命的男人，去體驗密西西比河船上的生活。也帶一對住在養老院，高齡九十幾歲的夫妻，去他們以前常去的露天市場，而這位先生，也因此有機會在此生最後一次點雞肉派來吃。一位一百歲的老太太則在生日這天騎上了哈雷機車。我的目標是要讓人快樂，而且我發現改變現狀永遠不嫌太晚。他們都會對我表達類似感謝的話：『這是我這輩子最棒的一刻。這是我這一生收到最棒的禮物。感覺好像過聖誕節。』」對佛金而言，「老人家收到禮物時的表情如此珍貴！追根究底，那個願望本身並不重要，重要的是他們發現你真的在乎。」

這一切都源自那頓不到二十美元的午餐。我認為我們太少思考，一個人的觀點能夠如何因為一個小小的付出而徹底改變，甚至讓人提升到充滿喜悅的境地。當我提醒自己專注於微小的助人行動時，經常會驚訝於它們的效果之大，只是給予鄰居或陌生人一個特別溫暖的微笑，就可能讓他們精神大振。佛金就很驚訝自己只是為幾位女士付午餐錢，就讓她們重拾了對人性的信心。當我們了解簡單的行動其實可以深刻影響他人的生命，那麼請年長的鄰居吃頓午餐或看一場棒球賽，肯定是做得到的。

從小處做起，找出身邊的人可能需要什麼幫助。著名影星保羅・紐曼就是如此，他小時候曾在街角賣檸檬汁，現在他在全世界各地賣檸檬汁，而其中絕大部分利潤都用來幫助兒童（注：保羅・紐曼於一九八二年成立Newman's Own食品品牌，其盈餘都拿來作慈善事業，其中最知名商品之一就是檸檬汁）。重點是抱著寬大的心，從小事做起，並持之以恆。

把付出變成樂趣。我很高興，但並不對於愈來愈多科學研究顯示人類會基於天生的本能，在行善時感覺良好感到訝異。這些新發現更增強了我原本重視的哲學信念：付出不一定要犧牲。你可以把付出變成樂趣，而且人類的基因本來就支持你這麼做。

新近的研究顯示，照顧他人會讓人感覺良好，是因為你體內的多巴胺濃度會因此大幅增加。二〇〇五年刊登於《分子精神醫學》（*Molecular Psychiatry*）期刊的一篇研究也發現，調節神經傳導素多巴胺的一個基因變化，跟利他行為有高度相關。多巴胺是人體內跟渴望、愉悅和回報等感覺有關的化學物質。研究人員檢視三百五十四個家中小孩超過一人的家庭，發現最常見的多巴胺基因亞型D4.4，與照顧他人的行為有高度正相關。

即使是幼小的孩童，也可能是因為腦中無數個微小的牽動多巴胺的神經元受到開啟，才會去嘗試安慰弟妹。如果事實如此，那麼大自然早已明智地確保無私付出會立即帶來回報。科學界也在數年前就認識到這點，而創造了「助人者的快感」這個辭彙。

自從這些研究出現後，我就一直在思考這件事，並特別求教於演化學家大衛・威爾森。這位傑出的思想家是《達爾文的大教堂》（*Darwin's Cathedral*）的作者，重新提出了達爾文的群體淘汰概念，來解釋為什麼人類會付出，以及為什麼享受付出。他指出，成員互相付出的群體確實比較容易生存和茁壯。大衛・威爾森說，試想世界上有各式各樣的人，具備了從最純粹的付出到最放縱的自私的各種特質。結果勝出者存活下來，生殖繁衍，並真正「繼承」這個地球，而失敗者則逐漸滅絕。那麼誰是勝利者，誰是失敗者？你可能以為付出者會因為一直被佔便宜而輸掉，但事實上只要他們與其他付出者互動，團結在一起，組成慷慨、互相照顧的團體，就會存活茁壯。大衛・威爾森認為，長久下來，經過演化的選擇淘汰，付出已成為人類這個極為社會化的物種身上有利於健康的特質。「當一個婦女幫助受災者時，顯然有助於受災者的健康，但令人驚訝的研究結果是，她似乎同時增進了自己的健康。」威爾森說。

品嘗付出的喜悅。大自然讓人類有付出時感到快樂的機制，以確保我們生存茁壯。我們該如何把這項啟示融入自己的生活中？一個方法就是好好享受付出的喜悅。每一次你付出時，就停下腳步，讓喜悅從頭蔓延到腳，豐富自己的身心。

欣賞別人的回應。留意或寫下曾經受你幫助的人如何表達感激，以及你為什麼感到快樂。

與助人者齊聚一堂。不定期跟身邊的助人者聚在一起，讚頌愛與人生，談論你們幫助過的人，分享參與助人團體的喜悅。

當他人的心靈導師。年輕人的人生轉捩點經常來自於某個啟發他、關愛他的大人所帶給他的影響。就我而言，這個人就是我的吉他老師波洛廷，他總是叫我「陽光男孩」，給我溫暖和學習的熱忱。每個星期我都迫不及待地想跟他一起彈吉他。

華德（Jes Ward）是和平基金會（PeaceJam）科羅拉多州分會的會長，她從親身經驗中知道成年人如何改變年輕人的一生。和平基金會是國際組織，邀請過達賴喇嘛和圖圖大主教等諾貝爾和平獎得主與年輕人一起工作，傳遞他們所體現的精神、技能與智慧。華德是在十幾歲時接觸到和平基金會，這改變了她的一生。

華德的童年過得很辛苦。母親酗酒，因此經常無法送她去學校，也沒有錢買食物。華德經常得從雜貨店裡偷食物，給她五個弟妹吃。十二歲時她搬去與祖母同住，而接下來八個月內，她的弟妹相繼搬來。華德說祖母是她的英雄。

讀高中的時候，華德參加了和平基金會的聚會，她回憶當時，「整個房間擠滿了年輕人，他們都在講達賴喇嘛，但我根本不知道這個人是誰。第二次聚會時，他們在講南非的種族隔離和圖圖大主教，可是我也沒聽過這個人的名字。我們開始研究這些每天一起床就在努力改變世界的人。我們的社團後來變成國際特赦組織的分會。我們會做花生果醬三明治送到庇護所，以社會運動喚起大眾意識，並參與地方性與國際性的活動。我完全無法幫助我母親，但在和平基金會我可以幫助其他人。而一旦開始幫助別人，就等於開始幫助自己。」

華德在一九九七年遇到她的英雄圖圖大主教：「那是徹底改變我人生的一件事。四百個青少年擠在小小的房間裡，講台只有大約五吋寬。他身材矮小，卻聲如洪鐘。我永遠都忘不了他說的一句話：『歷史上每一個創造正面改變的時刻，都是年輕人所開啟與堅持到底的。』」

華德說，單單科羅拉多州現在已經成立了八十六個和平基金會的團體。「那些第一次來參加聚會的學生，就跟我當初一樣，彷彿腦中有某個地方啟動了。當有人說，你可以改變這個世界，你握有開啟未來的鑰匙，你就會感覺到一件重要的事發生了。當成人說：『現在你要開始負責任了。』你就知道自己成為整個世界的參與者，那種感覺真的很奇妙。」

對孩子而言，給予啟發與關愛的心靈導師，是任何事物都無法取代的。派蒂・安格林（Patty Anglin）的父母是在非洲剛果的傳教士，後來她與人共同創辦了「希望之田」（Acres of Hope）孤兒院和領養轉介中心，也擔任「威斯康辛兒童健康聯盟」（Children's Health Alliance of Wisconsin）的主席以及「美國領養網絡」（Adopt America Network）的地區協調人。派蒂與第二任丈夫哈洛・安格林（Harold Anglin）生育七個孩子後，開始照顧有特殊需求的寄養嬰兒，後來又照顧受虐兒童，也領養其中一些孩子。有一次，派蒂去探望住在威斯康辛州的姊姊，看見一塊八十公頃的農地，於是心想，「這裡將是我們的農場，我們可以在這裡養育所有的孩子，並把這裡叫作『希望之田』。」這塊農地當時並沒有打算出售，但是派蒂告訴農場主人她的願景，希望對方把地賣給她。不久之後，「希望之田」誕生，安格林夫婦又多了八個有特殊需要的孩子，其中一個孩子是李維。這個患有胎兒酒精症候群的小嬰孩，被酗酒的母親遺棄在垃圾車箱裡；幸好，他血液內的酒精濃度高到讓他免於凍死，反而救了他一命。另一個孩子是奈及利亞的柴契利，他父親本來打算殺死他，因為他智能不足又形體殘缺，在他的文化中被視為邪惡的徵兆。派蒂回憶她聽到柴契利的故事那一刻：一個領養機構打電話給她，說有一個單邊耳聾，沒有手臂、沒有腿，而且一邊腎臟萎縮的嬰兒。「那是我的兒子，」派蒂聽到自己說。「那是我的非洲天使回家了。」柴契利後來接上了人工義肢。另一個孩子瑟琳娜，一出生就有古柯鹼上癮症，還有嚴重的腦部感染，摧毀了七〇%的腦部功能。「在她人生的頭兩年，一天會痙攣一百五十次，而且完全不與人溝通，我到哪裡都抱著她，跟她一起睡。醫生說她會完全變成植物人，但是兩歲大時，她第一次與我有眼神的接觸。她其實非常有天分。可以聽到一首音樂，然後就彈出來。」派蒂說。

教導別人。傳承技能和智慧有很多種方式。花一分鐘，寫下你自認最厲害的五種技能（你是天賦異稟的避險基金交易員、你可以在最後一刻弄出一頓豐盛的晚餐……等等），以及最好的五種人格特質（你很會啟發別人、很有領導才能、很溫柔、充滿活力……等等）。最後，用一張簡短的清單寫下你從人生經驗中獲得的利他信念或其他智慧箴言（永遠快樂，比永遠都對更好；紀律和耐心終會得到報償；艱苦時刻不會一直持續，但刻苦者可以堅持下去）。現在請你思考有哪些機會，可以讓你與他人分享這些技能、特質和啟示。你可以採取很簡單的行動，例如教導鄰居小孩，或自己的孩子或孫子做某件事。我爺爺以前就經常教鄰居小孩怎麼削木頭。

第三課：幫助他人的青少年在生活中表現較佳

我在高中母校發表了一場關於慷慨行為的演講之後，一個學生寫信給我：「一根蠟燭不會因為點燃其他蠟燭，而失去光亮。我們都像是蠟燭，點燃別人的心時，也讓自己的心被點亮。」

我們的年輕人，也是我們世界的未來，正努力在這個多元文化的全球社會裡，這個複雜又充滿挑戰的土地上，走出自己的路。而他們需要幫助。來自無限大愛中心，由備受崇敬的科學家，如大衛・威爾森、班森、魏克、史瓦茲，和史賓瑟（Margaret Beale Spenceer）等人所做的科學研究都顯示，我們幫助孩子最好的方法，就是鼓勵他們助人。就如魏克的研究強烈支持的結果，如果一個人從年輕就開始付出，一生的身心健康都會受到保護。

「美國校園健康協會」（American College Health Association）在二〇〇五年調查了來自七十四所大學院校，總共超過四萬七千名的學生，發現四五%的受訪者說自己有時候憂鬱到無法正常生活；有十分之一的學生說自己在過去一年中曾認真考慮自殺。這項結果令人震驚，但並非無法避免。

積極從事志願工作的青少年，在生活上表現較好：學校成績較高，較少吸毒或喝酒，青少年懷孕的比例較低，也比較可能終其一生都從事志願工作。根據美國天主教大學（Catholic University of America）教授尤尼斯（James Youniss）的研究，青少年如果是受到啟發而自願擔任志工，對其正面的影響最強；但即使是因為學校要求而擔任志工，正面的影響還是相當明顯。

在檢視無限大愛研究中心贊助的一些新近研究前，先來看看一些較早的研究。根據台拉維夫大學的梅根（Zipora Magen）所做的一項長達十年的研究顯示，志願幫助他人的青少年，感到相當快樂的時間比較多，獲得極度欣喜經驗或事件的能力，幾乎是其他人的兩倍。梅根在結論中認為，自我實現與致力於增進他人福祉之間的關係，顯然密不可分。

從事志願工作的青少年也會做出比較健康的生活選擇。在二〇〇四年針對三萬一千名佛蒙特州青少年所做的研究發現，擔任志工和避免危險行為密切相關。根據哈佛心理學家柯德隆（Dan Kindlon）針對六百五十四名青少年，以及一千零七十八位青少年的父母所做的研究顯示，即使是要求青少年做家事換取零用錢這樣的簡單工作，仍有助於教導青少年不以自我為中心。尤其可以幫助柯德隆稱為罹患「富裕病」，亦即經濟寬裕的父母出於善意但過度溺愛而造成不滿症狀的那些孩子。

我們要如何幫助下一代？答案是參與他們的生活，給予支持。《愛的生物學》（*Biology of Love*）的作者賈諾夫（Arthur Janov）博士比喻這種支持是：「親吻著孩子的腦袋，直到他們長大。」我們確實會影響孩子，而且是很重大的影響。以數十年來研究超過兩百萬名青少年而聞名的明尼亞波利研究院發現，預測青少年會有助人行為的最重要變因，就是他們是否擁有給予支持的父母。

新近的研究顯示，付出的能力可以培養，而且影響從一個人小時候就開始。一九八〇年代以學校為核心，提倡助人行為的「兒童發展計畫」（Child Development Project），內容是教導老師指引孩子從幼稚園到四年級期間，學習助人和付出的行為。即使在這些學生升上八年級後再加以追蹤，他們在道德思考、衝突解決，和助人分享行為上，仍舊有較高的得分。最近以三年為一階段的「兒童發展計畫」已經在六所學校重新啟動，讓學生在個人、社會和道德價值觀上都有進展，吸毒和問題行為也大幅減少。一個懂得關懷的老師，就跟懂得關懷的父母一樣，會給孩子帶來重大的影響。

第四課：男孩女孩需要不同的方法

身為一個男孩和一個女孩的父親，我心裡毫無疑問認為，儘管每個人都是獨一無二的個體，但男女還是有天生的性別差異。但是當無限大愛研究中心資助的四項關於年輕人與志工的研究中，有三項都顯現清楚的性別差異時，我仍舊感到十分意外。這些初步的研究暗示，付出的行為對男孩與女孩有截然不同的影響。整體而言，女孩的付出多於男孩，但她們得到的益處卻不見得這麼多。應該說，她們會因為不付出感到憂鬱和焦慮。相反地，男孩子會因為更多的付出和助人行為而獲益，他們的自信和自我評價會因此提升。

當然，這些都只是初步的研究，雖然提出了一些答案，但揭露了更多的問題。不過它們仍值得注意，因為這四項研究面對的年輕族群大不相同，讓我對於該如何鼓勵孩子對人更慷慨，有了不同的想法。

首先，明尼亞波利研究院的研究顯示，助人有益於男孩，但不助人則對女孩有害。他們調查了九百三十一名年輕人，結果發現男孩子會因為利他行為，而獲得極大的益處。相反地，女孩子似乎天生比男孩子起步更早，有更高的利他與助人的動機，所以沒有獲得同樣明顯的益處。

有高度助人行為的女孩，人數是男孩子的兩倍。但是一旦女孩的利他感覺或利他行為減少，則憂鬱和焦慮的程度就會大幅增加。而在一開始接受研究時，付出天性就比較低的女孩子，則已經有相對程度較高的憂鬱。

第二，賓州大學「健康成就、社區成長與人種研究中心」（Center for Health Achievement, Neighborhood Growth, and Ethnic Studies, CHANGES）的史賓瑟發現，弱勢家庭中的女孩必須有支持、欣賞與重視她們的父親，才可能因為幫助別人，而在身心健康上有明顯提升。此外，居住於市中心的弱勢家庭中，就讀初中階段的男孩如果有高度的助人行為，則情緒壓力會明顯較低，但女孩卻不會自動因同樣的行為獲益。史賓瑟說：「對貧窮家庭的孩子而言，助他的行為通常發生在家中而非外面的世界。在這些家庭中的女孩本來就必須協助填補家庭生活的缺口，相反地，當男孩幫忙家人時，則會被認為是特殊的貢獻而受到獎勵。」史賓瑟總共研究了七百個九歲到十六歲的學生，其中大部分是非裔和拉丁裔美國人。

第三，史瓦茲發現女孩子在助人時，大部分是因為感受到與他人的情感連結而獲益，但男孩子則是因為任務取向的助人行為而獲益。即便如此，女孩獲益的程度仍舊不及男孩明顯。史瓦茲任職於致力研究病人生活品質的「德爾他基金會」（Delraquest Foundation）以及麻州大學醫學院。她與同事柯爾（Penelpe Keyl）、馬爾康（Jack Marcum）所研究的對象是四百五十七名參加美國長老教會的青少年。

利他行為對女孩子身心健康最顯著的影響，來自於獲得與他人建立情感連結的感覺。由這點看來，我們似乎應該因性別不同而以不同的方式跟孩子互動。史瓦茲說：

「男孩子的遊戲通常是比較與情感無關的任務取向，如踢足球、打棒球，或用樂高積木建造東西，焦點在自身之外或身分認同以外的某個客體。相反地，女孩子遊戲的焦點會放在各種關係中的角色扮演。舉例來說，女孩子可能會說：『你當媽媽，我當小孩』或『我們兩個都是公主』。女孩的人際關係甚至可能在很小的時候就很複雜，例如因為『誰是誰最好的朋友』這樣的問題而起爭執，而男孩的衝突則多半是怎麼打籃球之類的。也許我這麼說有點性別歧視，但是我認為給男孩子的計畫可以把重點放在鼓勵他們幫忙家庭，教導他們身為社會公民的能力與好的生活習慣。對女孩子而言，幫助她們以比較寬廣的眼光看待助人行為，例如把自己視為在世界上傳遞善良與美好的使者，可能有助於提升她們的身心健康。我們希望無論男女，在他們成年之前，都有充分的準備面對人生的起伏。」

最後，根據無限大愛研究中心支持，由大衛・威爾森所做的一項研究也指出，一般而言，女孩的助人行為多於男孩。該研究以五年時間追蹤三十三所學校、一千多名學生，從四百個問卷項目中挑選出跟所謂「有利社會行為」（pro-social behavior）相關的十七個項目加以檢視。結果他發現女孩的「有利社會行為」遠多於男孩。他也發現，只要「高度有利社會」（high-pro）的青少年擁有對的利他行為的「條件」，也就是一個穩定而給予關照的環境，比較可能擁有成功的人生。大衛・威爾森說，在這樣的環境下成長的，高度有利社會、善於付出的青少年，「在社會與個人層面」上都是較健康的。

所以我們要如何鼓勵不同性別的青少年照顧他人？以下是一些建議：

讚美女孩子。如果這些初步的研究確實顯示出某個層面的真相，那麼我們更需要讚美、欣賞和鼓勵女孩子與生俱來的善良。我們希望藉由鼓勵，讓她們在天生的助人傾向中獲得更多自信和自尊。「你是一個盡全力幫助他人的人，真的很好、很善良。」這類鼓勵對她們有很大的強化作用，而且可以擴及到各個層面，而不只是重複那些受到讚賞的行為。

鼓勵男孩子。我們需要鼓勵男孩子有更多具體的付出行為，例如幫忙做家事。因為男孩天生喜歡目標取向的任務，這類行為讓他們覺得自己更有能力，生命更有意義，因此有利於他們的身心健康。「整修娛樂間時，你真的幫了很大的忙。」這類話可能正中男孩子的心。

藉由電影和文學啟發男孩與女孩。不管是男孩或女孩，學習付出的價值都很重要。心理學家威茲（Paul Vitz）和史卡拉（Philip Scala）建議長輩與他們一同觀看激勵人心的電影，例如美國二次大戰後著名的勵志電影〈風雲人物〉、〈吾愛吾師〉、〈軍官與紳士〉、〈挑戰不可能〉，和描述海倫凱勒的家教老師蘇利文老師的〈熱淚心聲〉；或者和他們一起閱讀激勵人心的書，例如偉人傳記，像是描寫犧牲奉獻的偉大醫生費默（Paul Farmer）的《山外有山》（*Mountains Beyond Mountains*）；派蒂・安格林的《希望之田：一個家庭給予無望孩子愛的禮物的奇蹟》（*Acres of Hope: The Miraculous Story of One Family's Gift of Love to*

Children without Hope）；富勒的《不只是房子：仁人居所如何改變人生與社區》（*More Than Houses: How Habitat for Humanity Is Transforming Lives and Neighborhoods*）；或諾貝（Christina Noble）的《跨越悲傷之橋》（*Bridge Across My Sorrows*）。

跟孩子聊天。讓孩子談談這些電影和書籍給他們什麼感覺。然後請孩子每天做一件付出的行動：幫兄弟姊妹洗碗盤、在公車上讓座給老人或幫鄰居剷雪。大衛・威爾森的研究裡，會請孩子在日記中報告這些簡單的舉動。

與其他父母和老師合作，以啟發年輕人。在學校裡，家長、老師和孩子可以一起為慈善行動募款，或到養老院幫助老人。與其他家長和老師討論，每個月找出一天做社區服務，讓學生和教職員在這天一起幫助有需要的族群，然後在開放的討論中，邀請年輕人說出對這一天的想法或感覺。

第五課：當志工，活得久

如果你是年長者，讓我給你一個建議：當志工！當志工不但能延長壽命，還能增進生活品質。賀許菲德表示，志願工作對正在經歷人口結構變化的美國人而言，愈來愈重要。在一九四六年到一九六四年的美國嬰兒潮中，總共有七千七百萬個嬰兒出生。現在已經成為年長者的這一代，將為社會帶來巨大的改變力量，「他們不但可以幫助社會，還能因為幫助他人而獲益。」

一項不可忽視的事實是，即使處於老年階段，付出還是能夠延後死亡的來臨。史丹佛大學的海瑞斯（Alex Harris）和托瑞森（Carl Thoresen）於二〇〇五年發表的研究顯示，在七千五百名居住於老人社區的七十歲以上的美國人當中，經常擔任志工者與長壽有強烈的關聯。這項「老化長期追蹤研究」（Longitudinal Study of Aging, LSOA），追蹤這些老人長達六年，結果顯示擔任志工是維護他們心智與身體健康的重要因素，而經常擔任志工者獲益更是明顯。密西根大學的柯勞斯於一九九二年對三千六百一十七位老人所做的調查也顯示，幫助他人可以降低憂鬱症狀。柯勞斯也發現，對老人而言，從事十年的志願工作就會大幅降低其死亡率。

同樣令人注目的是歐曼的研究。歐曼與他的同事調查了兩千零二十五名年長的加州居民，結果發現固定擔任志工者的死亡率比一般人低了四四%。更驚人的是，同時在兩個以上機構擔任志工者，比起未擔任志工者，死亡率甚至低了六三%。歐曼說：「擔任志工帶來的正面影響甚至超過身體活動，例如一週運動四次，以及每週參加宗教儀式。」這樣的效果確實驚人。

哥倫比亞大學的心理學家米德拉斯基表示：「許多人在年老之後，才終於有時間對他人慷慨。」她與同事柯哈納一起研究了四百名年長者。其中超過一半的人覺得幫助他人會帶來特殊的回報。「其中一個八十八歲的老人說：『雖然很多事我已經不能做了，但至少可以讓鄰居露出微笑。』」

你可以把幫助他人變成一種珍貴的習慣。約翰霍普金斯醫學院的心理學家佛瑞德（Linda Fried）曾協助馬里蘭州巴爾的摩市的「經驗服務團」（Experience Corps），評估一個大部分是非裔年長女性參與的志工計畫，其中共有七十名相當活躍的志工。這些志工在四個不同的計畫中幫助小學學童，而她們在八個月後接受評估時，身體活動力與認知活動力都大幅增加。其中八〇％的人更覺得擔任志工非常令人愉快，而希望在隔年度續任。

最後一項研究是密西根大學社會研究中心（Institute for Social Research）研究員史布朗（Stephanie L. Brown）最近發表的，對四百二十三對年長伴侶追蹤五年的研究結果。表示會幫助他人者（即使只是對配偶提供情感支持），比起那些表示沒有幫助他人者，死亡率低了一半，而給予配偶情感支持這項因素，就可以降低死亡風險達三〇％。

但我要暫停一下，提出一項重要的警告：過度助人也可能帶來讓人無法承受的壓力。一九九九年發表在《老年學期刊》（*Journal of Gerontology*）的一項研究就發現，對六十五歲以上的長者而言，當志願工作的時間一年不超過四十小時，正面影響最大。

傳承。你若身為年長者，你所擁有的，正是一生智慧與技能的精華。肯定自己的價值，抽出一些退休後的閒暇時間去幫助別人。學童或鄰居，家人或朋友，都可以是你幫助的對象。

鼓勵年長的親人幫助他人。如果你有年長的親人覺得受到孤立或憂鬱，請鼓勵他們去擔任志工。或許你必須一起加入，才能讓他們有勇氣開始，不過，一旦了解付出的喜悅，他們就會自己飛翔了。

❤

愛會激發更多的愛，滋養所有生命。就如瓦倫特所說：「神就是愛，或者如果你喜歡換個說法，也可以說愛就是神。畢竟，不論我們認為光是波還是粒子，它都會照耀在所有人身上。就如莎士比亞筆下的羅密歐說的：『我給你愈多就擁有愈多，因為施與受都是無限的。』」

你的傳承量表

現在我們要邀請你回答「愛與長壽量表」中有關傳承的部分。計算分數有兩個步驟。首先，請你確定哪些題目必須「相反計分」（以Ⓡ符號標示）。對於相反計分的題目，請按照以下表格計分：

如果你選擇的分數是	請把該題目的分數計算為
1	6
2	5
3	4
4	3
5	2
6	1

第二步驟是計算「相反計分題目」的分數之後，再把每項題目的分數加總起來。現在請開始做這份量表。你也可以在看完本書，並開始在日常生活中開始練習照顧他人的藝術之後，重新再測量一次。

請在以下的量表中，按照你認為每句話符合個人特質或經驗的程度，圈出適當的分數。**這裡並沒有所謂的正確答案，所以請盡可能誠實地回答每一題。**

1. **當家人需要某樣東西時，我立刻想到自己可以怎麼幫忙。**
1 非常不同意；2 不同意；3 有點不同意；4 有點同意；5 同意；6 非常同意

2. **我總是會花額外的心力去幫助家人。**
1 非常不同意；2 不同意；3 有點不同意；4 有點同意；5 同意；6 非常同意

3. **我不覺得幫助家人是重要的事。**Ⓡ
1 非常不同意；2 不同意；3 有點不同意；4 有點同意；5 同意；6 非常同意

4. **我不擅長想辦法幫助家人。**Ⓡ
1 非常不同意；2 不同意；3 有點不同意；4 有點同意；5 同意；6 非常同意

5. **我覺得幫助家人並不是一件那麼開心的事。**Ⓡ
1 非常不同意；2 不同意；3 有點不同意；4 有點同意；5 同意；6 非常同意

6. **如果有朋友需要，我願意捐出骨髓或一顆腎臟。**
1 非常不同意；2 不同意；3 有點不同意；4 有點同意；5 同意；6 非常同意

7. **我覺得幫助朋友很重要。**
1 非常不同意；2 不同意；3 有點不同意；4 有點同意；5 同意；6 非常同意

8. 我總是會花額外的心力幫助朋友。

1 非常不同意；2 不同意；3 有點不同意；4 有點同意；5 同意；6 非常同意

9. 如果朋友需要錢，即使我有，也可能不會借給他們。Ⓡ

1 非常不同意；2 不同意；3 有點不同意；4 有點同意；5 同意；6 非常同意

10. 我不擅長想辦法幫助朋友。Ⓡ

1 非常不同意；2 不同意；3 有點不同意；4 有點同意；5 同意；6 非常同意

11. 我很高興能在鄰里間或工作上幫助別人。

1 非常不同意；2 不同意；3 有點不同意；4 有點同意；5 同意；6 非常同意

12. 如果鄰居或同事需要幫忙，我會伸出援手。

1 非常不同意；2 不同意；3 有點不同意；4 有點同意；5 同意；6 非常同意

13. 我覺得能以某些方式幫助鄰居或同事很重要。

1 非常不同意；2 不同意；3 有點不同意；4 有點同意；5 同意；6 非常同意

14. 我很少花額外的心力幫助鄰居或同事。Ⓡ

1 非常不同意；2 不同意；3 有點不同意；4 有點同意；5 同意；6 非常同意

15. 我不覺得花時間幫助鄰居或同事，會讓我很開心。Ⓡ

1 非常不同意；2 不同意；3 有點不同意；4 有點同意；5 同意；6 非常同意

你的得分：

- 高度付出者（80%）：100 分以上
- 經常付出者（60%）：93-99 分
- 中度付出者（40%）：87-92 分
- 低度付出者（20%）：77-86 分

16. 我之所以做很多事，是因為我想對人類有貢獻。

1 非常不同意；2 不同意；3 有點不同意；4 有點同意；5 同意；6 非常同意

17. 我會努力定期捐款。

1 非常不同意；2 不同意；3 有點不同意；4 有點同意；5 同意；6 非常同意

18. 我認為試著讓這個世界變得比我誕生時更美好，對我而言很重要。

1 非常不同意；2 不同意；3 有點不同意；4 有點同意；5 同意；6 非常同意

19. 捐款給慈善事業，現在並不是、以後也可能不會是我生活中的要務。Ⓡ

1 非常不同意；2 不同意；3 有點不同意；4 有點同意；5 同意；6 非常同意

20. 把東西送給我不認識的人，並不是一件那麼開心的事。Ⓡ

1 非常不同意；2 不同意；3 有點不同意；4 有點同意；5 同意；6 非常同意

第五章

寬恕之道：讓自己自由

出身於都柏林的諾貝曾如此自述：「我是越南所有街童的母親。孤兒在越南話中被稱為『bui doi』，意思是『生命的塵土』，但我教他們以這個名稱為傲。當我走在胡志明市街頭，孩子們會對我舉起大拇指說：『緹娜媽媽！Bui doi第一名。』」

她在越南和蒙古創辦的「諾貝兒童基金會」（Christina Noble Children's Foundation）讓她贏得了許多國際獎項、爵位和榮譽學位。了不起的諾貝是在四十歲時，在近乎不可能的情況下，說服河內市的勞工部發予正式工作許可，以幫助街童。她接著籌錢成立了基金會，提供無家可歸的兒童醫療照顧、營養補充、教育和職業訓練。她進口保溫箱、帆布床和醫藥；建造了一所醫院、數間學校，還有一間庇護所。她的基金會在越南和蒙古，幫助了超過二十萬名孤苦無依的孩子。

原諒，為了成長

諾貝為什麼這麼做？因為她有過痛苦的童年，但她不讓自己陷於憎恨和憤怒，而選擇了盡可能地原諒過去，將痛苦點石成金、化成善行。「如果不原諒，就不可能成長，你就不可能愛自己或他人。我有很大的願景，如果我的心麻痺了，那也就沒有身為人的意義了。我必須原諒，才能讓心活下去。」諾貝說。

諾貝生於「被上帝背棄，被啤酒淹沒的都柏林西南區貧民窟」，是家中八個孩子中的長女。晚上所有孩子都得擠在客廳裡睡覺。她的父親是會對孩子施虐的酒鬼，母親則有心臟瓣膜受損的問題。母親過世後，八個孩子被分送到愛爾蘭各個不同的機構。幾年過後，諾貝離開收容機構，身上只有五愛爾蘭鎊。她父親到火車站接她，拿走那五鎊，說他要去換衣服準備搭公車。「他走進一間酒吧，從後門溜走，之後我再也沒見過他。我只好去住公園。那年我十六歲。」

諾貝住在公園時遭到輪暴。「我流血流得很厲害，只能用沙土和廢紙勉強蔽體。我記得自己對著上帝大吼：『為什麼祢要帶走我媽媽？為什麼我要受這麼多苦？』那次遭強暴讓我生下一個小孩，結果小孩在我不願意的情況下被強行帶走。失去一切的痛苦似乎永遠不會停止。我會用『什麼都不是』來形容那時候的我。而什麼都不是的感覺，活著根本不像個人。於是我幻想出一個世界，裡面有媽媽、爸爸、點著黃色燈光的房子、書本、椅子，還有朋友。」

十八歲時，諾貝到了英格蘭，結了婚，生了三個孩子。「我知道如果不原諒，心底就會永遠懷著一股怨恨，也永遠沒辦法愛任何人。」要做到原諒，**第一步是要獲得傾聽**。「我有一個很好的醫生，他不帶批判地聽我說話。我也持續去看一個很優秀的心理治療師，看了七年。向別人說出我的痛苦並不容易，但是我做到了。」

原諒的**第二步是採取行動**：奉獻她的一生幫助其他街童。「剛開始大家都說我想達成的目標是不可能的。他們說：『你只有一個人。』但是當我還小的時候，我也只需要有一個人伸出援手。」

原諒的**第三步**，也是極深刻的一步，是她**寫下經歷**。她在一九九四年出版了自傳《跨越悲傷之橋》。「這本書在我心裡至少寫了五十次了。從某方面來說，我覺得自己很幸運，有足夠的力量正面迎戰這一切，也感受到很多決心與愛。我尤其感激自己從來不曾想過要傷害任何人。我本來很可能痛恨這個世界，而試圖摧毀他人。但是我沒有。我很幸運地擁有寬恕的能力。」

諾貝每一次在越南或蒙古幫助一個孤兒，就是在幫助自己內心的那個小女孩，那個許久以前無父無母而且「什麼都不是」的孩子。這是日復一日的原諒。諾貝說，如果她的父親今天還活著，她會告訴他：「我記得美好的事。我記得坐在你的大腿上，聽你彈愛爾蘭民謠。我記得我們經常走很遠的路到河邊。我也記得你把我留在酒吧門口，再也沒有回來。你知道我在那裡等你回來，等了多久嗎？」她補充說：「記得美好的事物很重要，但不要否認糟糕的事也同樣重要。我的生活永遠帶著可怕童年留下的後果，但我也知道愛是一種不可思議的天賦，而愛的分享更是美好。而且我就是很喜歡小孩，他們讓我開心大笑，我從他們身上得到很多。」

走出陰影，重新出發

寬恕是唯有受過傷的人，才能顯現出來的愛。因為如此，給予愛的人才能從憎恨的束縛中解脫，不再讓恨意汙染他對世界的觀感。缺少了寬恕，報復的念頭會籠罩整個生活，誰能在這樣的陰影下長久生活？

釋懷能帶給人巨大的力量和喜悅。根據加州洪堡州立大學心理學家歐利納（Samuel Oliner）的研究顯示，政治人物和宗教領袖對於全球各國和各團體遭受傷害所發表的公開道歉，至少有一百項以上，內容包括種族歧視、奴隸制度、種族屠殺和設立集中營等。阿拉巴馬州州長華勒斯（George Wallace）為自己在一九八二年競選連任時，表現出的種族歧視行為道歉，結果得到當地非裔美國人的接受和大量選票。二〇〇三年夏天，歐利納訪問了肯塔基州三個因為曾施行奴隸制度而對非裔美國人道歉，並成立獎學金資助少數族群的宗教社團。第一項公開道歉在二〇〇一年於肯塔基州的巴德鎮（Bardstown）舉行，約有四百人出席。歐利納告訴我：「所有在場者都為道歉的力量感到欣喜，相信他們的祖先，不論黑人或白人，都會在天國『落下歡喜的淚水』。」

歐利納說：「在希伯來文的《聖經》中，寬恕這個字是『shuv』，意思是轉變或回頭，這也暗示每一個人都有從壞變好的力量。」

但是所有人都很清楚，寬恕是很困難的一種愛。當我們受到傷害，有時候是如此深刻的傷害，以致於讓人覺得自己不可能放掉憤慨、怒氣，和哀傷。報仇的想法如此誘人，我們幾乎會渴望消滅那些對不起自己的人。家人氏族和國家之間因宿怨而起的爭端，更是屢見不鮮。這種天生傾向十分誘人，但到頭來只會讓我們無止境地再一次體驗最初的傷害。

「大多數人都受過深刻的傷，所以我們需要學習因應傷害的方法，」威斯康辛大學麥迪遜分校人類發展系教授恩萊特（Robert Enright）說。「有時候，生命把我們逼到懸崖邊緣，其實除了心懷慈悲以外，別無他法。」

對我而言，原諒是家庭中的例行公事。對於最親近的家人，我們不可能仰賴「眼不見心不煩」的智慧。我認為自己的婚姻非常美滿，但也有過幾次很嚴重的衝突。我習慣在凌晨五點起床，從早到晚都待在辦公室，甚至常為了寫學術論文熬到半夜才回家，這都需要妻子給予很多的調整和體諒。日文中「忙」這個漢字，其根本意思就是，心不見了。毫無疑問地，我確實有時候會忙碌到無暇用心。有一個下雪的傍晚，我們正要去龐德羅莎餐廳吃飯，但是雪下得太大，因此我改變主意，轉進漢堡王。我的妻子用日文講了一句話，我以為聽錯了，所以向她確認，「光子，妳剛剛說我是『沒用的男人』嗎？」她很平靜地回答：「對，因為在日本，真正的男人是不會改變主意的！」突然間我明白了約翰・韋恩的電影中，為什麼那麼多日本士兵不斷對著機關槍砲火衝過去，而不是左閃右躲或尋找掩護，因為他們怕被太太認為是「沒用的男人」。我只是提供一個小小的幽默例子，讓你一窺跨文化婚姻中的難題。我和光子都因為這樁婚姻而成長許多。

恢復對生命的信心

每一個人都會遭遇各式各樣的失敗。我們都像是返家的浪子，希望有人展開雙臂，原諒我們、歡迎我們。「如果我們真心誠意面對事實，了解假如站在對方的立場，自己也可能犯下事後看來同樣可怕的錯誤，就會比較容易原諒對方。我們必須承認某些共通人性的存在，」一位研究寬恕的學者在她第一個孩子出世後，私底下這麼說。她坦承自己的睡眠被剝奪得如此嚴重，有時候真有股衝動，想把可愛的寶寶扔去撞牆。她坦承：「我的小女兒會在半夜嚎啕大哭，有時候我覺得自己真的應付不了。當然，我知道萬一自己真的屈服於衝動，不但會殺死她，還會對先生和孩子的爺爺、奶奶，造成無法想像的傷害，我自己也會一輩子坐牢。但即使如此，我還是記得自己曾經想過，假設我是住在貧民窟的單親媽媽，有酗酒問題，還飽受憂鬱症所苦，那麼極有可能在到達忍耐極限時，向那種衝動屈服。還好我有很好的自我控制能力、很棒的工作、很好的父母，還有一個愛我的先生。我有這麼多優勢。」

寬恕可以讓我們對生命的美好恢復信心。但是選擇用什麼方式原諒，則一定會因人而異。請記住，你可以用自己感覺對的方式，建造寬恕之路，目標是超越報仇的自然傾向。你的寬恕可能是癒合一段破碎的關係，重新認識對方的人性弱點；或者是放手、釋懷，而不必告訴對方你如何達到更寬闊的境界。當然，你的寬恕也可能是主動的道歉。

過去十年，科學界和一般大眾對寬恕議題的興趣，可說有爆炸性的成長，而現在也已經有初步的證據顯示，寬恕的力量可以提升一個人的身心健康。在一九八五年之前，關於寬恕的學術論文只有寥寥數篇，但現在已經超過一千四百篇。研究寬恕的心理學家已大致描繪出一個人寬恕的心理歷程、可能帶來的益處，以及有效幫助他人學習寬恕的方法。以下重點摘錄自無限大愛研究中心贊助的，以及其他單位從事的關於寬恕的研究：

寬恕他人比被寬恕，更能增進健康。根據密西根大學「老人學研究中心」教授柯勞斯於二〇〇三年發表的研究顯示，無條件地原諒他人，遠比透過報復和道歉而受到原諒，更有利於一個人的身心健康。

即使是在飽受戰爭蹂躪的地區，寬恕亦能減輕憂鬱。恩萊特一直在許多嚴重受暴力影響地區的學校，如愛爾蘭首都貝爾發斯特、以色列耶路撒冷，還有威斯康辛州密爾瓦基市極度貧困區，教導何謂寬恕。他引導學生學習寬恕的一個有力方法，是強調所有人類與生俱來的價值，例如他會與學生分享著名童謠作者蘇斯博士的童書《荷頓奇遇記》，其中有一句話是：「人就是人，不論多麼微不足道。」恩萊特說：「我們去貝爾發斯特，是因為他們經歷了八百年的不斷衝突，我們到全市裡最窮困社區的一間學校，全校二百一十二個學生中，有一百個因為焦慮和憂鬱症接受治療。這些有臨床憂鬱症的孩子在學會寬恕後，變得不再憂鬱。」

寬恕讓人提振心情、降低怒氣。根據威斯康辛大學麥迪遜分校的一項研究顯示，憤怒程度高於平均的青少年，在接受十二週的寬恕學習計畫後，出現很大的進展。他們憤怒的人格特質和心情狀態都減少了。更令人印象深刻的是，九個月後的追蹤研究顯示這些改變仍持續下去。另一項在韓國的研究則發現，曾受到同儕欺壓，後來轉而欺壓其他同儕的青少女，在接受十二週的寬恕學習計畫後，也獲得相似效果。在寬恕這個人格特質項目得分很高的人，也比較不容易憂鬱、焦慮和對人有敵意。人處於比平常更願意寬恕的狀態時，通常會說自己對人生比較滿意，比較沒有疾病的症狀，心情也比較好。

寬恕降低壓力荷爾蒙。莫斯科「人種學與人類學研究中心」（Ethnology and Anthropology）布托斯凱亞（Marina Butovskaya）和同事在二〇〇五年發表的一項研究顯示，七到十一歲的男孩子，化解爭執與和解可以降低壓力荷爾蒙。恩萊特的另一項研究也發現，讓患有心臟病的退伍軍人學習寬恕，可以增進心臟裡血液的流量。

寬恕可以持續改善與親近的人的關係。新近研究顯示，親密伴侶曾經互相原諒的程度，與他們對關係的滿意度和投入程度有正相關。

關於寬恕的九堂課

寬恕可以讓痛苦消失，以平靜取而代之。但是寬恕並不是一個簡單的動作或一時的表態，也絕非某種形式上的赦免。寬恕是一種對待人生的方式，一項持續進行的工作。當我們盡了一切努力原諒某個人，憤怒和痛苦還是可能在我們疏於防備時出現。過去關於寬恕的文獻刻畫了其中深刻而細緻的層次。這項極為重要的人性行為，以及我們實踐寬恕的確切方法，都會深刻地受到個人經驗的影響。因此，在你閱讀我們從這些深刻研究中擷取出的建議和啟示時，希望你也能找出最適合自己，讓你一輩子都能自在接受的，以及表達這種愛的方式。

第一課：找出寬恕的真義

阻礙寬恕的最大障礙是，我們經常誤解了這個詞的意義。恩萊特說：「我發現，人之所以無法寬恕，幾乎都是因為誤解了這個概念。」全世界研究寬恕的學者，各有不同的背景和世界觀，但他們都一致認為寬恕不是：

- 遺忘。

- 彌補。
- 找藉口。
- 毫無理由地相信。
- 放棄法律上或金錢上的賠償。
- 在可能威脅受害者安全或健康的情況下和解。
- 放棄尋求正義。

密西根「希望學院」（Hope College）心理學家威特利特（Charlotte Witvliet）說：「反對寬恕的錯誤論點，最常見的就是：如果你原諒了某個人，等於在告訴對方，他可以為所欲為。許多人會問，為什麼要給傷害他人者這樣的力量？但是寬恕並不是給予對方任何力量。真正的寬恕往往伴隨著深刻地挖掘自己內在，而這麼做需要勇氣和同理心。」

威特利特認為，寬恕是一種「力量強大的行動，絕非脆弱而愚蠢的行為。要真正原諒，你必須先說出事情的真相，充分地加以哀悼，然後不再埋怨、憎恨，或念念不忘地過度放大事件，讓記憶不斷重演。用一個人最糟的行為來總結一個人，實在太過簡化。一個人可能徹底地失敗，但仍有一些美好的特質」。威特利特說，在你寬恕時，絕對不是希望對方一輩子都能為所欲為、逍遙自在，而是希望他總有一天可以覺醒，面對自己的黑暗面，而成為更好的人。

根據威特利特對七十一名學生所做的研究，寬恕所需的勇氣和同理心，能夠增強我們的幸福感與掌控感。威特利特解釋說：「我們請他們想一個曾經深深傷害過他們的人，然後在心裡想像寬恕或不寬恕的方式。」結果威特利特發現，兩種情緒對學生的心理狀態造成極為明顯的短期變化。她說：「不原諒的心理意象持續激發出比較負面、不安的自我回應和心理壓力反應。反覆回想負面的情境，與憂鬱、焦慮、憤怒都有正相關，還會使一個人報復的慾望持續，並重現當時的心理壓力。此外，回想還會促使當事人扮演與消極和挫敗息息相關的受害者角色。相反地，寬恕反應則會使頭腦和身體都平靜下來。」

這裡最重要的訊息是什麼？重現傷害事件只會讓你覺得無助，但同理心卻能帶來更大的掌控感。當你想像寬恕對方的方式時，你會對自己擁有最大的掌控。

一個來自希望匿名的研究者的真實故事，清楚地顯示邁向寬恕的掙扎歷程：「父親在我二十歲時，因為一場車禍去世，」她回憶道。「開車的人當時超速行駛、右側超車，而且完全不管交通號誌。他加速超過一輛聯結車，逼得那輛聯結車越過道路中線，把我父親的車子完全撞爛。我父親的身體被完全支解，最大的一塊也只有三吋長。這件事就發生在我們家門口不遠處。那個導致整起車禍的人毫髮無傷地走出車子，抱怨說他剛給車子做的烤漆毀了。他過去也有違規紀錄，卻只被判了四十小時的社區服務。我問你，如果你深愛自己的父親，你會認為他的命只值四十小時嗎？我完全無法形容這件事如何徹底改變了我的人生。我在腦中一遍遍重演這個意外，反覆重讀車禍筆錄，我覺得身體的每個細胞都被撕得粉碎，必須思考如何把這件事放進我人生的拼圖裡，以及如何阻止自己去找一把烏茲衝鋒槍，把那個男人的腦袋轟掉。我之前寫過一篇關於寬恕的論文，但現在我面對的是真實的挑戰。我如何能在這種狀況下寬恕？更何況我父親慘死，多少導致我母親後來罹患癌症。二十八歲時，我已經父母雙亡。」

她暫停了一下，再接著說：「我是個基督徒，而那個人顯然需要上帝的恩典。那麼，我現在希望這個男人怎麼樣？我提醒自己，他也是個人，試圖找出一個方法能夠真心希望他好。希望他在乎人命甚於他的車子，並祈禱他能成長與成熟。當然，這不表示我已經不再憤怒或傷痛，只是我了解寬恕是一個過程。」

「寬恕沒有固定不變的規則，」恩萊特教授說，但是確實有一個簡單俐落的定義。根據邁阿密大學心理學家麥可庫勒和波諾的研究成果得知，寬恕是感激的另一面。波諾認為：「用最簡單的方式來說，感激是對恩惠的正面回應，而寬恕則是對傷害的正面回應。」

我認為這項見解簡單又深刻。但什麼是對傷害的正面回應？每個人的答案都不相同。對諾貝而言，正面回應是創立一個基金會；對肯塔基州的奴隸後代而言，是接受公開道歉。你也可以利用練習恩萊特建議的四個步驟，找到自己的寬恕之道：

1. 挖掘。你必須檢視傷害，充分地感受與認知這件事對你的人生有什麼影響。

2. 決定。你必須思考寬恕是什麼及不是什麼，還有寬恕某個曾傷害你的人，對自己的意義是什麼。這個階段可能要花一段時間，你可以在日記裡寫下你希望如何原諒這個人，以及可能用什麼方式表達原諒。

3. 理解。你必須試著理解對方傷害你的動機是什麼、他當時有什麼樣的壓力，以及他有哪些好處與壞處。試著看到你與傷害你的人有哪些共通的人性。你可能因此對這個人感覺比較舒坦，而能開始寬恕。在某些例子裡，你甚至可以問那個人一些問題，以加強自己的理解。

4. 深化。在這個階段，你可以看出自己的經歷所帶來的救贖意義。你或許可以把自己受傷和寬恕的過程運用在他人身上，對他人發揮同理心。你也可能會想到自己傷害過的其他人，而主動道歉。你會因為超越傷害的經驗，而覺得生命更加豐富。

想出一件曾傷害你的事，寫下你能接受的寬恕定義。不論這需要你和解、重新定義這件事、試著看出加害者的複雜和人性、要求道歉或賠償、以不同觀點認定其他正面事件更為重要，或是釋懷放手，你都必須試著尋求內在平靜。

寬恕的表達方式會因為外在情況和個人特性而截然不同。寬恕可以開啟和解的大門，但和解能否成功，要視雙方而定。如果和解可能使你再度受傷，或和解的過程太過輕易而讓對方不覺得要對自己的行為負責，那麼通常就不適宜和解。

第二課：了解怨恨的限制

心懷怨恨當然有演化上的價值。在別人傷害你時感到憤怒，不但是自然的，也可以保護自己。俄亥俄州寶林格林州立大學（Bowling Green State University）心理學教授帕格曼特（Kenneth Pargament）認為，我們面對傷害的第一個反應就是保護自己、尋求安全的庇護，並設法保障自己的身心健康。憤怒、恐懼、受傷和憎恨，事實上都是幫助我們做到這點的情緒適應技巧。憤怒會提供我們能量和力氣，對抗被他人傷害時隨之而來的失去控制的感覺；恐懼會保護我們免於進一步的傷害；受傷的感覺實際上會帶來撫慰，因為它提醒我們，自己值得更好的對待；回想傷害實際上可以給予我們動力，因為它提醒我們，某些重要的事物曾受到威脅而需要被重建。反覆回想可能是針對團體生活發展出來的、非常古老的適應能力，刺激人尋找並重建自己的安全與地位。甚至憎恨都有它的用處，因為表達憎恨有助於提醒他人了解我們的痛苦。

我們都經歷過這些感覺，而它們一開始也確實有助於適應。但在一段時間後，它們開始侵蝕我們的身心健康。如帕格曼特所指出，長期的憤怒強化無力感；長期的恐懼提醒我們，可怕的事可能再度發生；而憎恨和受傷的感覺，則同時引發羞愧以及身為受害者的感覺。

傷害愈嚴重，我們就愈難寬恕。每個研究原諒的學者都同意這點。「如果傷害很嚴重，你既沒有得到道歉，又與對方沒有親近的關係，那麼真的會很難寬恕，」凱斯西儲大學心理學教授伊斯林（Julie Exline）承認。「有時候一件事會帶來極為嚴重的後果，以致你每天醒來，都不得不想到曾經發生過的事。這種痛苦會無止境地持續，所以必須療癒與因應。如果是你愛的人，尤其是孩子受到傷害，那麼你會更難寬恕。但是如果你持續痛恨某個人，到頭來會變成傷害自己。即使你對加害者感到恐懼或遭受極嚴重的損失，也千萬不要讓自己陷入憎恨和痛苦的惡性循環中。」

我想在此提供一個小小的親身經驗。跟我合作寫了很多篇論文的一位同事，曾經剽竊我足足五頁的文章，當作是自己的作品，拿到會議上發表。他不知道我也參加了這項會議，我就坐在觀眾席裡，聽著他把我的作品當成自己的作品唸出來。之後我在走廊上，在眾目睽睽之下，大聲而清楚地質問他，我的脾氣甚至有點失控。但三個月之後，我們好好地坐下來談，我說：「我知道你很後悔，過去的事就過去了。我想我沒辦法再跟你合作，但是如果你在會議上，坐在我旁邊，我會很樂意幫你拿一杯咖啡。」我用這種方式表示我原諒了他，雖然我不太可能再對他有足夠的信任及合作。

你可以利用以下方法思考，長期懷抱著怨恨會帶給自己的限制：

想一想你憎惡或埋怨的人，做了哪些事傷害你。從家人到朋友、同事、鄰居，任何小的宿怨也包括在內。只要想到你還沒有原諒的汙辱或傷害，就想像自己把一顆馬鈴薯放進袋子裡。現在，請想像自己一整個星期不論到哪裡，都背著這個袋子，從早上到浴室盥洗、開車或搭車去工作的路上、在辦公桌上、會議上、吃飯時，甚至晚上睡覺，然後對這幅可笑的畫面大笑一場。你不覺得，光是想像這一大袋馬鈴薯就很累人了嗎？

做象徵性的寬恕練習。想像你拿了一枝大麥克筆，在手掌上寫下「怨恨」。讓墨水乾掉，然後試著用肥皂和水把筆跡洗掉。結果呢？筆跡雖然還在，但會變得比較淺。你可以從中了解，寬恕是一個過程，只要反覆練習，負擔就會隨著你每次把它「洗掉」，而變得愈來越輕。

第三課：首先寬恕自己

人生最大的挑戰是寬恕自己。寬恕自己實際上比寬恕他人更困難。二十世紀的基督教巨擘田立克（Paul Tillich），在他的經典著作《存在的勇氣》（*The Courage to Be*）中，就完全專注於討論自我接納的挑戰。田立克相信，唯有深刻體會到不論我們做過什麼壞事或沒有做什麼好事，都同樣被上帝所愛，才可能達到完全的自我接納。也因為如此，人類才會有這麼多靈性思考的傳統，都想像宇宙間有一個超越一切的存在，無條件地給予世人愛與原諒。完美以及真實人生之間的差距，永遠不可能消失。換句話說，我們都需要被寬恕。

在猶太教、基督教、伊斯蘭教、儒家、佛教和印度教的思想中，寬恕都扮演很重要的角色。原因之一是寬恕本來就很困難，因此需要一個神聖的、超越一切的力量協助我們。麻州綜合醫院的莫利卡（Richard Mollica）博士對此有非常動人的描述：「歷史上最偉大的話之一，就是耶穌在十字架上垂死時所說的：『父啊，原諒他們，因他們不知自己做了什麼。』釘死在十字架上是最痛苦的、最折磨人的，因此羅馬人才用這種方式結束他人生命。當我跟經歷過種族屠殺的柬埔寨人分享耶穌的故事時，他們也非常感動。因此當耶穌說：『父啊，原諒他們，』其實真正的含意是，有時候只有神才能做到最深刻的寬恕。」

回想其他時刻。你能否回想起過去自己希望被寬恕，或真的獲得寬恕的時刻？真的被寬恕，或者如果當時被原諒了，是什麼感覺？享受那種美好的感覺。

想像有一個愛你的人。從他的角度觀看，他會像你一樣嚴苛地評斷你自己嗎？探問更高的力量。如果你有自己所相信的神，那就請求祂的原諒。往大自然中尋找。如果你是無神論者或不可知論者，那麼往大自然中尋找，這就跟請求上帝原諒是一樣的。你可以在大自然中看到，演化的歷史中也充滿了錯誤，以及偶爾出現的令人驚奇的成功。容許自己像所有有機體般犯錯。

練習「自他相換」的佛教冥想。「自他相換」（Tonglen）屬於藏傳佛教對心的訓練「朗講」（Lojong）的一部分，是一種呼吸修習法，用以引發對自己及他人的慈悲和療癒。吸氣時，想像「吸進」某個人的痛苦，呼氣時，對那個人釋放某些正面的東西，例如解脫、平靜、愛或療癒。「自他相換」讓我們藉由注視他人的痛苦，對包括自己在內所有有缺陷的凡人懷有慈悲心。

接受你的抗拒，直到消失為止。如果你在試圖吸進他人的痛苦時，感受到抗拒、憤怒或恐懼，那就把這些感覺一起吸進來，然後對自己，以及世界上所有具有同樣感覺的人，吐出這種抗拒的治療。施受法冥想的重點是無所畏懼地，將痛苦轉化成治療力量的愛。你也可以想像用真實、睿智、光芒四射的自己，面對平常的自己，來做這個呼吸練習。這有助於自我原諒與自我療癒。

第四課：把原諒視為一帖良藥

二〇〇六年四月，一個五歲小女孩展現強大寬恕力量的故事，吸引了我的注意。新聞報導說，來自麻州的賀瑞歐特（Kai Leigh Harriott）公開原諒了在她兩歲時，用一顆子彈害她從此癱瘓的男人。這位眼睛炯炯有神，透出靈魂之光的漂亮非裔美籍女孩，在法庭上，清楚地對華倫（Anthony Warren）說：「你對我做的事是不對的……但是我原諒你。」三年前，賀瑞歐特跟姊姊坐在公寓門口，華倫因為跟住在一樓的人發生爭執，瞄準房子開了三槍。他對跟他打架的人開槍，子彈卻射中了賀瑞歐特，打碎了她的脊椎。在《波士頓全球報》（*Boston Globe*）的一篇報導上，記者泰許（Megan Tench）寫到，當另一個記者問賀瑞歐特為什麼願意原諒華倫，「她害羞但清楚地說：『我希望他告訴全世界實話。我知道他不是故意的。』」這篇文章接下來則引述了波士頓地區，與賀瑞歐特意見相左的人的說法。一個男人說：「他毀了她的人生，害她一輩子都不能走路。該有人殺了他才對。」但是賀瑞歐特的母親戴維（Tonya David）卻受到女兒的啟發：「電視畫面……顯示，當二十九歲的華倫為射傷她女兒道歉後，戴維擁抱了華倫。之後他被判刑，將在州監獄服刑十三年到十五年。戴維說，她本來只打算握華倫的手，但是後來出乎意料地把他拉近，擁抱他。戴維說，她受到自己女兒的力量感動，不忍心再苛責這個男人。」

每個人面對這樣的悲劇時，對於應該給予加害者多少寬恕，都有自己的看法。但很清楚的是，賀瑞歐特表現出來的堅強與同情，讓她母親和射傷她的男人都得以自由，從此能夠體驗到愛，而非憎恨。

把自己視為被人傷害的犧牲者，比較會憤怒、憎恨和恐懼，而寬恕則會降低這些力量帶來的強大情緒。科學文獻也有詳細記載，長期的憤怒會對心血管和免疫系統造成極大的傷害。

在寬恕這項人格特質上得分高的人，比較不容易憂鬱、焦慮、有敵意、自戀、壓榨別人；比較不可能養成對藥物或尼古丁的依賴；也比較容易同理他人。受到創傷後壓力症候群困擾的戰爭退伍軍人如果能夠寬恕自己和別人，則感受到的憂鬱程度和創傷症狀都會降低。「高度寬恕者」（在寬恕這個人格特質上得分很高者）被問到與父母或照顧者的衝突時，血壓和動脈壓力的反應都比較低。相反地，在寬恕特質上得分低的人，通常有較激烈的反應，疾病康復情況也較差。在鼓勵受試者寬恕他人的多項研究中，受試者的自尊和對人生的希望，都有明顯提升。少數幾項研究甚至顯示這些益處可以持續達一年之久。

有一項研究訪問了三十名離婚或與伴侶永久分居且養育幼兒的母親，結果顯示那些表示已經原諒前夫的單親母親，自我接納和認為人生有意義的程度都比較高，焦慮和憂鬱的程度則較低。她們還表示自己擁有平靜、希望、放鬆、與他人有情感連結、對人重燃信心等正面的心理狀態。一項二〇〇一年的研究發現，寬恕的力量是全面性的：在十八歲以上的成人當中，受訪者自己表示的寬恕程度，會大幅影響他們緩衝心理壓力的程度。連原諒上帝都跟心理健康有正相關。一項針對兩百名大學生所做的調查顯示，難以原諒上帝，跟焦慮和憂鬱情緒有明顯的關聯。

不過，根據研究指出，光是決定要原諒某個人，並不會有很好的效果。更有效的做法是做原諒的練習，並在過程中運用愛、同情和同理心。即使是在最艱困的狀況下，這些做法也會帶來強大的效果。恩萊特的「一對一寬恕干預」（one-on-one forgiveness intervention）法，十分有效地提升了性侵受害婦女對人生的希望，並降低其焦慮和憂鬱。在接受干預後，這些女性的情緒健康狀況與不曾受過性侵害的女性一樣好，甚至更好。更驚人的是，一年後的追蹤調查顯示，這些改善狀況依舊維持著。恩萊特說：「所有的亂倫受害者一開始都會問我們：『你真的要我加入研究嗎？我不會原諒那個人的。』而我們都會回答：『沒錯，我們希望你加入。』然後她們會說：『好吧，我之所以願意，是想讓自己好過一點。』而結果是她們在整個過程中脫胎換骨，狀況好到願意寬恕加害人。你知道自己曾被傷害，知道憤怒對人生造成多大影響，但你仍舊必須努力在想法上、感覺上、行為上寬恕他人。這代表你看到另一個人天生的價值，也代表你看到自己從眼前的情緒牢籠裡被解放。」

根據研究，這樣的解脫感會持續下去。因為伴侶決定墮胎而感到受傷的男性，在經過一項寬恕練習後，其哀傷、憤怒和焦慮的程度也同樣下降，三個月後的追蹤調查顯示，這些益處仍舊存在。參與自助團體和非正式的宗教團體，也有助於寬恕。在一千四百名參與小型非正式宗教團體或自助團體的美國人當中，六一％的人覺得自己比以前能夠原諒別人，也因此比較能克服上癮問題、罪惡感和挫敗感。

深刻地為對方著想。先把你受到的傷害暫時擺在一旁，問問自己，傷害你的人是什麼樣的人。他的成長過程如何？他是不是有個不幸的童年？對方傷害你的當下，是不是正為人生的問題或衝突掙扎？你能否把這個人看成是人類群體或你社區的一份子？這個人是否有任何方面值得同情？這個人是否也感到痛苦而需要療傷？

發揮同理心，即使只有片刻。當想到傷害你的人，你能夠對他感到同理或擁有正面的情緒（即使這些情緒轉瞬即逝）嗎？如果你做得到，那就嘗試讓這些情緒每天多停留幾分鐘，看看這麼做能否讓你感覺更平靜與完整。

再度思考寬恕的益處。思考這一章談到的所有寬恕的益處。思考當你決定原諒人生中最深刻的傷害時，所帶來的情感解脫。請記住，一個人真的很難同時在心中抱持兩種對立情緒，所以當你處於寬恕的心態，就不太可能同時處於報復的心態。把寬恕視為一種更高層次的利己行為，試著從事件中獲得任何可能的啟發，當作是送給自己的禮物。

第五課：選擇原諒來保有關係

隨著年紀增長、價值觀改變，事實上我們會變得比較容易寬恕他人。四十五歲之後寬恕他人的能力，與一個人對人生的滿意程度有獨特而強烈的正相關。研究顯示，年幼的孩子最不容易寬恕；對年輕的成年人而言，寬恕的動機通常來自家人的鼓勵，且傷害的事件已經過去，或者只因為一時的好心情。一項針對兒童的研究顯示，會在想像情境中對朋友「報復」者的好朋友較少，也較不被同儕接納。當我們年輕時，時間似乎是無止境的，人生的目標也顯得非常遠大，但對年長者來說，生命的盡頭變成愈來愈明顯的現實，關切的焦點也逐漸轉向人生的意義、人生的目的，與對他人的愛。大約八成的老年人都重視人際關係超過競爭或成就。隨著年紀增長，我們的健康與幸福愈來愈仰賴堅強的人際關係，寬恕也因此更加重要。如波諾所說：「對老年人而言，不原諒的代價更高。當我們逐漸變老，就不再有年輕時的奢侈權利，可以一刀斬斷帶來困擾的關係，往前尋找新的關係。」

第六課：改變你的觀點

加州洪堡州立大學的歐利納教授，十二歲時在位於猶太隔離區內的家裡，目睹家人和鄰居遭到納粹屠殺。他自己則因為躲到屋頂而逃過一劫。他回憶道：「第二天，我在恍惚的狀態下，偷偷溜出隔離區，結果遇到一個農人跟我說：『那些可憐的猶太人被殺光了。』而我只能假裝驚訝。」後來他被一個名叫波薇娜的波蘭農婦收留。波薇娜教他如何正確回答天主教教義問題，替他重新取名叫傑瑟克，把他假扮成波蘭男孩。歐利納後來成為一個納粹支持者的馬僮，這個人占據了原本屬於被滅絕的猶太人的房子。有兩年半的時間，他就睡在穀倉裡並幫忙放牛。最後歐利納終於移民到美國，結了婚並取得心理學博士學位，但痛苦在他心頭揮之不去。「我有點暴力傾向，不得不接受治療和婚姻諮商。我經常做惡夢，對人也不體貼。我覺得其他人告訴我的任何悲慘的事，我自己都經歷過了，畢竟我曾親眼目睹家人被殺。有一次聽到某個人對猶太人大發議論，我大發雷霆，把他摔下樓梯。但是他知道我的故事之後，卻變成我的好朋友。」

歐利納從心底寬恕過去的機會，一直到他四十八歲時才來臨，他開始進行一個猶太大屠殺拯救者的研究。這些非猶太人冒著生命危險，拯救、收容猶太人，而且通常是不認識的陌生人。歐利納與妻子對七百位拯救者進行深度訪談，共同寫出了一篇在猶太大屠殺文獻中，受到極高評價的報告。他發現，這些拯救者天生比較有同理心，很容易被他人的痛苦打動，同時有強烈的個人與社會責任意識。最重要的是，拯救者有很強的

「延伸」（extensivity）特質，也就是能夠把自己的關注延伸到親近者以外的人。「這是利他人格的核心，」歐利納說。

歐利納就跟所有人一樣，需要證據證明人類並沒有完全喪失靈魂。「這個研究計畫讓我覺得好多了，我很感謝這些真正關心他人的人。因為有他們，今天我才能在這裡。」這個研究讓他的傷口癒合。歐利納記得有一次，一位同事眼中含著淚說：「歐利納，我們就算再活一千年，也無法洗清我們對你們族人所做的罪行。」他也感動到淚眼盈眶，對同事說，那不是他的錯。寬恕非常重要，因為它會讓你自由，讓你如釋重負，不再背負著憤怒和復仇的慾望。

轉換到感激的心情。如果你發現自己再度回想傷害事件，還沒有準備好寬恕，那就轉換到感激的心情。想一想生命中所有美好的，以及自己欣賞的事物。請記住，原諒是對傷害的正面回應。專注在美好上，可以幫助你轉移憤怒與傷害。就如新時代主義常說的一句話：意念到哪裡，能量就在那裡。

第七課：原諒是一個過程

婚姻與家庭治療師戴立索（Shari Delisle）博士是聖地牙哥「孩子的轉捩點」（Kids' Turn）機構的創辦人與執行長。該組織的宗旨是協助在離婚中或離婚後，因爭奪孩子監護權而互相對立的父母親達成和解。戴立索自己在三十一歲，生了四個小孩之後，經歷過一場她口中「夢魘般的離婚」。她說：「我犯了很多嚴重的錯誤，孩子的父親也是，害我們的孩子吃了很多苦。這件事激發了我對其他父母的熱情與同情。」在她協助的父母當中，有些已經爭奪監護權長達十年或十五年，而他們對衝突程度的評量都在七分到十分（十分代表最高的衝突程度）。但即使如此，戴立索說：「我還是目睹過奇蹟發生。我看過父母雙方開始用截然不同的觀點看待事情，以致於當我們結束協助工作時，他們已經能跟孩子一起坐下來，帶著微笑互相交談。只要肯努力，人真的可以讓彼此的關係改頭換面。」

戴立索為這些父母發展出的練習，很適合因傷害和背叛導致持續衝突，最後不計代價一心只想贏的兩方，甚至適用於長久僵持的困境。

擁抱「更高立場」的概念。更高立場表示一個人在極端的負面和敵意之下，也能保持和善。戴立索說：「我在工作中必須面對上鎖的精神病房、參加幫派的孩子，還有爭執不下的父母。這一切教會了我同一件事，就是和善的態度具有強大的力量。當你顯得和善時，別人很難抗拒，也很難堅持原本的嚴苛。」不論對任何人而言，尊重、和善與同情，都是在艱困的處境下，邁向寬恕，甚至和解的最佳策略。

先以「替身」練習。如果你跟某個人的關係極差，那麼就請你信任的朋友或家人，先暫時做那個人的代理人。現在，請你與這個代理人好好談一談，表達出你感覺多麼受傷或憤怒，且真正的為人所傾聽。同時請你把自己的感覺寫在日記上，讓你的聲音被聽見，也傾聽你自己的聲音。這是挖掘的階段，也是寬恕的第一步。

讓代理人假設對方的言行。現在請這個代理人扮演與你衝突者的角色（事先要教導這位代理人你從對方身上感受到的敵對、負面、傷人的態度與言行）。相對地，你可以練習採取「更高立場」：以慈悲、寬容、和善的態度回應他。

告訴代理人你真正的感受。在這個代理人面前，讓他感受到你遭受不平對待時的恐懼與傷害，但不要以憤怒回應，因為憤怒只是為了掩飾這些感覺。深刻體會自己的脆弱。戴立索說：「如果我們讓彼此知道自己的恐懼和受傷，憤怒就會慢慢融化，之後我們才能在有意義的層面相互溝通。」

持續練習。同情與寬恕極為困難，二者都是需要反覆練習才能達到的技巧。「在開始練習之後，必須一直持續下去，」戴立索說。「如果我在路上被超車，我的第一反應仍舊是敵意的，但是我很快就會轉換到有意識地覺得『沒關係』。」

了解觀點會隨著時間改變。回想過去曾經傷害你，讓你覺得永遠無法原諒的一件事，例如朋友的背叛、情感的破裂，或工作上的羞辱。經過這段時間之後，你是否學會用不同的觀點來看待這件事？或許你的人生有了完全不同的焦點，已經可以接受那件事只是自己經歷的一部分，是造就你今天之所以成為你的部分原因。然後請思考現在仍滲透在生活中的一個傷害，想像自己十年之後的生活。屆時你是不是比較能接受和原諒這個傷害？如果你到時候能這麼做，為什麼不現在就做？

第八課：道歉的力量

伊斯林發現，道歉是最能夠顯示寬恕的一項行為。提出和接受道歉，真的是人類互動中力量最強，卻也最困難的一種。真誠的道歉能夠洗刷憎恨與痛楚，比任何行動都更能修復關係。而且研究者發現，道歉內容愈豐富，例如承認犯錯的責任、表達後悔，表示願意彌補現狀等，道歉就會愈有力量。表示後悔，可以真實地傳達出一個人的痛苦、自覺和遺憾，也會引發被傷害者的同理心。

研究顯示，當受傷的人想像加害人誠摯的道歉時，會產生比較正面的感覺，心跳速度和其他生理壓力指標也會下降。換句話說，道歉有助於療傷。

但是道歉經常會失敗，所以我們必須重新思考怎麼樣才能有效地提出和接受道歉。舉例來說，如果你說：「好吧，如果你覺得我做錯了，那我很抱歉。」這對修復關係實在毫無幫助。在道歉時預期一切都應該被原諒，也無濟於事，例如：「我已經道歉了！我都說對不起了！你為什麼還不罷休？」道歉的目的不一定是和解，而是給別人，也是給自己的禮物。送禮物的心態必須真誠，沒有附帶條件。

道歉失敗的常見原因之一是「犯錯者」和「受害者」經常對這件事有不同的看法。研究者發現，造成傷害的人經常對犯行輕描淡寫，這可能出於保護自己免於羞愧感和罪惡感。他們覺得自己犯錯或傷害別人是情非得已，也可能把罪責分攤到好幾個人身上，或描述一些在當時可被理解的動機。但這些傾向可能燃起受害者心中的怒火，因為受害者正好相反，常把犯行看得比實際上更嚴重，這純粹因為當傷口還很新時，感覺就是如此。幾個星期、幾個月，甚至幾年過後，看法可能不一樣，但在當下，傷口的痛楚太過清晰，受傷的人經常認為這項犯行帶來非常嚴重的後果，是不可原諒、不道德、沒有理由的行為模式。每個人都有自己認定的真相，雙方都有自己的偏見和扭曲。所以，要真誠地道歉，就必須先專注傾聽對方對於事件的真正感覺，而不是認定自己所想的就是對的。

研究人員還發現了道歉失敗的另一個常見原因，並稱之為「強度落差」（magnitude gap）。當我們傷害了一個人，對方的損失會超過我們的獲得，我們永遠不可能真正還清債務，所以家族世仇會隨著時間愈結愈深。「犯錯者」在試圖彌補現狀後，會相信兩方已經扯平，但是「受害者」可能仍舊覺得自己有權報復。原諒不會在一瞬間同時在雙方發生。除此之外，人也經常因為對方違反了他們的道德和正義標準，而心生嫌隙。在某種程度上，寬恕取決於犯行本身的嚴重程度，和犯行帶來的道德負擔有多大。

當我們犯了嚴重錯誤而傷害他人時，該怎麼辦？我曾在凱斯西儲大學醫學院擔任學生委員會主席將近十年。我記得儘管在良好的監督下，仍有好幾個學生犯了醫療上的錯誤，帶來嚴重後果而差點放棄醫學這條路。幸好他們都堅持下去，並在過程中學到很多，了解該如何對病患承認錯誤，同時不讓他們對自己接受的醫療照護失去信心。醫學是一條無止境的學習曲線。幾年前，知名書籍《論道歉》（*On Apology*）的作者拉瑞爾

（Aaron Lazare）到我們的醫學院做訪問，討論道歉這個主題。演講廳擠滿了人，第二天他巡房時，走廊上也擠滿了想要得到解答的醫學院學生和醫生，爭相詢問：「當我們犯錯時，應該告訴病人嗎？如何為這些錯誤道歉？我們如何說抱歉，卻不會失去病人的信心？」

拉瑞爾告訴我們，道歉能療傷，是因為它能恢復雙方的自尊和自我價值。道歉讓我們確知雙方有同樣的價值觀；錯誤不是出於故意；我們在彼此面前是安全的；傷害我們的人確實為自己犯下錯誤感到痛苦，而且我們可以公開地討論這件事。道歉要有效，唯一需要的只是真心誠意但不易說出口的一句話：「我對自己做的事很抱歉。」

從心底道歉。這裡要做的練習很簡單：當你覺得應該道歉時，真心誠意地道歉。

第九課：成為你想要的美好

在喬治亞州亞特蘭大市擔任人生成長教練的拉拜倫（Melody LeBaron），生長於一個虔誠的摩門教家庭，是七個子女中的長女。她離開教會和第一任丈夫時，父親與她斷絕了父女關係。她深受打擊，但是經過寬恕的練習和時間的緩衝，她與父親不但化解了心結，她父親甚至參加了她與現任丈夫在一間佛教寺廟舉行的婚禮。拉拜倫至今仍對父親的改變感到不可置信。即使她的婚禮不是以摩門教儀式進行，父親仍然為她欣喜。拉拜倫說：「寬恕，是最讓人自由的行動。」她在與父親形同陌路期間，練習一種寬恕的冥想方法整整一年，終於因為她主動打了一通充滿愛的電話，得以與父親和解。她成為自己希望父親成為的那個充滿愛的人。「現在，當我看他寫來的信時，只看愛的部分，而忽略他的世界觀中仍舊存在的恐懼和批判，」她解釋道。「一個朋友最近告訴我，我以前經常讀父親的信給她聽，並為信中嚴苛的部分哭泣。但現在我對那些部分根本直接忽略，我已經真正原諒了他。」

以下是拉拜倫自己親身實踐，也教導客戶的寬恕練習：

坐在一個安靜的地方，放鬆下來。深呼吸。想像你的身體被光充滿。想像從脊椎尾部和腳底生出許多樹根，往泥土生長，一直深入到大地之母深處，讓你像一棵強壯的樹般穩穩地扎根。就像樹木從根部吸取能量或生命力一樣，想像自己感覺到生命力從你的腳和脊椎往上行走，充滿整個身體。當你覺得安全而強壯，想像自己希望寬恕的那個人的純粹靈魂正在眼前。所謂的「靈魂」，不是指人死後虛無縹緲、到處漂浮的無形之物。你可以把靈魂想成一個人的精神或純潔本質，就像是新生兒眼底閃爍的光芒。現在，告訴那個人的靈魂你所受到的傷害。告訴那個靈魂，你需要它知道的事。對你已經寬恕的那個人的靈魂說話；設下你需要的任何界限；說出任何沒被說出的真相；可能的話，容許那個人以不同的方式出現；或祝福那個人和你自己。

成為愛本身。讓愛充滿原來黑暗之處，了解自己已經變成你希望在對方身上看見的善良與愛。

送出一份禮物。戴立索提供這個簡單的建議：做一件微小但有意義的事，讓對方知道你的感謝，但不要期待任何回報。戴立索回憶說，有一次，一位已經完全不跟前夫講話的單親母親，在父親節時寄給丈夫一張卡片，上面寫著：「謝謝你當我們兒子的好父親。」這位父親說他打開卡片之後，坐在椅子上哭了半小時。然後打電話給她，謝謝她寄了這張卡片。她很驚訝這件事對他有這麼大的意義，於是聊了三個小時，並決定不再需要聘任離婚律師。

♥

不論你選擇什麼方式，你都可以求助於寬恕的力量，讓自己自由。

你的寬恕量表

現在我們要邀請你回答「愛與長壽量表」中有關寬恕的部分。計算分數有兩個步驟。首先，請你確定哪些題目必須「相反計分」（以Ⓡ符號標示）。對於相反計分的題目，請按照以下表格計分：

如果你選擇的分數是	請把該題目的分數計算為
1	6
2	5
3	4
4	3
5	2
6	1

第二步驟是在你計算「相反計分題目」的分數之後，再把每項題目的分數加總起來。現在請開始做這份量表。你也可以在看完本書，並開始在日常生活中練習寬恕的藝術之後，重新再測量一次。

請在以下的量表中，按照你認為每句話符合個人特質或經驗的程度，圈出適當的分數。**這個量表並沒有所謂的正確答案，所以請盡可能誠實地回答每一題。**

1. **當家人做了傷害我的事，我不會懷恨在心。**
1非常不同意；2不同意；3有點不同意；4有點同意；5同意；6非常同意

2. **當家人傷害了我，我很容易原諒他們。**
1非常不同意；2不同意；3有點不同意；4有點同意；5同意；6非常同意

3. **我努力在家中以身作則，盡量原諒他人。**
1非常不同意；2不同意；3有點不同意；4有點同意；5同意；6非常同意

4. **我曾經記恨家人好幾個月或好幾年。Ⓡ**
1非常不同意；2不同意；3有點不同意；4有點同意；5同意；6非常同意

5. **當家人傷害我時，我不太容易原諒他們。Ⓡ**
1非常不同意；2不同意；3有點不同意；4有點同意；5同意；6非常同意

6. **當朋友傷害我時，我從來不會記恨在心。**
1非常不同意；2不同意；3有點不同意；4有點同意；5同意；6非常同意

7. **當朋友用不公平的方式對待我時，我從來不會一直生悶氣。**
1非常不同意；2不同意；3有點不同意；4有點同意；5同意；6非常同意

8. 我的朋友說我是個善於原諒的人。
1非常不同意；2不同意；3有點不同意；4有點同意；5同意；6非常同意

9. 當朋友傷害我時，我不太容易原諒他們。Ⓡ
1非常不同意；2不同意；3有點不同意；4有點同意；5同意；6非常同意

10. 當朋友讓我感覺受傷時，我會好一陣子都對他很冷淡。Ⓡ
1非常不同意；2不同意；3有點不同意；4有點同意；5同意；6非常同意

11. 當同事或鄰居做了傷人的事，我會努力原諒對方。
1非常不同意；2不同意；3有點不同意；4有點同意；5同意；6非常同意

12. 當鄰居或同事讓我感覺受傷時，我從來不會記恨在心。
1非常不同意；2不同意；3有點不同意；4有點同意；5同意；6非常同意

13. 我會努力在鄰里間和職場上以身作則，盡量原諒他人。
1非常不同意；2不同意；3有點不同意；4有點同意；5同意；6非常同意

14. 當鄰里間有人讓我覺得受傷，遲早我都會報仇。Ⓡ
1非常不同意；2不同意；3有點不同意；4有點同意；5同意；6非常同意

15. 鄰居和同事可能會說我是有仇必報的人。Ⓡ
1非常不同意；2不同意；3有點不同意；4有點同意；5同意；6非常同意

你的得分：

- 高度付出者（80%）：93 分以上
- 經常付出者（60%）：83-92 分
- 中度付出者（40%）：75-82 分
- 低度付出者（20%）：68-74 分

16. 我會鼓勵自己認識的人，以比較寬容的態度，看待世界上的衝突。

1 非常不同意；2 不同意；3 有點不同意；4 有點同意；5 同意；6 非常同意

17. 國際外交中應該更重視寬恕這件事。

1 非常不同意；2 不同意；3 有點不同意；4 有點同意；5 同意；6 非常同意

18. 當我們的國家遭受攻擊，以牙還牙是解決問題最好的方法。Ⓡ

1 非常不同意；2 不同意；3 有點不同意；4 有點同意；5 同意；6 非常同意

19. 當我們受到敵國危害時，應該更強烈地報復。Ⓡ

1 非常不同意；2 不同意；3 有點不同意；4 有點同意；5 同意；6 非常同意

20. 大體而言，任何國家都不可能寬恕過去的宿敵。Ⓡ

1 非常不同意；2 不同意；3 有點不同意；4 有點同意；5 同意；6 非常同意

第六章

勇氣之道：挺身而出，仗義執言

蒙塔提（Elissa Montanti）女士一九九六年時造訪了波士尼亞，當時她住在紐約市的斯塔頓島（Staten Island）並為焦慮症所苦。她回憶道：「有人給我看了一封信，寫信的男孩子因為地雷爆炸而失去了兩條手臂，一條腿，他寫著：『求求你們幫助我，讓我有新的手臂和一條新的腿。』」蒙塔提深受感動與激勵，二十四小時內就徵求了醫院和航空公司，募集到足夠的援助，讓這個男孩子前往紐約。「我那時候還是單身，只養了兩條狗，所以他跟我一起住了四個月。奇妙的是，在我協助他裝上義肢期間，焦慮症開始慢慢消失。我之前一直祈求上帝幫助我戰勝焦慮症，但是我完全沒有想到，幫助我的居然是來自半個地球以外的一封信。」

今天蒙塔提創立的「全球醫療救援基金」（Global Medical Relief Fund），為歷經戰亂的地區，例如波士尼亞、薩爾瓦多、賴比瑞亞、尼日、伊拉克和索馬利亞等地的難民兒童，提供醫療照護和義肢安裝。「這些孩子的勇氣實在令人吃驚，」蒙塔提說。她似乎絲毫不認為自己也是因為有相當的勇氣，才能造訪遭戰爭蹂躪的地區，救援這些孩子。「有一個小男孩失去了視力，還有手臂。我向外求援，結果有二十個不同領域的專科醫師幫他診治。可惜他的視力完全喪失，眼角膜移植也沒有用了。但是他裝了一隻新的手臂，當報紙記者問道：『你現在有什麼感覺？』他滿面笑容地回答說：『現在我可以摸著找路了。』這就是勇氣。」

蒙塔提幫助的第一個男孩子，現在跟她和先生住在一起，她說：「他是這裡所有孩子的榜樣。他們看到他，就會說：『如果他做得到，我也做得到。』因為他曾經失去兩條手臂和一條腿。」許多孩子每年都回來，讓醫師根據他們成長的狀況調整義肢。「許多人問我，是不是任何人都做得到這些。答案是，只要心裡有愛，任何人都做得到。愛是你唯一需要的。」

勇氣是強迫現狀改變的愛

勇氣是把愛化為行動。這樣的愛就像騎著駿馬的鬥士迫使世界改變，迎向艱鉅的挑戰，有技巧地克服生命中的難關，用關懷和智慧正視他人。勇氣需要的特質：堅毅與韌性，能在一個人遭遇阻礙時調整方向，能對使命投入，能在痛苦時找到內在力量，而這全與心理健康有關。我們需要有深刻堅韌的力量，才可能面對生命的艱難時刻，對不公義發出強烈的抗議，最重要的是，能睿智而適當地愛人。愛人本來就是需要勇氣的一種冒險，因為我們犧牲安全感，冒著可能受傷的危險，打開內心。我們接受該做的妥協，承受失望與絕望。最重要的是，我們願意質疑所愛的人，即使我們必須說的話並不容易也不溫和。

勇氣會以很多方式展現。對某些人而言，勇氣代表即使冒著生命危險，也要改變世界。對另一些人而言，是為自己挺身而出，說出與他人關係設下容忍的界限。對其他人而言，則是即使遭遇心理、生理或經濟上的困難，也能勇敢面對每一天。但對所有人而言，勇氣都代表面對逆境的韌性與樂觀，讓自己在艱困環境下更強壯更有智慧。不論處於外在環境或我們的內心世界，勇氣都是一項必需品，更是一種力量強大的付出方式。

從耶穌到聖女貞德，這些改變世界者都具有無比的勇氣。真正的勇氣造就歷史上的傳奇。金恩博士、林肯和聖雄甘地，都因為對抗社會組織中根深柢固的傷害而遭到殺害。他們能在致力於志業時不心懷怨恨，令人佩服。

但勇氣並不是偉大歷史人物的專利。研究付出與健康的學者魏克，在訪問一百八十位老年人之後，對我說：「每個人都會在人生某些時刻，發揮英雄精神，只是沒有為人所知。所以從某個角度來看，我們都是英雄。這是我深度訪問了來自社會這麼多不同階層的人之後，最大的發現。」

我喜歡學生，也自認是一個培育者，但是有一次我不得不挺身質疑一個學生，因為所有人都感覺得出來，他沒有成為醫生所需的人道精神，很顯然是個種族歧視者。同儕都討厭他，病人則很怕他。在跟這個年輕人進行了一連串的討論後，我們決定讓他退學。雖然他的律師不斷威脅，但我們仍堅持決議。在凱斯西儲大學的所有人都不後悔這個決定。事實上，他醜惡的反應只是更確認了我們是對的，即使這個決定確實需要一些勇氣。

英文的「勇氣」（courage）源於拉丁文的「cor」（心）。「鼓勵」（encouragement）這個英文字裡也包含著勇氣，就是「把心交給另一個人」，透過字源分析更可以讓我們一窺勇氣的本質。

我個人最喜歡的勇氣故事之一，是十八世紀貴格會信徒烏曼（John Woolman）的故事。他周遊各處的貴格派教會，向每一個人見證奴隸制度的邪惡。他在成年之後，有將近二十年的時間花在拜訪一個又一個的農莊，之後更到英格蘭繼續他的志業。由於他的努力，到了一七七〇年，早在美國南北內戰爆發的一個世紀前，美國已經沒有任何貴格會教徒擁有奴隸。像烏曼這樣的行動主義者，即使面對威脅仍保有勇氣，即使面對歧見仍保有堅持，即使面對憤怒仍保持鎮定，即使面對敵意仍保持泰然，即使被囚禁仍保持正直，最重要的是，即使面對憎惡，仍保有愛。我們在日常生活中也能向他看齊，而讓生活更美好。

對我而言，成立無限大愛研究中心，就是要以我的方法，對抗那些認為研究「愛」這個想法根本是瘋了的人。他們不相信人類可以真心對人慷慨，還認為真正的科學只應該用來研究人類的缺陷而非優點。但我認為，愛是唯一讓人生有價值的力量。我用這種方式對抗我們所知的世界，希望它變得更好。

「如果你想有勇氣，就必須去愛。如果你想有力量，就必須去愛，」默思說。他是克里夫蘭浸信會的一位非裔牧師，也是金恩博士的愛徒。默思過去四十年來，致力於民權運動，並且於全美唯一專為非裔美籍男性設立的人文科學學院，也就是亞特蘭大的莫豪斯學院（Morehouse College）擔任董事會主席。「和解所需的勇氣，遠大於殺戮所需的勇氣。印度從尋求和解中獲得獨立，南非拋棄種族隔離的枷鎖，而曼德拉也從監獄進入總統府。當我們看到憎恨與復仇帶來的結果，以及勇氣與和解帶來的一切，就知道兩者根本無法相提並論。」

默思牧師回憶道：「十四歲的男孩提爾因為和白種女人搭訕而在密西西比州遭私刑處死的事，發生在我念大學時；帕克女士拒絕在巴士上讓座的事也在這時發生。我因此成為亞特蘭大市不讓座運動的領袖，有時候我自己和追隨我的人的生命，都受到威脅。在帶領群眾走上亞特蘭大市街頭示威抗議的前一晚，市長和警察首長都要求我們不要去。因此我在率眾示威時，很清楚我們可能受重傷，甚至喪命。」

但就像默思表達出來的，勇氣是最有挑戰性的愛的方式。在本章，你會學到勇氣跟韌性、刻苦等特質有什麼關聯。你會學到何謂嚴苛而溫柔的勇氣，以及如何培養所謂的「軟性技巧」來化解衝突。你也會學到，即使採取英勇的作為需要冒風險，但勇氣這種愛可以改變其他人的人生，也讓你自己充滿喜悅。以下是一些重點摘要：

學者研究在職場上勇於說話且仗義執言的人，發現**英勇行為會帶來心理回報**。根據在一九九〇年代末期所做的一項調查顯示，九〇%挺身揭發問題的人說，如果能夠重來，他們還是會做同樣的**選擇**。

目睹英勇行為的人會受啟發，因此在行動上變得勇敢。

維護正義的意願和能力，與化解衝突的能力有關。對參與韓戰的兩個軍人群組所做的研究顯示，曾因英勇行為而受勳表揚的人，比同儕有更成熟的社會能力、更高的智商，以及更穩定的情緒。在另一項針對臨終病人的調查中，研究者發現面對疾病的勇氣，跟希望、樂觀和自信有正相關。

刻苦是英勇者的核心特質。根據加州大學厄文分校「刻苦研究中心」（Hardiness Institute）創辦人馬帝（Salvatore Maddi）的研究歸結出，刻苦由「勇氣的三C」組成：承諾（Commitment）、掌控（Control），和挑戰（Challenge）。馬帝認為他所稱的「刻苦因應法」是可以學習的，而且會終其一生保障我們的健康。刻苦的一項重要特質，就是把挑戰視為成長的機會。

勇氣通常來自於一個轉捩點，而激發出一個人新的特質或重建自我意識的啟示。根據北卡羅萊納州立大學心理學家泰德希（Richard Tedeschi）與卡洪（Lawrence Calhoun）的研究，這樣的變化可能是孕育成長的肥沃土壤。

勇氣帶來喜悅和連結。寇比（Anne Colby）和達曼（William Damon）合著的《有些人真的在乎：為道德奉獻的當代人物》（*Some Do Care: Contemporary Lives of Moral Commitment*），對公義與愛的分析，可能是有史以來量化最細緻，最具社會意義，也最科學的研究成果。寇比與達曼訪問了許多當代的道德典範與行動家，他們說，這些人的人生面貌，「充滿了令人震驚的喜悅、充分的確定性，和不屈不撓的信念，造就他們以高標準要求自己並慷慨幫助他人的人生。」兩位研究者認為，這些人全都有社會支持網絡，也都展現了道德勇氣、堅定信念與正直人格。他們共同的特質就是對自己的使命堅持不懈，為了追求服務人群和正義，甘願犧牲個人利益。簡而言之，英勇也幫助他們成功達成自己的志業。

關於勇氣的五堂課

我們中心在二〇〇五年主辦了一場名為「主持正義的愛」（The Love That Does Justice）的會議，福特基金會提供了部分贊助。我發起這場會議，是因為一位社會運動朋友曾說：「愛是你在紐約市的喬治華盛頓橋下，救起水裡的嬰兒。正義則是你走到泰朋奇橋（Tappan Zee）找出是誰把嬰兒丟到水裡去。」這場會議聚集了數十位社會運動分子，有老有少，重申一個永恆的主題：沒有主持正義的愛，並不足夠。

這場會議再度肯定了我的直覺，那就是尋求正義的感覺與勇氣息息相關。超過四十年的研究已經發現，對正義的堅持，與在乎公平、能夠易地而處、對他人的苦難感同身受、並且在道德上和心理上都覺得必須有所回應等特質密切相關。以下的啟發來自各項研究，研究主題包括正義、英勇、刻苦和蛻變等所有讓我們敢於對抗傷害的特質。

第一課：不同形式的勇氣

奧勒岡州米羅基督中學（Milo Adventist Academy）威肯斯（Carl Wilkens）牧師的故事，充分顯現了何謂勇氣的多種面貌。

威肯斯和妻子曾在一九九〇年代早期，以「耶穌復臨教會」的傳教士身分造訪盧安達，在當地協助重建被內戰摧毀的醫療中心。一九九三年種族大屠殺開始前的那個平靜的復活節週末，威肯斯的父母剛好前來造訪。他們全家人到湖邊露營，悠游在美麗的陽光和溫暖的河水中。威肯斯回憶道：「當種族大屠殺蔓延到盧安達時，我們全家人本來都很可能遭到殺害，但是就在民兵來到大門口時，我們的胡圖族鄰居挺身而出，對那些配備大刀的殺手說：『我們生病的時候，是他們帶我們去醫院。他們的孩子跟我們的孩子玩在一起。』」威肯斯的鄰居冒著生命危險，勇敢站出來，說服了這些殺手放過傳教士一家。因為這件事，當威肯斯的家人隨著其他美國人撤離時，他決定留下來幫助他們。但是威肯斯說：「我待得愈久，愈發現這項大屠殺的規模不斷擴大，也愈懷疑自己是否應該留下來。」

威肯斯說，在這種情況下，人會有各式各樣的恐懼，也因此需要各式各樣的勇氣。

「當子彈射進家裡，或車子被殺手攔下，或車子後窗被射穿時，我也會為自己的人身安全感到恐懼。但是最大的恐懼莫過於他人的性命操縱在你的手裡，你知道自己的決定將會影響他們的人生，卻又不知道這麼做到底對不對。我那時候無時無刻不想離開。」

威肯斯也必須鼓起所有的勇氣，才能戰勝絕望。「我記得有一次，我在電腦讀經系統查詢『氣餒』這個字，跳出來的字句是：『要堅強而勇敢。不要畏懼。不要氣餒，因為不論你到哪裡，上帝，你的主都與你同在。』」即使只是繼續進行每日例行的協助工作，顯示他的關心，也是一種勇氣。「在種族屠殺期間，我每天絕大部分的工作就是分送食物、飲水和藥物給三個團體的孤兒。我會想即使我能為他們做的非常有限，有人真的選擇留下來，對這些人具有多大的意義。」這種勇氣最重要的一點，就是你身在那裡。「當我們談到愛與勇氣的時候，有一點經常被低估，甚至完全忽略，那就是身在現場的力量。」此外，還有一種勇氣是毀滅後重建的勇氣。「盧安達的人民能在這樣摧毀一切的經驗後，把社會組織重建起來，重建學校、政府、教堂、商店和原來的生活，這樣的韌性真是驚人。」

心理學家塞利格曼和彼得森在《人格優點與美德》書中提出，勇氣有三種形式：身體的、道德的、心理的。這三種形式的勇氣都可以在威肯斯的故事中看到。

戰爭時顯現的**身體上的勇氣**，就像威肯斯和鄰居所表現的，已經受到普遍而深入的研究。塞利格曼和彼得森認為，有關戰爭與戰爭影響的研究中，最了不起的一項發現是

「人在面對戰地生活的嚴峻挑戰時，仍能堅持下去」。

勇氣也讓人能承擔社會與經濟風險。這是**道德勇氣**，是願意做自己相信正確與公義的事，即使要承擔社會或經濟的後果，例如失去工作、朋友或地位。同樣地，威肯斯也冒著犧牲生命的風險，展現了崇高的道德勇氣。塞利格曼與彼得森說：「說出真相不見得讓人快樂，但或許能讓人自由。」

最後還有**心理上的勇氣**。這是一個人即使安全感因恐懼受到動搖，仍會採取行動的能力。盧安達人民在飽受戰爭蹂躪，重建社會的架構時，就展現了強大的心理勇氣。塞利格曼和彼得森認為：「數百萬人每天都必須鼓起心理勇氣，面對自己的恐懼與焦慮，但他們的英勇行為卻可能不為人所見。」此外，在醫生病患必須共同克服健康問題的醫病關係中，以及在需要誠實與親近的婚姻關係中，都需要極大的心理勇氣。

幸運的是，大多數人不必經歷種族屠殺，但我們總會碰到某些時刻，如威肯斯一樣，需要發揮更高一層的勇氣。為了做到這點，請現在就改變你的態度，做好內在的準備：願意走出自己的舒適圈，面對風險。信任自己會做正確的選擇，就是一種更高的勇氣。以下是針對這些想法採取行動的方式：

說出自己的人生目標。把自己看成是一個有使命、有更高人生宗旨的人。行動主義者卡洛瑟斯（Andre Carothers）認為，一個偉大的人生目標會讓我們有勇氣專注於真正重要的事。強烈的目標意識讓生活充滿活力、方向清晰、充實豐富。試試看這個練習：安靜坐下來，專注於自己的呼吸。現在想像你剛剛得知自己只剩一年可活。你會拿這一年來做什麼？你希望朋友家人記得你是什麼樣的人？這一生你最驕傲的事是什麼？這一年你還想做的事是什麼？把想法寫下來，然後檢視自己的人生目標與使命。某個人的人生使命可能是：「用愛讓人連結起來。」另一個人的可能是：「保護大自然。」還有人可能覺得：「我天生就是要當藝術家。」這項練習的重點是，人生目標就像地球的真北，深刻而充滿意義，因此能引導我們並給予勇氣。

開始往前。柏布森學院朗史塔德教授（John Ronstadt）說過人生的「長廊定律」（Corridor Principle）：那些願意承擔風險的人，例如勇於創業的人會往前走，就像穿過一條長廊，與此同時，門會為他們開啟。但如果他們沒有往前走，就根本不會遇到這些門。

一次又一次採取行動。心理學家會利用一種名為「系統減敏法」（systematic desensitization）的過程治療恐懼症。一開始，讓患者稍稍接觸自己恐懼的事物，然後逐漸增加接觸程度，並讓患者在過程中專注於放鬆。當你面對恐懼時，恐懼就失去了它的力量。我相信克服任何一種恐懼，都會帶來更大的自信。我有一個住在曼哈頓的朋友，在喪夫之後去上了一門帆船駕駛課程。到夏天結束時，成為帆船手的掌控感，已經讓她覺得可以獨自重建生活。另一個自認內向害羞的朋友，則每個月花一天，義務擔任外國人的城市導遊，帶他們認識這個自己所生活且熱愛的城市。

第二課：學習刻苦因應法

「我一直專注於研究助人克服困難的人格特質，」刻苦研究中心創辦人馬帝說。馬帝是西西里島移民之子，成長於幫派橫行的社區。他與同事在蒐集伊利諾州貝爾電話公司工人的資料時，首次發現「刻苦」所具備的獨特力量。在一九八一年，研究進行到第六年時，這家公司經歷了史上最劇烈的動盪。「他們在一九八一年時有兩萬六千名員工，到一九八二年只剩下一萬四千名員工。一位經理說他在十二個月內換了十個不同的上司。在此之後，我們繼續蒐集了六年的資料，結果發現雖然三分之二員工在大動盪之後的人生變得支離破碎，他們經歷心臟病發、中風、離婚、出現精神問題，甚至自殺等困境，但另外三分之一的人不但度過難關，還過得更好。」

這個族群極度刻苦堅毅。馬帝說，他們擁有強烈的「三C」特質：投入、掌控和挑戰。如果有很強烈的投入特質，即使生活窒礙難行，你還是會決心**投入**，而非逃避現實或變得孤立疏離。如果有很強烈的**掌控**特質，那麼你會不斷嘗試去影響結果，而不是任由自己陷入無力感。而如果你有強烈的**挑戰**特質，那麼你會把改變和壓力視為成長與學習的機會，而非對自己舒適與安全的侵犯。

科學界對刻苦的人格特質做過數百項研究。軍人如果有很高的刻苦特質，在進行維和或戰爭任務時，比較不容易被威脅性命的壓力擊垮。馬帝曾在一項研究中測試大學籃球校隊成員的刻苦特質，結果發現球員在這項特質的得分，可以用來預測他的臨場表現。此外，刻苦特質也可以有效預測西點軍校學生是否具備領導能力。根據學生的自我報告，在即將進入大學的高中畢業生中，刻苦特質也與較低的酒精藥物使用程度有正相關。

馬帝在一項別具巧思的實驗中，要求受測試的成年人隨身佩戴呼叫器，並每天隨機呼叫他們十次，要求他們在呼叫器響時，回答一個簡短的問卷，包括他們正在做什麼活動、跟誰一起，以及對這項活動的感覺。在刻苦特質上得分較高者，比較容易表示他們的活動好玩、有趣、重要，從他人身上感受到的支持也比較多。馬帝因此獲得一項結論：對經驗的開放態度以及想像力的豐富程度，都跟刻苦特質相關。

刻苦的人擅長馬帝所謂的「刻苦因應法」（Hardy-coping）。馬帝說，不健康的因應方式有兩種：一種是退避因應（regressive coping），也就是否定和逃避壓力；另一種則是災難式因應（catastrophic coping），也就是往最壞的結果想、攻擊這個世界。「後者就是恐怖分子的做法，」馬帝說。「但刻苦因應是精確地衡量壓力處境，用更寬廣的角度看待，了解事實並沒有那麼可怕，並容許自己深入分析，看看能從中學習到什麼。然後才整理出一個行動計畫，扭轉劣勢。」

此外，「具刻苦特質者的人際關係，遠勝於比較不刻苦的同儕。他們會互相幫助。事實上，刻苦甚至跟自我照顧有關，一個人愈是有刻苦的勇氣，愈容許自己放鬆、運動，吃得營養。」

好消息是，每個人都可以被訓練得更懂得刻苦，接受刻苦訓練的女性游泳選手，就有更好的表現。除此之外，「我們還發現，高退學風險的大學生在接受訓練後，平均分數提高了，也比較可能念到畢業。」

以下是把刻苦因應法融入生活的重點：

區別急性與慢性壓力。從保母臨時不能來、工作職責的改變，到與配偶的爭執等，都可算是急性壓力。急性壓力集中出現的時候，的確會令人覺得難以招架，但是你知道這些是急性壓力，因為它們會在短期內結束。慢性壓力則似乎永無止境：親人罹患了嚴重的慢性疾病；你與配偶有不孕的問題；你因為經濟壓力無法辭去工作。刻苦因應的第一步就是把急性與慢性壓力區別開來。

培養「刻苦的態度」。確認自己正在經歷什麼類型的壓力之後，試著以樂觀的態度面對問題。對於急性壓力，你可以預期很快地解決，但面對慢性壓力，需要長期學習不斷重新調整自己的方法。請了解你的人生非常重要，值得全力以赴。請相信改變自己的處境，可以使人生意義更為深刻。把困難看作學習的機會，並藉此拓展天賦與能力。提醒自己，你對於生活中發生的大多數事件，都有正面的影響力。把自己視為你的世界中一個有能力且主動的參與者。即使一個問題有某些無法改變的層面，也要相信只要你有充分的資源，一定能利用這個處境，從中學習新的因應方法。只要樂於接受改變與挑戰、保持信心，每次帶來壓力的挑戰，都會激發你獲得更重大的人生意義與滿足。

確保自己擁有社會支持。社會支持網絡可以在你遭遇和克服人生挑戰時，給予適當的緩衝。耕耘自己與家人、朋友、老師、父母、同事、客戶或宗教心靈團體成員的關係，在必要的時候，向他們尋求鼓勵、建議、協助、指引、情感支持和專業意見。

改善困難的關係。馬帝認為，許多人際關係中的挑戰，都可以藉由更加投入這段關係而化解。馬帝建議你下定決心，化解生命中重要人際關係的衝突，讓愛取而代之。思考衝突的源頭，有多少衝突應該歸咎於你，又有多少是對方的責任？當對方對你表示憤怒時，仔細傾聽。他是否覺得受到威脅或汙辱？與對方討論問題本身，藉此幫助他，而不要只是表達自己的憤怒。仔細思考自己得到的回應，記得讓對方知道他對你有多重要。建議一些化解歧見的方法，同時考量到你和對方的需求。請記住，人際關係是一條雙向道，所以你不太可能只是被動無辜的受害者。改善關係，比決定該怪罪誰更重要。當你開始改善人際關係，會發現自己真的能因應衝突與壓力，並從努力中得到收穫。

第三課：鼓舞他人勇敢起來

鼓舞他人勇敢，也是改變世界的一種方式。凱斯西儲大學醫學院學生事務輔導主任，非裔美籍的海尼（Robert Haynie）博士，以挑戰和關懷來鼓舞「監獄改造計畫」中的年輕人。海尼為這項計畫擔任志工長達十年，而這個計畫的內容是讓受刑人以加入接受教育和職業訓練取代坐牢。他說：「我相信，我們對於社會上三種人的關懷程度，將決定自己會成為什麼樣的人。這三種人包括：在人生中剛起步的人，也就是兒童；邁入人生黃昏的人，也就是老人；以及處於生命陰影中的人，也就是弱勢的人。在這項計畫中的人，就屬於第三種。」他回憶道：「我記得第一次聚會時，一個名叫杜昂的年輕人，似乎根本不在乎我說的任何一句話。我於是說：『你好像對這裡進行的事完全不感興趣。』他直直盯著我說：『我來告訴你，你是什麼樣的人。你是個住在郊區的中產階級黑鬼，打算來這裡幫我們洗腦。』我對他說：『杜昂，你看起來是個聰明人，所以我們不妨來分析你剛才說的每一個字。告訴我每個字的來源，然後用在正確的地方。你剛說的一個字是『中產階級』。請你告訴我，這個字是什麼意思？告訴我一點這個字的歷史。我們就按照順序來討論你說的每一個字。』……就這樣直到半年後，杜昂從這項計畫畢業了，他徹底地改頭換面。我大約兩年前見到他，他跟我說：『博士，現在，我再也不會亂說自己不懂的話了。』」

海尼說，每次他問計畫裡的年輕人，有多少人曾有很親近的朋友或親人遭到謀殺，所有人都會舉手。「我成長在一個完整的家庭裡，所以我坐在那裡，忍不住想，如果我生長在那樣的環境下，會變成什麼樣子？我問這些年輕人：『如果我給你們一支大槌子，還有五千美金，請你們盡可能破壞這間教室，你們做不做？』他們通常都說：『當然沒問題！』接著我會說：『那就把教室拆了。但是如果我接下來給你們五十萬美金，還有一個星期的時間，請你們重建這間教室呢？』他們知道重建教室比把教室拆掉困難多了。於是我告訴他們，毀壞比建設容易。同樣的道理也適用於人生。」

海尼還記得第一次看到監獄的情景。「那是名副其實的地牢，就跟在第三世界一樣，只有一點點光線，而且臭氣沖天。有一個傢伙已經待了一百八十天。我在那裡連一百八十秒都待不下去！所以我寫了一封信給法官和市長，告訴他們將人關在這所監獄是極其殘酷的刑罰，而且這些人甚至還沒被判有罪，只是被拘留在看守所。後來市政府決定關閉這所監獄並重新整頓。」

你要如何鼓舞別人的勇氣？這裡有一個方法：

願意挑戰世界上的痛苦。海尼列出的三種脆弱的人——兒童、長者、弱勢者，都需要我們的幫助，而這麼做需要鼓起勇氣並鼓舞他人。我們必須支持這些脆弱的人，同時勇於挺身而出、抵抗傷害。誰今天可能需要鼓勵？什麼善行需要你貢獻出時間、金錢或好主意？

第四課：以關懷的態度質疑

質疑可能造成的破壞使它成為最困難，也最重要的一種勇氣的表現。我在俄亥俄州立大學心理學家瑪斯克（Jack Marsick）的協助下，創造了一個新名詞，稱這種行為是「關懷式質疑」（carefrontation）。瑪斯克對於和解技巧有很傑出的研究成果，還為俄亥俄州商學院聯盟開設一百一十個小時的領導課程。

「進行關懷式質疑時，首先要引起對象的共鳴。我會使用溫和的字句，試著讀出對方的感覺。我也會把自己的感覺攤在桌上。例如『我在你旁邊時，就會覺得焦慮，你覺得發生什麼事？』或『當我發現你的工作沒做完時，會覺得很難過，因為我知道你真的做得很辛苦。』要改變他人的行為，你必須讓對方投入，而不是攻擊他們。」

關懷式質疑就是以關懷的態度挑戰自己、其他人或社會的壞傾向。這樣的挑戰有時候幾乎無法看見，但可能帶來深遠的影響。十二年前，一個四十歲的女性獲准進入凱斯西儲大學醫學院就讀，但是我們差點要她退學。她很有照顧小孩的天分，但是在學業方面欠缺準備，很快就被當掉了好幾門課。幾位教授和行政人員已經準備讓她退學了，所以我以學生委員會主席的身分，一一去找參與決定的人討論，私下幫她說話，鼓勵他們用稍微不同的角度看待，給她第二次機會。結果他們讓她繼續學業，但必須重讀一年。六年後，我在學校附近喝咖啡，剛好看到這位女士、她的先生，與她父母。他們走到我面前謝謝我。這位學生現在是執業醫生，她告訴我她的事業很成功，也過得非常快樂。

關懷式質疑對所有人而言，都是一個學習的過程，而且有時候需要團隊合作。以下是我個人的小故事，或許會引起很多父母的共鳴。幾年前，我兒子和他的朋友都迷上了電腦遊戲。即使在風和日麗的夏日週末，他和他的好朋友依舊待在室內，一人拿著一台遊戲遙控器，幾乎一句話也不說地沉溺在遊戲裡，一連好幾個小時。其中有些遊戲的內容很暴力，因此令我相當擔憂。我試著以關心的態度阻止我兒子，限制他玩遊戲的時間，但他因此很沮喪，很合理地爭辯說，他所有朋友都花這麼多時間玩遊戲，為什麼他要跟別人不一樣？我完全不曉得如何改變他的行為，又不傷害我們親密的關係。我需要協助，因此打電話給我兒子每個好朋友的家長，建議擬定計畫，限制他們在平常日玩遊戲。我們全都不准孩子在平常日玩電腦遊戲，而這項干預方法神奇地奏效了。沒有任何孩子覺得落單，他們全都能快樂踢足球、練樂器、打籃球、享受大自然，並且在週末享受使用電腦的時間。

瑪斯克認為，關懷式質疑需要軟性技巧，而非商場上冷酷無情的競爭技巧。瑪斯克曾在克里夫蘭醫院教授心血管與胸腔外科醫師有關同理與和善的軟性技巧，訓練他們成為更好的領導者與傾聽者，也更能因應衝突。結果他很驚訝地得知，每位外科醫生都知道自己在大學的職等，而且外科病房的氛圍鼓勵醫生互相較勁，比較每一個月完成手術的數目，人際關係的溫暖程度真的很低落。瑪斯克回憶說：「有一天，外科主任來找我，問我：『我要怎麼樣才能成為更好的領導者？』而我直視著他說：『你要對人好一點。』我用關懷式質疑來回應他。在這句簡單的話中，我真正要說的是：『我很關心你，所以才告訴你，你必須停止欺負他人。你是這麼有天分的外科醫生，世界各地都有人特地來找你看診，但是你卻對同事和職員都很嚴苛。』」瑪斯克能說出這句話，實在很了不起，而這位善於思考的主任能夠開口詢問，也顯示出他的真誠。

瑪斯克說，關懷式質疑需要四項「軟性技巧」和四項「核心概念」。

四項軟性技巧是：

1.除了談話的內容外，也要學習傾聽和觀察情緒。

2.顯示並培養對他人觀點的理解、興趣和敏感度。

3.專注於對他人產生正面影響，而不是在爭論中獲勝，或與對方對抗。

4.如同關切自己的目標般，關切對方的目標。

四個核心概念是：

1.以不評斷與尊重，和他人建立信任關係。

2.扮演老師、教練、諮商者，或心靈導師的角色，藉此發揮正面影響。

3.以關心而沒有惡意的方式提供建議。

4.了解對方的邏輯和感覺，但不需要接受對方的理由，或從自己的觀點來診斷他的問題。

如何有效而溫和地對他人進行關懷式質疑？以下是一些方法：

探索哪些事物會引發恐懼或痛苦。哪一類互動最容易破壞你的平靜？你討厭在講話時被打斷嗎？諷刺會對你造成很深的傷害嗎？當他人忽略或逃避你時，你會覺得恐懼孤單嗎？試著回想其中某一項引發你不自在的事件。告訴朋友或伴侶，哪些事件會引發你的脆弱和痛苦。在對自己和對方有新的了解後，同意彼此都盡量避免這些會引發痛苦的行為，而如果這些行為還是發生，則敞開心胸討論。鼓勵彼此坦誠，給予彼此勇氣。

分享你喜歡及不喜歡什麼。跟同事、朋友，或你愛的人坐下來，告訴對方：（1）你最重視他身上，和你們關係中的哪些部分；（2）在他們面前，以及跟他們一起工作、玩樂或生活，是什麼感覺；（3）你希望你們的關係有哪些部分可以改善；以及（4）你自己願意採取什麼行動來改善。

在質疑前，讓對方知道他們對你而言有多重要。當你以愛和關懷的態度探問，對方比較不會那麼自我防衛。當你質疑他們有害或破壞性的行為時，讓對方知道這讓你有什麼感覺，並問對方可能是什麼因素引發這種行為。試著建立信任，以關懷的方式提供建議。讓對方知道，如果他們繼續這樣破壞性的行為，你可能會被迫離開，直到他們願意改變為止，但這並不會改變你的承諾或感情。

第五課：創傷引發蛻變

一個人勇氣的鑄造與微調，經常發生在轉捩點，通常源於危機或嚴重創傷事件，而必須完全拆解原本的自我認知，重新安排生活的優先順序。北卡羅萊納大學的泰德希和卡洪用「創傷後成長」來描述在高度挑戰環境的烈焰中，鍛造出來的正面心理變化。他們在報告中引述了喬坦（Hamilton Jordan）在《沒有一天是壞日子》（*No Such Thing as a Bad Day*）中與癌症對抗的經歷：「在我第一次罹患癌症之後，即使是生活中最微小的喜悅，例如看到一次美麗的夕陽，或孩子給我的一個擁抱，都有了特殊的意義。」但這兩位研究者並沒有迴避與創傷相關的憂鬱、焦慮和哀傷。他們接著引述猶太教拉比庫西納（Harold Kushner）對於自己兒子過世的省思：「因為艾倫的生與死，我成為一個更敏感的人、更有效的傳道者、更同理的輔導者。如果不是因為他，我絕對不會是今天的我。但無論如何，若是我兒子能回到身邊，我會毫不猶豫地放棄這些收穫；如果能夠選擇，我願意放棄因為親身經驗而產生的靈性成長與深度……但我無法選擇。」

泰德希和卡洪說，創傷就像地震。「震撼人心的事件可能使一個人的生活和人生意義劇烈搖晃、飽受威脅，甚至傾倒坍塌成為廢墟。」一個人的人身安全、自我認同和未來，都會在此刻受到威脅。地震之後的重建需要勇氣。但奇怪的是，創傷倖存者會比之前更脆弱，也更堅強。他們打從心底體驗到不幸的事可能發生，也確實發生了，但同時也發現自己撐得過去。有失必有得。在失去當中，你會學到感激。在你感到前所未有的脆弱時，也會找到儲備的力量。泰德希和卡洪說，藉由深刻思考，一個人將能對不幸事件以及自己的人生，慢慢消化和重新定義。

這樣的勇氣跟健康有關嗎？一九九八年的一項研究發現，ＨＩＶ病毒帶原的男性，如果能重新看待自己的處境，且定義為有意義的事件，則體內的某些免疫細胞就比較不容易快速減少。一九八七年一項研究也發現，心臟病患者如果能用不同的觀點看待疾病，從中找出意義和對生活的益處，則死亡率也會較低。這些引人深思的結果都暗示，有勇氣面對和重新看待生命中重大挑戰，確實可能有益於一個人的身心健康。

以不同眼光重新看待自己的處境，即是以創意化解痛苦的一種方法。阿蘇莎太平洋大學（Azusa Pacific University）心理學教授雷曼（Kevin Reimer）想到自己曾認識一個來自洛杉磯市中心幫派橫行地區的年輕女孩。雷曼說：「十五歲的亞利安娜跟母親和弟弟，住在一間只有四百平方呎的房間裡，但是她幾乎是獨力創辦了一個社區計畫，照顧幾條街外一間療養院裡的老人。她的計畫讓許多人與生病的年長者建立了親近的關係。」雷曼在亞利安娜狹小的公寓裡訪問過她。蟑螂在牆上出沒，走道外有震耳欲聾的音樂。亞利安娜告訴雷曼：「我希望成為像我母親一樣的人。她不會用外表評斷一個人，而是看這個人的本質。」她告訴雷曼，她從來沒有機會認識自己的祖父母，因為他們在瓜地馬拉被殺害了。她覺得自己對老人伸出援手，是在彌補這個遺憾。雷曼說，像亞利安娜這樣的孩子，「很清楚自己是誰，因為他們被迫深入內心，接受自己的種種優點和弱點。」

如果連戰爭難民和貧民窟的孩子，都有勇氣改變自己的人生，我們一定也可以向他們學習。「經歷過創傷的人都有幫助他人的巨大能力。創傷倖存者經常成為很好的老師，」莫利卡說。他在柬埔寨的難民營中，看到以木頭搭建的破屋子裡，「人滿為患，大家無處可去，十年來都吃著同樣的米和魚。他們沒有寺廟，但他們誦經、禱告、冥想。全世界各地都有人正以無比的勇氣，面對自己異常可怕的困境。而且事實上，絕大多數人從自己受傷的那一刻開始，就真心想幫助自己和他人。這是不幸經驗中美好的一面。身為醫生，我看過許多人在毫無援助的情況下努力完成一些事，例如在全美各地，都有難民為其他難民經營收容中心，而不得不為此感到謙卑。

麻州「社會靜思心靈中心」（Center for Contemplative Mind in Society）的執行長布希（Mirabai Bush）說，她在瓜地馬拉協助馬雅難民婦女時，首次見證真正的勇氣。「她們失去了一切——丈夫、父母，甚至是孩子、家和土地。但她們如此堅韌，還能夠想出新的耕作方法，也有能力讓自己開心和照顧別人。那時候我剛離婚，為了得住到比較小的地方而沮喪，但是她們給了我關於勇氣的深刻教訓。」

你如何在最艱難的時候徹底改變自己的人生？羅傑斯（Betty Rogers）是一位紀錄片拍攝者，也是致力於遏止性產業人口販賣的社會運動分子。她認為冥想是一個關鍵，如果不是冥想帶給她力量，她無法支撐這麼久。羅傑斯在尼泊爾、肯亞、尚比亞、衣索比亞等國家旅行時，隨身帶著一個小小的佛像，每天都會撥出一段時間冥想。「在這些地方工作，憤怒是沒有用的。我冥想的能力愈強，每天開拓的空間就愈大，就像創造一個花園一樣。我記得在一個位於荒郊野外的小學校裡，有一位很棒的老師教孩子用力唱出自己的心聲。他們還幫自己舉辦一些很棒的表演。在某些時刻，我真的覺得，在我們所有人的本質中，在我們的每一個細胞裡，都有一種共通的力量，而對這種力量開放，就是我們一生的功課。這裡面永遠有慈悲，永遠有愛。」

開始你自己的蛻變。羅傑斯建議你以覺得自在的任何方式，安靜地坐下來冥想。當你感受到內心的寧靜，問自己：

● 我看到哪些事物應該改變？
● 哪些需求應該放下？
● 我在哪裡可以發揮作用，造成改變？
● 我如何在這些事物中找到更高的恩典？有哪些方法可以重新定義它們或自己，而讓我發現這種恩典？
● 別人的例子可以給我什麼啟示？我如何能像山上的那些孩子般，用勇氣和愛唱出自己的人生？

記住，如果你保持開放的心胸，積極參與社會運動，這可以教會你非常深刻的，關於心靈的真理。

❤

勇氣的範圍非常寬廣。在做出重大犧牲的人，例如金恩博士、聖女貞德或甘地等改變歷史和世界的人身上，你都可以看到勇氣。但是在每一段成功的關係裡，當你與所愛的人遭遇困難，而你仍迎接挑戰、堅守承諾時，也可以看到勇氣的顯現。勇氣存在於日常生活中最微不足道，最隱微不顯的層面中，甚至只是在一個經常令人困惑的世界活下去。對所有人而言，有愛才有勇氣，而勇氣讓我們能愛。

你的勇氣量表

現在我們要邀請你回答「愛與長壽量表」中有關勇氣的部分。計算分數有兩個步驟。首先，請你確定哪些題目必須「相反計分」（以Ⓡ符號標示）。對於相反計分的題目，請按照以下表格計分：

如果你選擇的分數是	請把該題目的分數計算為
1	6
2	5
3	4
4	3
5	2
6	1

第二步驟是在你計算「相反計分題目」的分數之後，再把每項題目的分數加總起來。現在請開始做這份量表。你也可以在做完勇氣練習之後，重新再測量一次。

請在以下的量表中，按照你認為每句話符合個人特質或經驗的程度，圈出適當的分數。**這個量表並沒有所謂的正確答案，所以請盡可能誠實地回答每一題。**

1. **當我愛的人正在做一件有害或者會造成破壞的事，我會鼓勵他們改正。**

1 非常不同意；2 不同意；3 有點不同意；4 有點同意；5 同意；6 非常同意

2. **當我的家人做了危害他人的事，我很願意正面質疑他們。**

1 非常不同意；2 不同意；3 有點不同意；4 有點同意；5 同意；6 非常同意

3. **當你看到家人正在做會危害他人的事，提出質疑是很重要的。**

1 非常不同意；2 不同意；3 有點不同意；4 有點同意；5 同意；6 非常同意

4. **我很怯懦，所以就算我愛的人的行為傷害到自己或他人，我也無法質疑他們。**Ⓡ

1 非常不同意；2 不同意；3 有點不同意；4 有點同意；5 同意；6 非常同意

5. **我已經放棄試著讓我愛的人尊重自己和他人。**Ⓡ

1 非常不同意；2 不同意；3 有點不同意；4 有點同意；5 同意；6 非常同意

6. **當我的朋友在做有害或者會造成破壞的事，我會鼓勵他們改正。**

1 非常不同意；2 不同意；3 有點不同意；4 有點同意；5 同意；6 非常同意

7. **當我覺得朋友沒有好好對待別人，我願意正面質疑他。**

1 非常不同意；2 不同意；3 有點不同意；4 有點同意；5 同意；6 非常同意

8. 因為朋友做了會造成傷害或破壞的事而去質疑他，並沒有什麼意義。Ⓡ

1 非常不同意；2 不同意；3 有點不同意；4 有點同意；5 同意；6 非常同意

9. 我個性怯懦，所以即使朋友的行為傷害到自己或他人，我也不會質疑他們。Ⓡ

1 非常不同意；2 不同意；3 有點不同意；4 有點同意；5 同意；6 非常同意

10. 當我的朋友做出不可接受或毀滅性的行為時，我可能會太過包容。Ⓡ

1 非常不同意；2 不同意；3 有點不同意；4 有點同意；5 同意；6 非常同意

11. 我曾有幾次告訴鄰居或同事，我認為他的行為不對。

1 非常不同意；2 不同意；3 有點不同意；4 有點同意；5 同意；6 非常同意

12. 我曾經在工作中或社區中的會議，發言抗議不公平的政策。

1 非常不同意；2 不同意；3 有點不同意；4 有點同意；5 同意；6 非常同意

13. 我願意在社區中或職場中，為了確保所有人獲得公平對待，而拿自身利益冒險。

1 非常不同意；2 不同意；3 有點不同意；4 有點同意；5 同意；6 非常同意

14. 即使有人行為惡劣，我在社區鄰里中還是自掃門前雪。Ⓡ

1 非常不同意；2 不同意；3 有點不同意；4 有點同意；5 同意；6 非常同意

15. 我不是那種會在會議中抗議政策不公的人。Ⓡ

1 非常不同意；2 不同意；3 有點不同意；4 有點同意；5 同意；6 非常同意

你的得分：

- 高度付出者（80%）：99 分以上
- 經常付出者（60%）：91-98 分
- 中度付出者（40%）：84-90 分
- 低度付出者（20%）：76-83 分

16. 我曾經支持致力於導正社會不公的組織。

1 非常不同意；2 不同意；3 有點不同意；4 有點同意；5 同意；6 非常同意

17. 我很樂意參與會讓世界更好的義行，即使我必須因此冒一些風險。

1 非常不同意；2 不同意；3 有點不同意；4 有點同意；5 同意；6 非常同意

18. 我曾公開地（藉由抗議、請願或直接行動）對抗世界上不公義的行為。

1 非常不同意；2 不同意；3 有點不同意；4 有點同意；5 同意；6 非常同意

19. 事實上，我太膽怯而無法嘗試「改變世界」。Ⓡ

1 非常不同意；2 不同意；3 有點不同意；4 有點同意；5 同意；6 非常同意

20. 我忙著過自己的生活，沒辦法冒險去讓世界變得更美好。Ⓡ

1 非常不同意；2 不同意；3 有點不同意；4 有點同意；5 同意；6 非常同意

第七章

幽默之道：讓喜悅提升生命

父親的喪禮似乎不是扮演小丑的理想場合，但是對韓森（Marie Hanson）這位經過認證的「歡笑專家」而言，喪禮卻是讓家人與朋友齊聚在愛的笑聲中的最佳時機。韓森在一九八七年首次穿上小丑裝，便發現自己「徹底自由，彷彿換了一個人般，變得傻氣又好笑」。她在喪禮上為眾多悼念父親的親友，播放了記錄父親一生的幻燈片。

「我在這世界上的使命就是要幫人放輕鬆，」韓森說。「因為太多人會忘記讓自己大笑。」她回憶道：「我母親以前很喜歡做珠寶飾品，因此我父親會到處去找可以讓她做飾品的東西。我在喪禮上放的第一張幻燈片就是我父親站在路邊，彎身拿著一把鉗子，正在拔一隻死豪豬身上的硬毛，讓我媽媽可以用在她的珠寶上。那張幻燈片讓大家都大笑起來，然後每放一張新幻燈片，大家就笑個不停。喪禮結束後，一個女士走到我面前對我說：『我希望你幫我安排我的喪禮。』我回答說：『沒問題，你要不要預約時間？』這句話當然又激起更多笑聲。」

喪禮過後那個星期，韓森一家人仍繼續藉由笑聲，讓彼此的關係更溫暖而緊密。韓森和姊姊在喪禮後一起開車去探望母親，而另一個姊姊則開著自己的車跟在後面。韓森回憶說：「我因為超速被攔下來，我姊姊告訴那個警察說我們的父親兩天前才下葬，母親最近又才中風。但哀兵政策並沒有奏效，他還是開了罰單。幾分鐘後，我另一個姊姊也因為超速被攔下來，也用同樣的父親過世、母親最近剛中風的理由，對他苦苦哀求。這可憐的警察實在受不了了，他說：『我實在沒辦法在同一天對同一家人開罰單，尤其是你們才剛經歷過這些事情。』我們到我母親家時，便打電話給叔叔伯伯、阿姨嬸嬸、所有之前來參加喪禮的人，把這件趣事告訴他們。這讓我們所有人在失去親人的哀傷時刻，在笑聲中更凝聚在一起。我們家一直都是這樣。笑聲總是能幫助我們度過艱困的時刻。」

幽默讓生命輕盈而深刻

幽默是我個人最喜歡的愛的方式之一。我真心相信古怪滑稽的念頭有很大的力量。我總是努力放輕鬆一點，甚至會挖苦自己來自我解嘲。我經常開玩笑，即使有時候我說的笑話只會讓朋友和家人困惑不解，寬容地搖頭嘆息。

幽默與其他愛的方式最大的不同，就是它能立刻扭轉一個人負面的情緒。我們常低估了幽默的驚人力量，以及培養幽默生活方式的重要性。不論負面情緒多強烈或多有破壞力，我們都可以用幽默讓它在瞬間融化。幽默之所以力量強大，祕訣就在它如此輕盈，能靈巧鑽過一個人心理防衛的城牆。幽默會讓你在轉眼間以截然不同的眼光看待世界。笑與苦惱無法並存。當你笑的時候，生命的負荷就減輕了，即使只有在當下那一刻。

幽默是一種遊戲，就如傑米森（Kay Redfield Jamison）在《熱情洋溢》（*Exuberance*）中所言：「遊戲讓我們在本能的行為中，愉快地練習看似不可能的思考轉折與變化。它會影響大腦的發展，甚至可能因此讓大腦有自救的能力。」遊戲會滋長動物之間的連結，在人類身上顯然也是如此。傑米森寫道：「遊戲之所以讓人熱情洋溢，是因為我們得以經由探索得到的新知識，做出趣味的即興變化。」事實上，一個孩子愈是愛玩，就可能愈有創造力。哈佛心理學家凱根（Jerome Kagan）與同事所做的研究顯示，某些外向的孩子具有難以形容的活力。這些孩子精力充沛，經常微笑，而且會開心地大笑。馬里蘭州立大學佛克斯（Nathan Fox）的研究也發現，會微笑、咿咿啞啞出聲，或咯咯笑的嬰兒，會比較熱切地探索世界，並且在新鮮事物和人際互動中成長茁壯。

最重要的是，你必須能夠保持彈性，以新的眼光看待人生，才能懂得幽默。如當代美國幽默大師比央達南達（Swami Beyondananda）說過：「有些人有種名為欠缺諷刺的嚴重心理障礙。看醫生沒什麼用，但是看矛盾卻有用。」你看到這段話時微笑了嗎？我就微笑了。比央達南達的文字遊戲不但有趣，也說出事實。

幽默或許輕鬆，但同時也很深刻。就如諧星艾倫（Steve Allen）在《笑談》（*Laughing Matters*）雜誌專訪中所說，每個人天生的基因決定了人生的天花板與地板，但我們如何面對自己的人生，則決定最後我們會來到天花板還是地板。當我們大笑時，我們就活在當下，為自己活著而欣喜，並且「釋放」自己。笑會把我們提升到自己人生的天花板。

幽默是面對生命最好的方法

雖然無法確切得知笑在人類演化史上何時首次出現，但笑確實是我們生存不可或缺的要素，也能輕易超越語言的障礙。我們似乎在很小的時候就會展現笑的能力，甚至連動物都似乎有某種笑的形式。潘瑟普（Jaak Panksepp）在二〇〇五年於《科學》（*Science*）的一篇文章中表示，黑猩猩在玩耍和互相追逐時，所發出的喘氣聲與人類的笑聲極度相似，甚至連老鼠都似乎會在玩耍時發出唧唧的聲音。潘瑟普說，小孩子會在追逐嬉鬧時開心大笑，小嬰孩則會在嚇一跳，例如在大人跟他玩「不見又出現」的遊戲時大笑，這都表示人必須能欣賞新奇和嶄新的事物，才會懂得笑。

幽默以及幽默最明顯的表現，也就是笑聲，是具有療癒效果的。請你回想自己笑到停不下來的經驗，當你感覺「我差點笑死」或「我笑到眼淚都流出來」的時候，所發出的激烈的大笑其實對我們有益。在大笑時，激烈的呼吸讓腹部肌肉和橫膈膜收縮，其實跟打噴嚏或大哭時很相似。你的心跳會加速、血壓會上升，聲帶也可能不受控制地振動。史丹佛大學醫學院的精神醫學家弗萊（William F. Fry）博士發現，一個人笑一百次，相當於做了十分鐘的有氧運動。

在經過這樣令人滿足的大笑後，我們的肌肉會放鬆，一種甜美溫暖的放鬆感覺會像蜂蜜一般流遍全身。初步的研究顯示，笑會促進提升情緒的兒茶酚胺與腦內啡分泌，並降低壓力荷爾蒙可體松的濃度。一九八五年的一項研究指出，大笑時我們唾液中的一種分泌性免疫球蛋白A會增加。一項一九八八年的研究也發現，在幽默量表上得分偏低的人，在重大壓力時期分泌性免疫球蛋白A下降的程度最大，他們也是對壓力最敏感的人。相對地，幽默感高的人即使在經歷壓力時，分泌性免疫球蛋白A的變化也不大。一九九六年另一項有趣實驗，也發現當受試者被要求對一段令人感到沉重的影片（內容是一件工業意外，常用於研究壓力的實驗中），想出一段幽默的旁白時，會比被要求想出嚴肅旁白時，有較低的心跳和皮膚電阻等壓力指數。

研究人員一直都假設幽默會啟動我們大腦的獎勵中樞，否則無法解釋為什麼風趣機智的話語會讓人覺得這麼愉快。史丹佛大學精神醫學神經造影實驗室（Psychiatry Neuroimaging Labratory）在二〇〇三年的一項研究證實了這點。研究人員利用功能性核磁造影，觀察受試者在觀看滑稽卡通時的大腦反應，進而發現受啟動的大腦區域就包含了與神經傳導素多巴胺相關的獎勵中心。研究領導人摩比斯（Dean Mobbs）寫道：「少了幽默，生命肯定不會如此令人欣喜。事實上，會因笑話而發笑的能力，在人類生活中扮演了關鍵角色，它能幫助我們溝通想法、吸引伴侶、振奮情緒，甚至調適創傷和壓力。」

這些都只是初步的研究結果，但都非常有趣，而且似乎指出是什麼哪些因素，導致這些顯而易見的結果。歡笑與幽默確實能緩衝壓力，給予我們獎勵與愉悅。所以，放輕鬆吧。

關於幽默的五堂課

無限大愛研究中心至今還沒有贊助過特地針對幽默的研究，但目前為止早已有許多引人深思的臨床文獻，點出幽默與笑的益處。在這裡我要特別強調的是，開玩笑和放輕鬆是幫助他人的一種好方法。如果我們了解幽默是建立情感連結，讓他人與自己的生活放鬆的一種有效方法，我們就可以在付出愛的同時，享受很大的樂趣。

第一課：幽默有助於度過艱難時刻

所有人都會遭遇死亡這件事。我父親在一九九六年過世。他堅決要求待在家裡，自然地離開人世。在他過世前幾分鐘，我母親對他說：「亨利，我要撥一一九。」父親帶著溫柔的幽默回答：「瑪格麗特，丈夫不一定會聽老婆的話！」然後便辭世了。在參加完父親的告別式之後，一位知道我向來喜歡幽默的鄰居對我表示哀悼之意，然後眨了眨眼，補充說：「但是我得老實說，現在比以前安靜多了，我不會再聽到你母親大喊『亨利！』的聲音一路傳到河邊。」我們都大笑起來。

諮商師史塔霍茲（Peggy Stabholz）說，她對笑的熱愛來自於父親，他是一個猶太大屠殺的倖存者。「我父親總是教我跟妹妹，笑是面對生命最好的方法。他說自己能在集中營裡活下來，一部分原因就是他很滑稽，能讓其他人不至於消沉，而他們也會反過來幫助他。他可以一邊唱歌，一邊動耳朵，還敲自己的頭，發出怪聲，同時用很好笑的方式鼓動嘴巴。我們小時候，他也經常會說一些關於自己的好笑故事。」史塔霍茲提供歡笑訓練課程給年輕人和老年人。「我發現這讓我比從前快樂，也改變了我的人生態度。有時候我早上起來覺得不太舒服，但是在歡笑團體聚會過後就覺得好極了。分享歡笑讓我的人生有了意義。」

台拉維夫大學的奧斯特爾（Chaya Ostrower）在對八十四名大屠殺倖存者的訪談中發現，他們一再提到幽默是克服創傷的方法之一。一名倖存者說：「幽默是保持心理韌性不可或缺的元素。任何人都必須有這樣的心理韌性，才會有意願想活下去。我曾經是個囚犯，我可以這麼說，不論幽默多麼稀少、零星、不由自主，它仍然非常重要……猶太隔離區的人展現了極大的活力。在一連串的創傷中，又要有片刻的喘息，大家就會開始笑，或許還笑得比常人更多。」

幽默也可能是偉大領袖的正字標記。《紐約時報》一位記者曾這麼描述老羅斯福總統：「總統每天笑一百次，他笑的時候就像講話一樣中氣十足。他通常都是哈哈大笑，有時候甚至笑得直不起腰，這讓你也會想跟著他一起大笑。」一位英國外交官則這樣形容老羅斯福：「你永遠都要記得，總統大概只有六歲。」這種開朗的態度，是最極致的幽默，這也讓老羅斯福得以度過最艱難的時刻。他從小就有氣喘和視力問題。一八八四年，他的妻子在生產時過世，母親也在同一年因為傷寒過世。但是他曾說：「沒有人的人生像我這麼快樂。」

美國前總統雷根也因為具有幽默感而備受喜愛。一位幫他撰寫講稿的寫手蓋博（Doug Gamble）說，雷根的幽默真的是「打從靈魂裡散發出來的。他喜歡那些嘲弄自己的笑話，他知道這些自我貶抑的笑話會為他帶來好處，有助於化解人們的批評。一九八四年，民主黨總統提名人孟德爾（Walter Mondale）指控雷根政府是『用健忘來統治』，雷根總統的反應是：『我覺得那句指控我健忘的話很不公平，可惜我想不起來是誰說的。』當外界得知他偶爾會在白宮辦公時打盹，他說：『我已經指示幕僚，全世界任何一個危險地區發生麻煩，一定要立刻把我叫醒……即使我正在參加內閣會議。』」雷根也能很敏捷地即興說笑，一件很出名的軼事是，在他遭到槍殺而性命垂危時，他不但不擔憂自己的性命，反而說了一句玩笑話，讓急診室的醫生全都放鬆下來：「希望你們都是共和黨員。」

笑真的能治癒疾病嗎？卡森斯（Norman Cousins）一九七九年的《笑退病魔》（*Anatomy of an Illness*），描述他的休養之道包括每天看喜劇片大笑、攝取大量維他命C，以克服反覆發作的僵直性脊椎炎。卡森斯發現開懷大笑二十分鐘，可以毫無痛苦地安睡兩個鐘頭。這個故事令人振奮，但是單一案例不論多麼非比尋常，都只是單一的故事，連卡森斯自己都特意要求別人不要從他的個人經驗推測太多。

就如普洛文指出，許多對於笑和健康的科學研究，「都沒有做到真正的控制變因和嚴謹的實驗設計。我們並不知道笑的效果是否只因為注意力分散所造成，而其他分散注意力的方法，例如上下跳躍或說話，是否也會有同樣好的效果。」不過普洛文也強調，某些令人興奮的關於笑的研究，確實顯示笑有助於降低壓力和身體疼痛。

幽默似乎就對心臟疾病有幫助。二〇〇一年刊登於《心臟病學國際期刊》（*International Journal of Cardiology*）的一項研究發現，A型人格特質（具有敵對性、攻擊性和競爭性）跟冠狀動脈心臟病有正相關，但經常笑的習慣則有助於保護這個類型的人免於心臟病的產生。這項研究以問卷方式訪問三百名心臟病患者，評量他們在幽默和敵對等項目的反應。比起一般健康的人，心臟病患者通常比較難對日常生活事件一笑置之。這項重要的研究雖然簡單，卻很明確。

你可以刻意培養幽默感。這是一種「好玩」的自我訓練，而且有助於讓生活變得輕鬆。這一系列的練習是由佛羅里達州「莫頓布藍特慕斯醫院喜劇服務」（Morton Plant Mease Comedy Connection）創辦人葛柏森（Leslie Gibson）所發明：

觀賞娛樂節目。這個做法雖然看似太簡單，但確實有效。去看一些會讓你和你愛的人大笑的電影或DVD吧。

用比較輕鬆的眼光看待自己和他人的處境。問自己或你想幫助的人：「換成是小朋友，會怎麼看待這件事？」或「你最喜歡的諧星會怎麼讓這個情況顯得好笑？」回想你曾經歷過，但現在已經能平靜接受甚至拿來開玩笑的艱難時刻，就能因此明白你或另一個人正在經歷的這個時刻，可能也會有轉機。不論是任何事件，都可以重新定義為不那麼嚴肅或沉重的事。對生命抱著如孩子般異想天開的觀點，可以讓我們保持年輕、快樂，有彈性。

寫幽默記事本。寫下讓你大笑的事。一旦感覺壓力很大，就翻翻你的幽默筆記本。

讓屋裡隨處可見幽默的座右銘。例如：「新近的研究顯示，人生的頭五分鐘相當危險。不過最後五分鐘也不怎麼好過。」把你最喜歡的漫畫和笑話集中在一個抽屜裡，在難過的時候拿出來瀏覽。

第二課：用笑振奮人，而非傷人

幽默可以令人振奮，也可以帶來破壞。研究結果顯示，善意地使用幽默感，與一個人的心理健康和身心幸福感有正相關。而傷人、有害的幽默感，即使目的是要振奮自己或促進彼此關係，卻經常會導致自我價值低落和心理功能不良。

「真正開心的笑是健康的表徵，」心理學家史蒂芬・威爾森（Steve Wilson）說。他在首次主持的幽默工作坊中說，健康的笑有四種特質：

1.健康的笑溫暖且有感染力，而不是冷嘲熱諷或皮笑肉不笑。這種笑聲感染力之強，會讓你忍不住想加入，即使你根本不知道什麼事這麼好笑。

2.健康的笑總是出於善意，即使你是不得不笑的。

3.健康的笑不會犧牲任何人，也不會嘲笑或奚落任何人。

4.先有一段預期和壓抑的累積，才能爆發成健康的笑。

史蒂芬・威爾森回憶道：「有一次我到俄亥俄州一間癌症中心演講，那時我剛發現自己對幽默感的療癒能力很有興趣。我帶了一箱玩具和吹泡泡的肥皂水，還有寫著笑話的提示卡。房間裡的三十五個人全都是癌症患者，面對這些病重的人，我不禁開始擔心自己有的不過是玩具和笑話。但是接下來，一個男人自我介紹，他說：『我叫萊斯特，我真的很不爽！他們說我只剩半年可活，所以我就把冬天的外套全送人了，可是那已經是一年前的事！』全部的人大笑起來，我把這件事當成放手去做的徵兆，開始把帶來的玩具傳下去，說起笑話，解釋為什麼笑有助於療癒。沒多久，有人敲門，一個女人探進頭來說：『我在隔壁主持一個支持團體，我們聽到這裡一直傳出笑聲，所以我們想加入你們。』這真是一大啟發。我在那一刻領悟了歡笑就是我的使命。從此歡笑與幽默占據了我全部的工作與生活。我開始告訴別人：『不要把開心延後！』而這讓我有了『開心專家』的稱號。」

史蒂芬・威爾森引述兩句著名的老生常談說：「你絕對不會笑到死，卻可能嚴肅得『要命』。」他在一九九八年認識卡塔利亞（Madan Kataria）博士，其所帶領的歡笑工作坊在印度異常受到歡迎。史蒂芬・威爾森回憶說：「我們兩個在一起就笑個不停。我們安排了一個演講行程，一起巡迴十四個城市，一天二十四小時都在為他人帶來歡笑。」史蒂芬・威爾森從那時候開始發展出一個歡笑訓練工作坊，「讓大家在兩天內學會幽默的心理學、笑的生理學，以及如何一起創造歡笑。」史蒂芬・威爾森還自創一個「好心情生活」的概念，包含六個創造健康歡笑的步驟：讚美他人、保持彈性、保持感激的心態、主動對人表示善意、原諒他人，以及吃巧克力也送人巧克力（或其他令人開心的東西）。「這些簡單的做法，就能幫助我們變得更開放，帶領我們走向歡笑。」

第三課：用歡笑建立橋樑

在威斯康辛州密爾瓦基市擔任職業小丑的湯普森（Korey Thompson）說：「幽默是當你與另一個人建立連結時，最基本的表現。」過去三十年來，湯普森經常在醫院裡扮演小丑，尤其是為阿茲海默症患者表演。「當你與一個人情感互通時，你一定會忍不住笑起來。有一次我只是對一個失智症的病人張開雙手，想像掌心有最柔軟、最溫柔的愛，她就看著我微笑了。我認為這就是幽默的精髓。你伸出手，另一個人也伸出手，而你們都微笑起來。這就對了。」

湯普森說，光是穿起小丑裝，就是一個幽默的舉動。「當一個小丑，你會用完全不同的方式去感受他人的存在。穿著小丑裝出現在別人面前，這件事就已經夠好笑了。」

事實上，根據普洛文的研究，關於笑這件事最令人驚訝的一點是，**笑其實非常普遍而頻繁**。在日常生活中最常見的笑，是在社交環境下的一種反應，例如，微笑說「我先走了，」或「嗨，最近還好吧？」普洛文曾在購物中心等公共場合觀察發現，笑之所以如此滲透日常生活，是因為我們要仰賴笑來建立與他人的溫暖交流。在日常生活中，只有十五％的笑聲發生在聽到笑話之後。我們經常會在面對他人的幽默和笑話時微笑或輕笑，藉此調整和評量彼此的社交關係。所以笑確實是一種人際療癒的方式。笑與幽默會擴大我們的情感連結與愛的網絡。

笑對於促進與他人連結有極大的效果。賴斯奇（Sara Leskey）曾在美國最大馬戲團「玲玲馬戲團」（Ringling Brothers and Barnum & Bailey Circus）擔任小丑，後來就讀凱斯西儲大學醫學院，她說：「我無法用講笑話拯救人的性命，但是當我與大家一起笑時，那感覺真是愉快，在那一瞬間，我們彼此感到連結。在馬戲團裡，觀眾大笑的時候，我所得到的連結感，跟我在急診室裡與某個病人產生的連結感，完全一樣。」對賴斯奇和所有人而言，笑都是促進合一的好方法。

笑是一種獨樂樂不如眾樂樂的活動。「國際歡笑瑜伽俱樂部」（Laughter Yoga International）總裁詹吉（Sebastien Gendry）說：「我每週都要到歡笑俱樂部一趟，去笑個痛快。」他相信笑可以幫助我們「避開恐懼、憂鬱、哀傷和焦慮。笑讓我們接觸到內在的圓滿，又提供一個簡單但有力的方式以宣洩緊張和壓力。在歡笑俱樂部，觀眾愈多，力量就愈強。如果有十五或二十個人，總會有幾個人比較不壓抑，比較容易笑出來。而當一個人開始笑，就會像野火燎原，所有人很快地都會笑起來。」詹吉說，歡笑瑜伽強調的是，快樂不是一種成就，而是一種生活方式。「你不需要有特定的理由才能大笑，所以你現在就可以決定要在生活中創造歡樂。」

笑是有感染性的。這再度顯示笑基本上就是建立群體連結的一種方式。普洛文說：「我們都體驗過一笑就停不下來的狂笑或大笑，在這種情況下，我們會笑，經常是因為別人也在笑。笑跟說話一樣，也是與人溝通的一種方式。是你在對別人傳送一個訊息：『這是一個遊戲。我不會攻擊或傷害你。』」

普洛文也指出，我們在社交場合中笑的次數，比獨處的時候多了三十倍，而在日常談話中，說話的人笑的次數也比聽的人多了五〇%。二〇〇一年刊登於《普通心理學期刊》（*Journal of General Psychology*）上的一篇研究，證實了笑所具有的社會本質。在看好笑的影片時，如果有他人在場，人們會比單獨觀看時笑得更多。即使是罐頭笑聲，也會讓人更容易發笑。

普洛文相信笑是健康人際關係的象徵，我們笑的時候，大多是在家人朋友面前，因此笑對健康的益處可能是來自於愉快的人際連結。「或許追根究柢，笑其實是顯示我們生活順利的指標，」普洛文說。笑無可避免地會增強和維繫正面的關係。

要藉由幽默與他人建立連結，方法之一就是先明白自己的幽默方式。康貝爾（Sandra Jones Campbell）護士認為，每個人都會有比較偏好的幽默方式，而盡量採取我們覺得自在的方式，會有最好的結果。以下簡單的問題可以幫助你釐清自己的幽默方式。自問你是：

觀看者？你喜歡在人群中或觀眾中觀察或大笑嗎？如果是，那麼你可以跟他人分享電視上、電影上，或舞台上的喜劇，藉此與他人交流情感。

比較重視視覺感受的人？你會對卡通、漫畫、玩具、搞笑、鬧劇、小丑、默劇、好笑的衣著、好笑的小東西和搞怪服裝特別感興趣嗎？如果是，也許你會喜歡義務扮演小丑、用電子郵件寄漫畫給朋友，或送朋友好玩的玩具。

參與者？你希望有所行動，或是喜歡說好笑的故事、笑話和奇人軼事嗎？如果是，在跟他人建立連結時，你可以扮演說書人的角色。

另一個與人聯絡感情的方法是跟親近的人一起大笑。二〇〇四年馬奇（Carl D. Marci）與同事刊登於《神經與心理疾病期刊》（*Journal of Nervous and Mental Disease*）的一項研究發現，當病人和治療師一起笑時，雙方的皮膚導電係數都會急遽升高。他們在結論中認為，笑能創造一種舒適安全的感覺，進而增強人與人之間的親近感。

最後，根據華盛頓大學心理學家高特曼（John Gottman）的研究顯示，分享歡笑和幽默，是維持成功而長久的婚姻的一項關鍵要素。高特曼最知名的研究就是用攝影機錄下夫妻的互動，深入分析錄影內容後，足以讓他與同事非常準確地預測三年後這對夫妻是否還會在一起。結果證明，明顯的衝突或沒有衝突，並不是婚姻關係健康與否的重要因素，重要的是夫妻能否藉由對話、歡笑和情感連結，來面對彼此的問題。高特曼認為，婚姻一開始就出現的衝突和歧異通常會持續存在，但是真正重要的不是彼此觀點的不同，而是夫妻能否學習用正面情緒的技巧，例如幽默與溫和的揶揄等來降低衝突，讓婚姻的魔力保持不變。

你可以利用以下這些方法，來跟所愛的人分享幽默：

開始創造屬於自己的幽默生活。跟朋友、家人或你生命中其他重要的人，一起討論和寫下在度假特殊聚會或平常生活中發生過最好笑的事。

溫和地搔癢。利用普洛文所說的「最有效、古老、而備受爭議的笑聲刺激法」，那就是搔癢。「搔癢是最適合用在小孩子、親近的家人、朋友和愛人身上的一種身體遊戲，」普洛文說，「但絕對不適用於陌生人。」當然，一定要確定搔癢方式很溫和，而且你和對方都願意玩這樣的遊戲。

第四課：欣賞荒謬

物理學家費曼是全世界最幽默的人之一。他對宇宙萬物的深刻欣賞，來自於能以幽默的態度看待荒謬與神奇的事物。他的幽默更造就出驚人的創造力。費曼的論文指導教授寫道：「討論轉變成笑聲，笑聲轉變成笑話，而笑話轉變成想法。」這樣的幽默屬於更遼闊的喜悅與欣賞。費曼曾如此描述歡笑與宇宙之美的關聯：「思索宇宙是一場偉大的冒險。把生命視為最深刻的宇宙奧祕的一部分，會令人經驗到一種罕有的興奮感。當你試圖探索生命的奧祕卻仍無法解開時，光是這樣的探索、了解生命和地球的起源、對生命奧祕的好奇，就會令人不禁開心起來……世界真是美好！」

我們可以感受到費曼對宇宙、甚至對人類在宇宙中看似荒謬的存在，感到多麼強烈的欣喜。

以下幾個方法有助於你培養對荒謬的欣賞：

讓身邊充滿視覺幽默。買一些好笑的漫畫書、在手邊放一些好笑的照片，或儲存一些有趣的句子當作電腦的背景或螢幕保護程式等等。

回頭去看童年的小玩意。把小時候最喜歡或會讓你發笑的那種玩具，例如怪物或小矮人的玩偶放在書桌上。或者買一些會讓你微笑的新玩具。穿戴一些愚蠢的東西，例如兔子耳朵，享受其他人的笑聲。

第五課：在更高處找到希望

若說希望是對可能性懷抱熱情，幽默則是給予他人希望的愉快方式。我們在第五章提過加州洪堡大學的歐利納對猶太大屠殺生還者所做的研究，他在研究中發現幽默是「面對」的一部分。懂得利用幽默做為因應機制的人能夠專注在問題本身，而不會太情緒化，而且他們對自我施加的壓力也較低。幽默似乎確實是人類生存所不可或缺的，不論你當下希望的結果是微不足道或極為重大，幽默都會帶我們到更高的地方。

羅森（David H. Rosen）在德州農工大學（Texas A&M University）教授心理學、醫學人文與精神醫學。他認為，不論處境如何，幽默都可以幫助我們走向希望。羅森在二〇〇三年刊登於《國際幽默研究期刊》（*International Journal of Humor Research*）的一篇研究中指出，喜劇片有助於提升人的希望。實驗中共邀請一百八十個年齡從十八歲到四十二歲的受試者觀看一齣十五分鐘的喜劇片。受試者分別在觀看影片前後做「史奈德希望量表」（Snyder Hope Scale）。結果，有觀看喜劇片的受試者感受到的希望遠高於沒有看的人，而這種充滿希望的感覺也降低了受試者近期內感受到的壓力強度。

在一九九三年一項研究中，研究者哈斯（Kay Hearth）發現九四％的「高希望者」，認為輕鬆的心情是應付生活難題時很重要的元素。而在最近的一項經典研究中，史丹佛大學的寇比和達曼對二十三名高度利他的個人進行深度訪談，結果發現強烈的幽默感是他們能夠成功幫助他人的一項關鍵。如達曼和寇比所發現，成功的助人者有充分的幽默感，能「幫助他人從失望、氣餒和挫敗中再度站起來」。儘管這些助人者的目的是嚴肅的，但他們都有一些奇思妙想，可以讓他們在冒著很大的風險或面對危險時，仍懷抱希望。

你看過有人一邊大笑，一邊看錶嗎？當然不可能。幽默讓我們從時間中解脫，在歡笑的瞬間，我們經驗到了永恆。在佛教傳統裡，頓悟的當下經常伴隨著大笑。在佛經的描述中，佛陀經常在笑。河濱教堂（Riverside Church）偉大的新教傳教者福斯迪克（Harry Emerson Fosdick）在《完人的模範》（*Manhood of the Master*）中這樣描述耶穌：「祂從來不會像蘇格拉底那樣戲謔，但祂經常讓快樂的微風在深刻力量的表面掀起漣漪。」

培養幽默，讓幽默散發的光輝幫助他人的生命變得輕盈。即使是最短暫的笑也能提醒我們，不論何時何地，我們都能挖掘自己心靈中的金礦。

在家裡放一個開心罐。在罐子裡裝滿寫下幽默字句的紙條，在別人需要鼓勵時，跟他們分享。

著眼於大局。不要把人生定位成一齣悲劇，而當成一齣浪漫喜劇。找尋每種狀況中必然存在的幽默，從人際關係到職場事業皆然。如果你或你愛的人感到焦慮或擔憂，請以搞笑方式誇大最糟的結果。誇大是幽默的要素，誇大也能幫助我們領悟不論眼前發生什麼事，可能都沒有那麼糟，甚至有點好笑。

嘲笑人生。幽默會提醒我們，人生其實沒那麼糟，而讓我們振奮起來。

你的幽默量表

現在我們要邀請你回答「愛與長壽量表」中有關幽默的部分。計算分數有兩個步驟。首先，請你確定哪些題目必須「相反計分」（以Ⓡ符號標示）。對於相反計分的題目，請按照以下表格計分：

	請把該題目的分數計算為
1	6
2	5
3	4
4	3
5	2
6	1

第二步驟是在你計算「相反計分題目」的分數之後，再把每項題目的分數加總起來。現在請開始做這份量表。你也可以在看完本書，讓生活方式變得比較輕鬆之後，再重新測量一次。

請在以下的量表中，按照你認為每句話符合個人特質或經驗的程度，圈出適當的分數。**這裡並沒有所謂的正確答案，所以請盡可能誠實地回答每一題。**

1. 我很擅長在家人需要放鬆時，逗他們大笑。

1 非常不同意；2 不同意；3 有點不同意；4 有點同意；5 同意；6 非常同意

2. 我會利用幽默感讓家人有新的觀點和希望。

1 非常不同意；2 不同意；3 有點不同意；4 有點同意；5 同意；6 非常同意

3. 我會努力利用幽默，幫助家人應付生命中的問題。

1 非常不同意；2 不同意；3 有點不同意；4 有點同意；5 同意；6 非常同意

4. 我不會利用幽默幫助家人變得比較樂觀。 Ⓡ

1 非常不同意；2 不同意；3 有點不同意；4 有點同意；5 同意；6 非常同意

5. 當我與家人在一起時，不會有什麼事讓我覺得值得大笑。 Ⓡ

1 非常不同意；2 不同意；3 有點不同意；4 有點同意；5 同意；6 非常同意

6. 我會利用幽默帶給朋友新的觀點和希望。

1 非常不同意；2 不同意；3 有點不同意；4 有點同意；5 同意；6 非常同意

7. 我覺得跟朋友在一起時，找一些事大笑一場是很健康的。

1 非常不同意；2 不同意；3 有點不同意；4 有點同意；5 同意；6 非常同意

8. 跟朋友分享好笑的經驗會讓人振奮。
1 非常不同意；2 不同意；3 有點不同意；4 有點同意；5 同意；6 非常同意

9. 當朋友承受很大的壓力時，我不會試著逗他們笑。Ⓡ
1 非常不同意；2 不同意；3 有點不同意；4 有點同意；5 同意；6 非常同意

10. 告訴朋友愉快的故事，不是我擅長或有興趣做的事。Ⓡ
1 非常不同意；2 不同意；3 有點不同意；4 有點同意；5 同意；6 非常同意

11. 我很擅長在鄰居或同事需要放鬆時，逗他們笑。
1 非常不同意；2 不同意；3 有點不同意；4 有點同意；5 同意；6 非常同意

12. 我會努力利用幽默幫助同事或鄰居應付生命中的問題。
1 非常不同意；2 不同意；3 有點不同意；4 有點同意；5 同意；6 非常同意

13. 在職場上和社區裡跟人分享愉快的故事，會讓人振奮。
1 非常不同意；2 不同意；3 有點不同意；4 有點同意；5 同意；6 非常同意

14. 我不會在鄰居或同事承受很大的壓力時，嘗試逗他們笑。Ⓡ
1 非常不同意；2 不同意；3 有點不同意；4 有點同意；5 同意；6 非常同意

15. 我不會在職場上或鄰里中，利用幽默幫助別人樂觀。Ⓡ
1 非常不同意；2 不同意；3 有點不同意；4 有點同意；5 同意；6 非常同意

你的得分：

- 高度付出者（80%）：107 分以上
- 經常付出者（60%）：100-106 分
- 中度付出者（40%）：95-99 分
- 低度付出者（20%）：84-94 分

16. 我會利用幽默帶給別人新的觀點和希望。
1 非常不同意；2 不同意；3 有點不同意；4 有點同意；5 同意；6 非常同意

17. 我經常會用幽默或好笑的故事化解僵局，或增進融洽氣氛。
1 非常不同意；2 不同意；3 有點不同意；4 有點同意；5 同意；6 非常同意

18. 我面對新的朋友時，總是面帶微笑。
1 非常不同意；2 不同意；3 有點不同意；4 有點同意；5 同意；6 非常同意

19. 在試圖表達意見或激勵別人時，我不喜歡利用幽默的方式。Ⓡ
1 非常不同意；2 不同意；3 有點不同意；4 有點同意；5 同意；6 非常同意

20. 在陌生人身邊時，我不會覺得有什麼事值得笑。Ⓡ
1 非常不同意；2 不同意；3 有點不同意；4 有點同意；5 同意；6 非常同意

第八章

尊重之道：看得更深，找到價值

九十歲的克里夫蘭神經科醫師佛雷（Joe Foley）回憶諾曼地登陸戰：「我們進入敵軍火線時手無寸鐵，只背著背包。」當時他二十八歲，在搶灘大隊中擔任主任醫官。六月六日早上六點四十分，他從一艘小艇一腳踩進近一公尺深的水中，機關槍砲聲在他四周炸開。幾分鐘內佛雷和他的八個手下已經設好急救站，插上旗幟，而且「傷患在一小時內就開始送進來」。佛雷找到一台推土機，在堤防下挖了一個巨大的洞，成為他們接下來一個月內固定的急救站。

「我之所以撐得過來，一大半是因為我必須忠於跟我在一起的醫師，」他回憶說。「你珍惜他們對你的尊敬，因為他們是夥伴。我必須盡一切力量讓那些與我一起工作的人有信心。在這樣的灘頭堡中，你根本算不清楚多少人有身體上和心理上的創傷，但是我覺得這裡的每一個人都非常重要。我對每一個人都有感情。」

其中一些美國大兵，即使是到了生命盡頭，仍顯現了難以置信的勇氣和幽默感。佛雷回憶起跟他一起受訓、一起開玩笑的一個步兵團班長。「我向他保證步兵團全都是心理有問題的人，他則說他確定海軍在陸地上一無是處。我們分享過很多幽默的玩笑話。我在海灘上第三個小時，他就被抬進救護站，頸動脈有一個很大的傷口，肝臟也破了一個大洞。他說：『我活得了嗎？』我說：『我真希望我能說可以，但你可能撐不過。』他對我咧嘴笑說：『我需要真正的醫生時，卻碰到你這個蒙古大夫，算我運氣不好。』他死的時候臉上還帶著那抹笑。」

愛的根本，就從尊重開始

佛雷出生於波士頓一個貧困的愛爾蘭移民家庭，最後進入哈佛大學，後來到凱斯西儲大學擔任神經學系主任。他的愛徒之一柯貝特（James Corbett）是密西西比大學神經學系系主任。柯貝特說：「我記得有一次，一位婦人來急診室說她有劇烈的頭痛，但是我們查不出她有神經方面的疾病。同事們都認為她是瘋子，決定送她去精神科就診。在等待轉診時，她卻死了。原來她有腦瘤，而且正在腫大及剝離。不久之後，我們做病例總檢討。我們所有人，包括內科醫師、心理師和神經醫生，都很懊悔難過地說，『是我們的錯，沒注意到腦瘤，』但此時佛雷站起來說：『發生在這位婦人身上的事，最大的遺憾不是她有腦瘤，因為腦瘤終究會讓她死亡。最大的遺憾是她被當成瘋子。她死前沒有人安慰她，沒有人對她表現出真正的關心或尊重。這是我們必須從這件事中學到的教訓。』我永遠忘不了這件事。我很敬愛他，也努力仿效他。我的辦公室隨時都開著門，因為他也都是如此。」

我在凱斯西儲大學的一切也拜佛雷所賜。我去應徵工作時，他是負責面試的委員會成員。我還記得我們坐在醫院精神科病房樓層的大廳裡，一張柔軟而有裂痕的紅色長椅上，天南地北從安樂死、阿茲海默症到猶太大屠殺中的醫生等，談了許多議題。在與佛雷見面之後，我就知道如果得到這份工作，我一定會接受。當我在一九八八年搬到克里夫蘭時，佛雷盡其所能地幫助我，介紹我認識城裡所有對老人失智症略有所知的人。一天早上在門診時，佛雷對我說：「你必須叫他們的名字，並且預期他們會有反應！或許他們不會有反應，但你要預期會有，因為他們有可能回應。不論失智情況有多嚴重，他們都應該有自己的名字，也應該被人用名字稱呼。此外，要直接對他們講話，尤其要彎腰跟他們有眼神接觸。有時候，他們腦中的東西比你想像得多很多。」佛雷對所有人一視同仁的道德感真的是我最好的榜樣。

一九九六年八月一個早晨，我們一起開車去俄亥俄州的佛農山（Mount Vernon），那裡有全美國最大的智能障礙者收容機構。我們一進去，到處都是大小便失禁、無法言語、肢體變形的病人，那情景真是一團混亂。突然間，一個衣衫不整、滿頭亂髮的男人站起來說：「嗨！佛雷醫生！」然後，整個房間大約二十個人中有將近一半的人都浮起滿臉微笑，齊聲喊：「佛雷醫生，佛雷醫生！」佛雷一一握住他們的手，跟每個人緩慢而慈愛地交談，在我們即將離去時，原本的混亂已經變成一片寧靜。

我從佛雷身上學到許多事，但最持久的一課便是所有愛的基礎，都是尊重。

階級不可避免，尊重能改變一切

尊重是愛的守護者。尊重的精髓就是接納，就像基督教哲學家歐特佳（Gene Outka）所說，把別人視為「具有不能減損的價值」。英文中「尊重」（respect）這個字的字根是拉丁文中「respectare」，意思是「再看一次」。這令人想到尊重本質的一個美好意象。尊重就是要我們再看一遍，超越第一印象和不自覺的偏見，而能深刻地凝視，以了解另一個人的歷史、掙扎、生命旅程和人生觀點。缺少了尊重，即使最真誠的愛也會變成壓迫，強制把你愛的人變成你自己，或是改造他們。所以尊重的方式就是自由，讓自己和他人自由（但我必須在此提出警告，希望讀者在閱讀這一章時謹記：尊重絕不代表接納他人實際上邪惡或有害的信念或行為）。

從階級而來的尊重與健康息息相關，一個人的地位很重要，不但決定一個人如何看待自己，也決定了他人如何對待他。階級與壓力荷爾蒙及疾病有直接相關。你的薪水多高、資歷多深，以及你在職場和社區中相對於其他人的地位等，都是件重要的事。

一個人罹患各種心血管疾病、糖尿病、感染，甚至癌症的風險，都跟社會階級有關，而且這不只跟財富多寡或是否能獲得好的醫療有關。重點在於你的地位，以及隨之而來的尊重。一個人的階級會影響健康，即便是在每個人都有錢有勢的上層階級也一樣。在統計上，住在市郊優良社區好房子的中級主管，會比他的上司有較高的罹病風險。根據瑞士經濟學家、也是利他主義研究專家的蘇黎世大學教授費爾（Ernst Fehr）的說法，這叫作「相對階級」。英國經濟學家、華威克大學（Warwick University）的奧斯華（Andrew Oswald）也同意：「我們的一部分心理驅力來自對階級的關切，但是不論在任何社會裡，較高的地位總是有限的。例如薪資永遠都是相對的。我這輩子都與大學教職員相處，我發現同事對於別人賺多少錢，有難以置信的好奇心。你的地位高或低，端看你隸屬何種層級。」

這項重要洞見的基石是至今仍廣受討論與運用的「白廳調查」（Whitehall Study），這是一九六〇年代後期針對英國公務員進行的一項知名研究，由「國際健康與社會中心」（International Center for Health and Society）主任馬莫特（Michael Marmot）博士主持，在超過十年以上的時間內，追蹤了一萬七千名以上英國男性公務員的死亡率。研究結果讓馬莫特聲名大噪。

馬莫特與同事分析資料後，對結果非常震驚。因為資料顯示，隨著男性公務員的職等逐漸升高，他們的死亡率也穩定並一致地降低。研究中每個男性都可以獲得同樣的醫療照護，但職等最低者，死亡率是最高者的三倍，這樣的關聯性甚至在他們退休或進入八十幾歲時，都還繼續存在。

馬莫特在結論中認為，影響我們的荷爾蒙、免疫系統和致病率，可能是造成這種現象的潛在因素。社會地位愈低，你就會感受到愈多壓力：他人會對你比較不尊重，你也比較無法控制自己的生活。馬莫特和同事在一九八五年開始另一項同樣大規模的研究，這次研究對象包含了男性和女性。他們還加入問卷調查，以了解這些公務員認為自己在工作上有多少掌控權。結果研究者發現，造成死亡率增加的因素當中，至少一半來自於缺乏掌控感。二〇〇四年刊登在《新英格蘭醫學期刊》（*New England Journal of Medicine*）的一篇研究更使用了一個簡單直率的標題：「階級：一個影響全國人民健康卻被忽略的因子」。即使是排除了不健康的生活方式與飲食等因素，窮人還是比較可能早死。在匹茲堡卡內基美隆大學的心理學家柯翰（Sheldon Cohen）所做的另一項研究中，他請受試者評量自己在社群中所處的相對地位，然後讓他們暴露於呼吸道感染病毒中，結果評量自己地位較低的人比較容易得到感冒。

不論是因為種族或地位而受到社會排斥，會對一個人的健康有強烈的負面影響，而受到基於尊重的社會信任，則會增進健康。哈佛社會與健康研究中心主任河內一郎（Ichiro Kawachi）博士經由研究證實，贊同「大多數人只要有機會，就會設法占你便宜」這句話的人，有較高死亡率。相反地，有較高「社會信任」的人則比較容易與他人建立連結，也比較容易給予和得到協助，因而感受到較低的壓力。河內一郎說：「在政治學和社會學上有所謂的『社會資本』，意思是一個人能獲得的資源。擁有社會資本，不但能幫助人找到工作、處理個人危機，研究還證明它有益個人健康。」

所謂的社會地位非常複雜，而且包含諸多面向，諸如性別、種族、年齡收入、教育和職業地位，以及其他較難衡量的特質，例如社會網絡、文化取向、社群力量等；甚至可能包括一個人的童年經驗，因為這會影響我們如何詮釋人生的重要事件。在人生早期受到的虐待、忽視或壓力，都可能改變大腦和身體對壓力的反應，讓諸如可體松等壓力荷爾蒙的分泌在我們面對困難和挑戰時大幅增加。

哈佛大學生理學家魯可斯（Erik Louks）與同儕長時間追蹤數十萬人，蒐集膽固醇指數、血壓、身體質量、血液中的發炎指數等資料，並詢問人們各式各樣的問題，包括學歷、父母的學歷，以及人際關係等，研究結果發現有強烈證據證實，較低的社經地位跟憂鬱有正相關，而憂鬱本身就是導致疾病的風險因子。

其實我們可以從動物身上了解壓力與階級如何影響荷爾蒙分泌。居於從屬地位的動物在感受壓力時，荷爾蒙的分泌會大幅變化。這個領域的重要先驅之一是紐約洛克斐勒大學的麥克艾文（Bruce McEwen），他首創「適應負荷」（allostatic load）的概念來衡量壓力。一個人為保持恆定狀態所承受的壓力就是適應負荷。我們可以藉由測量壓力荷爾蒙，了解一個人正在承受多少「適應負荷」。麥克艾文說：「社會支持和合作可能降低適應負荷，而社會衝突和資源競爭則可能大幅增加適應負荷。」

麥克艾文與同事以這個新的概念，研究飼養在一起兩週的雄性和雌性老鼠。這些老鼠之間無可避免地形成階級。居較高地位的老鼠會維持原來的體重，相反地，地位低下的老鼠的體重會急速並持續下降，牠們的胰島素和血中葡萄糖濃度都會大幅降低。地位低下的雄性老鼠的睪丸激素也會降低。整體而言，這顯示居於低下地位是一項嚴重的壓力。其他研究也顯示，至少對動物而言，當食物稀少而競爭激烈時，低社會地位會帶來最大的壓力。當食物供應豐富時，則所有動物的壓力都會降低。此外，生物學家薩柏斯基（Robert Sapolsky）研究生活在熱帶草原的狒狒後，發現居統治地位的雄性，其體內的壓力荷爾蒙（和適應負荷）會比居從屬地位的雄性低，這是因為牠們很少受到從屬者的挑戰之故。

這項研究最後要傳達的重點是什麼？或許還有許多有待學習的地方，但我相信最重要的訊息是：

階級在昆蟲、動物和人類世界中都是不可避免的。階級幾乎可說是演化產生的自然結果。從散播花粉的蜜蜂，到切開主動脈的心臟胸腔外科醫師，所有的生物都會專精於特定的任務。

階級地位很重要。社會地位和健康之間的深刻關係，顯示了我們在同儕中的地位（多少影響了同儕對我們的尊重程度），是非常重要的。

尊重在艱困時刻顯得更為重要。麥克艾文認為，居於低下地位者的壓力「可能主要取決於他們要承受多少較高地位者帶來的生理或心理威脅而定。」即使是居於較高地位者，如果必須面對抗爭或衝突才能維持這項地位，也可能要承受很大的壓力。

習慣尊重能夠減輕壓力。尊重別人也尊重自己，會減輕我們的整體壓力。我們無法消除階級，也無法消除我們對地位的渴望，而且所有人都會遇到艱困的時刻。所以讓我們試著把對自己和他人的尊重，跟這些無可避免的因素隔離。人生中最有療傷效果的一項行為就是珍視並尊重自己和他人。一開始就尊重，不要到最後才這麼做。

關於尊重的五堂課

本章中，我們會檢視尊重包含的四個元素：

寬容。寬容是最根本、最普通的一種尊重方式。依據天生個性和外在環境的不同，寬容可能是自然產生，也可能是一種有意識的理性選擇。寬容的基礎是謙遜，因為當我們用自己的觀點和經驗去斷定何謂應有的規範與理想時，就不可能寬容了。事實是，我們確實會偏袒自己的經驗和偏好，而且通常是不自覺的。所以寬容經常是一種必要、有意識而理性的選擇。無限大愛研究中心在二〇〇四年十月舉辦了一場討論正義與寬容的會議，波士頓大學心理學家賽利曼（Adam Seligman）在會中發表了長達二十年的研究。賽利曼在一九九八年創立了「寬容計畫」（Toleration Project），來研究各種不同宗教裡有關寬容與多元主義的真義。他發現人類為達到寬容實際上能做到與相信的事情，是不分教派的，不論他們戴著猶太教的大衛之星或佛教徒的念珠手環，也不論他們掛著玫瑰念珠和十字架，或帶著《可蘭經》的禱告冊子。他的發現舉世皆然，我會在第一課中詳加討論。

禮貌。以偉大的善意做微小的事，是禮貌行為的本質。從政治圈到演藝圈，我們似乎都失去了在公眾生活中對禮貌的重視。狗仔隊如狙擊手拿著槍枝一般，用長鏡頭捕捉名人在自己家裡裸體的樣子；政治人物利用對手的私人醜聞互相中傷；孩子在學校操場上彼此挑釁叫囂；陌生人你推我擠，以便搶到隊伍最前面，或任由門關上，而不是幫後面的人開著門。即使是片刻的粗魯，也隱含著汙辱，讓不禮貌的行為不斷侵蝕我們的生活。禮貌的行為是愛的一種表現，也是我們可以培養的一種愛的方式。

接納。寬容和禮貌都是理性的選擇，但接納是更深一層地擁抱另一個人，其中包含了親密與專注傾聽（這本身就是一種愛的方式）。當我們接納時，我們肯定了另一個人的偏好與經驗是有意義的，甚至願意讓對方的價值觀和慾望引導我們。醫生對病人予以充分告知並徵求同意的行為，是展現接納的偉大舉動，雖然做來不易。我是任教於醫學院的生物倫理學家，多年來一直近距離觀察這個主題。病人會希望獲得傾聽並參與醫療決定，自己選擇如何生活或死去，而他們也有此權利。我會在本章稍後探討這項議題的科學面與現實面。

崇敬。崇敬是尊重最進化的顯現，是對另一個人的存在感到敬畏或驚異的狀態。我所指的崇敬不是崇拜，而是深刻且平等地尊敬另一個人的獨特性，是一種本能而自然的尊敬。有時候我們可能會看著我們重視的某個人，而對他們的存在與人生感到一種神聖的驚喜。自然主義者愛德華・威爾森（Edward Osborne Wilson）的字句便捕捉到崇敬的真義：「開在牆縫中的花朵，亦是奇蹟。」

猶太神祕主義者布柏（Martin Buber）也用他發明的：「我—你」（I-thou）這個詞，表達人與人真實的關係，同樣優美地表現了崇敬的意義。崇敬也是靜默地低頭讚賞另一個人存在的神祕奇蹟。或許正因為崇敬的心理狀態難以形容，所以並沒有得到太多的研究。不過，我會在後面討論到幾項有趣的相關研究。

第一課：寬容是讚頌差異

我們生活在階級中，而這些階級又嵌在更多的階級之中。我很清楚世界上許多人，甚至是美國人當中的一大部分，因為在權力階梯上所占的位置太低，很少受到尊重。「不敬」（dis）這個辭彙之所以在一九九〇年代初期的街頭青少年文化中興起，部分原因也是如此。這些街頭青少年在生活中的各層面都經常遭遇很傷人的不尊重態度，因此「嘿，別對我不敬」的用語其實是在要求尊重。同樣地，他們也要求「別踩在我頭上」（don't get in my face）。

我記得自己是在什麼時候第一次體會到「不敬」的力量。當時女兒艾瑪邀請我去看她同學的表演。這是一齣改編自糖果屋的故事，有關「價值釐清」的短劇。短劇表演完之後，老師問全班同學：「巫婆想要吃掉韓森跟葛娜德，是對的嗎？」我微笑起來，覺得這個問題很好笑，但是坐在教室後面的一個非裔男孩子揮舞雙手，衝口而出：「對啊！所以他們吃掉她的房子，對她不敬！」

艾瑪和我走回家的路上，我想著這個孩子。他住在環境很惡劣的克里夫蘭市中心地區，是因為一個提升教育品質的特別計畫，才轉到艾瑪念的小學就讀。這個小孩的父母似乎從來沒出席過家長會，衣服總是縫縫補補。我突然意識到，對他而言，「別對我不敬」其實是要求尊重的呼喊。這個小男孩最想要的莫過於他人的尊重。

《新的無意識》（*New Unconscious*）作者、耶魯大學心理學家巴爾（Jonathan Bargh）說，情緒會影響我們的感知，而且「沒有任何東西是中性的。我們的頭腦無法沒有分別心，無法不摻入自己的喜惡。」巴爾曾使用毫無意義的英文字測試英文使用者的偏好，發現受試者會覺得「juvalumu」比較好聽，「bargulum」還算好聽，「chakaka」則很不好聽。我們也可能在一瞬間，對某個人產生高興或不高興的反應，甚至可能懷著強烈的情緒，而不明所以。所以當我們了解我們永遠不可能對任何人有中立反應之後，該怎麼辦？

此時，我們就要回到寬容這個概念。我所認識的人當中，最懂得寬容的人，是創立了「寬容計畫」的賽利曼。賽利曼在這世界上飽受戰爭蹂躪的地區進行了很了不起的工作。首先，他與同事在以色列和波士尼亞的宗教學校裡教導孩子寬容。賽利曼認為，許多宗教傳統已經被種族和國家主義的意識形態挾持，但如果我們重新了解古老的經典，就會發現多元主義和寬容是完全可能的。「我們不會宣稱誰是對的、什麼是真理，我們只是說，看看你們自己的宗教傳統以及其中的寬容概念，」賽利曼說。不論是東正教的拉比或方濟會修道院院長，「寬容計畫」都對他們產生了深遠的影響，而賽利曼的獨特方法也證實有效。他說：「在某些計畫中，我們會讓猶太學校學生和回教神學院學生每個月一起上課一次。如果你知道這些學生居住的地方其實只相隔一百三十公里，而且實際上彼此等於正在交戰，就知道這是個簡單但高明的想法。我們為波士尼亞地區撰寫的手冊現在已經被翻譯成保加利亞語、阿爾巴尼亞語和法語。」以色列的學生則會閱讀部分的猶太教律和《可蘭經》，以便加深彼此的了解。「這些教材是由回教徒、猶太教徒和基督教徒一起撰寫，而且他們是在最艱困的狀況下彼此合作。」

賽利曼說：「舉例來說，有一段經文說，非猶太人不是人類。傳授者會內心交戰，『你怎麼在半小時內把這段文字說明給巴勒斯坦的同事聽？這可不是抽象的討論。你要把描述非猶太人不是人類的文字給一個巴勒斯坦人看，而且你才剛跟這個人吃過午餐。』這些老師無可避免要跟這些段落掙扎，而許多人最後都會說：『即使這是上帝的話，我還是不能同意。』於是這個計畫的協調人會引進其他的經文，顯示宗教傳統本身如何處理這項難題。這個過程讓這些人能在自身的傳統中找到寬容，同時拒絕助長不寬容的某些思想。」

賽利曼還說，最近某一年夏天，猶太教徒、回教徒和基督徒齊聚在以色列的岩石聖殿（Dome of the Rock）內，肩並著肩，各自用各自的傳統、語言祈禱。「許多人都哭了，能聽到其他人的聲音真的讓人深受感動。我們不是企圖消弭疆界或認為所有人都一樣。我們只是說，儘管人與人之間有許多差異，而且這些差異無法抹除，我們還是可以生活在一起。」

「寬容計畫」產生了超乎預期的驚人效果。賽利曼說：「阿爾巴尼亞人在三年前開辦了一間圖書館，以促進宗教對話。曾在耶路撒冷參與計畫的波士尼亞人在塞拉耶佛（Sarajevo）也成立了一間類似的中心。許多人帶著促進寬容的新工具，回到自己的家鄉。」賽利曼和同事還進行了另一項傑出的計畫，讓以色列人、土耳其人、法國人與美國人合力重建毀於波士尼亞戰爭中的一座俄羅斯正教教堂和一座清真寺。「他們會發現，即使他們對所有事物，從民主制度到女人的地位，看法截然不同，還是可以並肩工作，重建如此美麗的建築。」

你可以在崇敬自己的價值與傳統時，仍崇敬其他人的價值與傳統。賽利曼說：「我們把尊重和疆界嚴重地混為一談。我們並非只有『消融所有的疆界』或『消除所有的尊重』這兩種選擇。現代的世俗文化經常希望消除人類所有的疆界，說我們全都一樣。但事實是，疆界構成了社會與社區，而我們只需要承認這點。」賽利曼還說，宗教是進入一個神聖傳統的會員資格，是對生命的神祕與挑戰做出回應。宗教是身分認同的一部分，但不是我們的全部。

在同樣重視人道的各種精神信仰組成的這個大家族裡，包含了所有人，從猶太教徒、回教徒、基督徒、佛教徒，到無神論者，以及所有抱持其他觀點的人。「寬容計畫」道出一項我們可以帶進生命中的真理：你與我可以不同，甚至可以截然不同，但仍能互相尊重。所以下一次，當你對別人「不敬」時，即使只是在自己心裡，也請暫停一下，想一想回教徒、猶太教徒和基督徒齊聚一堂，以自己的語言和傳統共同祈禱的情景。其中一些人流著淚，生平第一次明白，這是可能的。想著他們合作重建清真寺和教堂。所以，請從寬容開始，重建你生命中的橋樑。

透過旅行培養寬容。當你旅行到國外時，讓自己完全浸淫在那個文化裡，從食物到時裝到政治。找一天下午，跟朋友或家人旅行到你所在城市的另一個區域，試著發現其他文化的特點，例如在星期天早上跟中國人一起吃港式點心當早餐，或在吉普賽小店詢問每一種藥水可以施展什麼魔法。

尋找差異，促進寬容。結交不同國籍的朋友，試著分享彼此的文化。

學習了解其他文化，練習寬容。觀看其他地區或文化的影片或紀錄片。學習一種新的語言。參加你沒參加過的宗教或文化儀式。讓自己有機會對其他生活方式感到驚奇。

與他人一起加入某個計畫。你可以效法賽利曼的「寬容計畫」，發起一個社區計畫，與那些擁有截然不同宗教信仰、文化背景，或生活方式的人一起建造或修理某個東西。

幫助來自社會各階層的人。每個月花幾個小時從事志願工作，幫助那些有身心殘障或創傷的人。當你協助他們時，也嘗試敞開自己的心靈，看到他們完整的人性。當你這麼做、這麼感覺時，也對自己同樣的寬容。

第二課：嘗試體貼他人

凱薩琳・德洛許（Kathleen DeLoach）五歲時，被帶去醫院看她剛出生的弟弟丹尼爾。她回憶說：「丹尼爾出生時重達六公斤，但其實他有一半的重量來自身上的腫瘤。他有卡波西氏肉瘤、長了蹼的腳，及各式各樣的身體變形。」丹尼爾天生就患有普洛提斯症候群，是一種極罕見的疾病，該疾病最為人所知的例子是「象人」的故事。「我看著他，然後轉向父母說：『他好可愛！』我看不出來他有任何不同。我只是能看到比那些腫瘤更重要的東西，而這可以總結我這一生對他的想法。他一直都是我最可愛的小弟弟。」

十八歲的丹尼爾已經接受過九十次手術。但是對他而言，最痛苦的可能是別人對他的欠缺尊重與體貼。凱薩琳說：「丹尼爾很懂得如何與人互動，所以別人了解他之後，就可以超越外表的差異。但是每次我們去度假時，就會很難受。總有人會盯著他看、嘲弄他。有一次，一個十二歲的傢伙說：『你看那個小孩多醜！』他的女朋友則大笑著說：『你好壞！』我母親總是會說：『告訴他們說你沒問題，這就是上帝造你的樣子。』

有時候他會大吼：『快來照相啊！』這真的讓我心碎。」

凱薩琳與弟弟相處的點點滴滴，影響了她這一生，也塑造出她體貼別人的習性。因為丹尼爾的關係，凱薩琳在生物倫理學領域念到碩士，還自費出版了一本關於弟弟的書。她與母親長期幫一個普洛提斯症候群基金會募款，還加入了一個名為「尊重行動」（Operation Respect）的組織。「他們發展出一個名為『不要嘲笑我』的計畫，利用歌曲的感染力減少校園中欺侮弱小的行為。我對別人的尊重來自於我對弟弟的愛，他的經驗讓我領悟到每個人都有自己的混亂與傷口，光是這點，他們就應該獲得尊重。還有一次，我在一間咖啡廳裡看到一個女人哭得喘不過氣來，但所有人都視而不見，就這樣從她身邊走過去。你知道，沉默就足以表示一個人欠缺體貼，被忽視可能比冷言冷語更傷人。我走到她身邊說：『我不知道發生了什麼事，無論如何，我相信你一定會好起來的。』結果她向我說出關於她前夫、治療師及孩子的一切。用最簡單的方式表現出對每個人的愛與尊重，其實是人生中最重要的事。」

丹尼爾本身對他的家人就是一大激勵。他說：「這聽起來或許有點誇張，但是這個疾病事實上迫使我對人生有正面的看法。有時候我會想，上帝是不是故意讓我生這個病，讓其他有小病痛或小手術的人可以想到我而產生勇氣。我從這個疾病學到很深刻的一課：一個人的外表並不重要，重要的是他們如何對待別人。我記得十二歲那年和家人一起去盧爾德朝聖，我看到很多比我狀況更糟的人。那真令我深受啟發。我們在晚上爬到山丘上，那裡大約有五千個人拿著蠟燭，全都在為自己或所愛的人祈禱。每一枝蠟燭都代表了一個人。」

第三課：三種禮貌的方式

禮貌始於語言，是人類獨有的一項發明（雖然近年來關於海豚的研究顯示牠們可能可以用音波構成的歌曲，來辨別彼此的身分）。接下來是化為行動，就是我們所稱的禮節或規範。而在整體的社會層面上，禮貌則在重要文件，例如保障所有人類生而平等的美國憲法中體現。

有禮的言語讓人生的道路平順。「語言是魔法，」暢銷書《文明：禮貌、道德與民主的禮法》（*Civility: Manners, Morals, and the Etiquette of Democracy*）的作者、耶魯大學法學教授卡特（Stephen Carter）說：「我們用語言施展魔法。我們用語言報導新聞、宣示至死不渝的愛，以及保存宗教傳統。語言用得最好的時候，是道德、進步和希望的工具；語言用得糟，則可能傷人……使用語言的方式當然很重要。這也解釋了為什麼許多關於禮節的傳統規定，都是用來約束人們該如何使用語言。」

我們都很清楚在語言中表達和善的藝術：以溫暖的微笑和尊敬的身體姿勢說「請」、「謝謝」、「對不起」；不在別人說完一句話之前打斷他；不奚落嘲弄他人。但我們說話時卻經常冒冒失失、有失禮節，而且非常明顯。

禮貌讓人提升，而真正的禮貌甚至是一種道德。我爺爺的第一任妻子是愛蜜麗・波斯特（Emily Post），她也是有關禮節的權威書籍《關於社會、工作、政治及家庭的禮節》（*Etiquette in Society, in Business, in Politics, and at Home*）的作者。我爺爺愛德恩・曼因・波斯特（Edwin Main Post）曾經是個家財萬貫的股票經紀人，但後來賠光了所有的錢。不久之後，他與愛蜜麗的第一段婚姻宣告終結，娶了另一個妻子，也就是我的祖母。愛蜜麗是在一九〇六年與我祖父離婚後，才開始寫作。據說，當編輯建議她撰寫關於禮儀的書時，她說：「這本書篇幅一定會很小。這整個主題其實可以總結成幾條簡單的規則。」結果她最後的成品厚達六百多頁。

瀏覽愛蜜麗所寫的這本書，簡直會讓人震驚，它讓你得以想像當時的世界禮俗如何規範不同的邀請，如何安排「最高階級」男士的座位，臥室裡必須要有沙發，或是吃水果的方式等。（李子和香蕉應該用「手指」捏著吃；蘋果要「用刀子切成四分之一」；桃子要「用叉子叉著」；水果刀的刀刃「必須鍍金或鍍銀，並有尖銳的刀尖，可以用來剔除種子」。）閱讀這本書，讓我想到一九四〇年代歌舞紅星佛瑞德・艾斯岱（Fred Astaire）和金潔・羅傑斯（Ginger Rogers）的世界，所有繁文縟節，都閃耀著早已逝去的烏托邦的光彩。

姑且不論這些古老有趣的細節，愛蜜麗・波斯特令人驚訝的一點是，她了解禮節背後更深層的意義，其實跟道德有關。她寫道：「沒有好的禮節，魅力就不可能存在，重要的不是遵循特定規矩的禮節，而是持續地實踐和善。」禮節是考慮到他人權利與感受的藝術，「這種行為規範來自於本能的高尚、道德的正直、對自己的尊重……以及對朋友及原則的忠誠。」愛蜜麗・波斯特的座右銘是：「有禮的人讓他人感覺良好，也使自己的精神充實。」《格列佛遊記》作者史威夫特也曾寫過：「好的禮節是讓他人在我們面前感覺自在的藝術。」更讓我覺得有趣的是，當代最著名的哲學家之一、猶太教學者列維納斯（Emmanuel Levinas）把道德定義為「對他人敞開大門」。所以，當我們表現禮節時，也就是在邀請別人進入我們的內心。

找一天，決心對生活中每個人彬彬有禮。對鄰居、門房、郵差、在街角或咖啡廳裡的陌生人、收銀員、同事打招呼，問候他們，幫別人開門，給人微笑與讚美。在這天結束時，坐下來檢視你自己的感覺。如果你覺得輕鬆快活，與人有連結、感到快樂，那麼選擇至少每幾個星期嘗試一次「禮貌日」。

試著以遊戲的方式舉辦晚宴。為派對盛裝打扮，拿出好的瓷器，然後吃一頓愛蜜麗・波斯特也會讚許的晚餐。照古老的文明方式，以玩樂的心情來享受這個經驗。

思考禮貌最深的意義。讀帕克女士、金恩博士、達賴喇嘛、甘地等人的傳記。思考如何伸出援手，以最禮貌、最文明的方式對待他人。社會階級不再重要。把你遇到的每一個人，從計程車司機到有線電視修理工人，都視為有歷史的人，是你可以學習的對象。

第四課：放手釋懷，接納他人

我們經常會以愛之名，把自己的慾望加諸在他人身上。以我所熟知的生物倫理學領域為例，我經常看到家庭成員與垂死之人之間的矛盾掙扎。我看過非常慈愛的父母在孩子經歷過好幾次化學治療，卻沒有任何長久療效時，仍舊想盡一切方法讓孩子活下去。但有時候，因為痛苦經驗而早熟的孩子卻希望放手。過去十年來，美國的法院在這個領域已經愈來愈傾向於承認青少年有決定自己生命的權利。許多小兒科研究機構現在會要求七歲以上的兒童病患參與討論，決定自己是否要接受某種實驗藥物的臨床實驗。即使如此，法律還是規定父母和醫生有權違反孩子的願望。然而，父母如果重視孩子的希望，絕對不代表承認失敗，而是給予孩子最深刻的接納。

紐約《新聞報導》（*Newsday*）的寫手之一塔倫（Jamie Talan）曾寫到她繼父過世時的故事：「他到七十歲時都還很英俊，沒有老邁的樣子，皮膚還很光滑，看不出長年抽菸的明顯痕跡。但是多次感冒讓他變得虛弱。其中一次感冒病毒導致氣管堵塞，讓他開始恐懼死亡。」他住院時，被裝上了人工呼吸器。「我把一枝筆放在父親手中，讓筆尖碰到紙張，希望他會寫一些我看得懂的東西。結果他潦草地寫：『我想死，求求你。』第二天，醫生說，他的肺已經毀了，活下去的唯一希望是用氣切管取代呼吸器。接下來再接受半年的復健，然後回家休養，避免再度感冒。我說：『我父親想死。』這個醫生說，他是因為太沮喪才這麼說。我說：『他已經到了慢性肺病末期。他現在就要靠呼吸器呼吸，而且很可能之後都要一直靠機器維生。他說他不要動手術。你是哪裡聽不懂？』」程序上，塔倫的父親必須跟心理醫師談過，在心理醫師認同他不是因為憂鬱而做此決定之後，這位肺部專科醫師才讓他們簽署放棄急救的文件。塔倫回憶道：「當呼吸器一移走，我父親就說了他生前最後一個要求：柳橙汁。喝了柳橙汁之後，他顯得很滿足，並且嘆了長長一口氣。他還說，還要，還要……護士開始幫他用點滴注射嗎啡，我握著他的手，看著他闔上眼睛。我父親按照他自己的意思，平靜地走了。」

醫生必須以接納做基礎，才可能獲得病人充分了解後給予的同意。新近的研究顯示，不論哪一種人種或民族，病人的滿意度都和自己是否受到尊重，能否參與決策過程息息相關。事實上，發表於《內科醫學年報》（*Annals of Internal Medicine*）的一項研究，調查了七千七百三十位患者，結果發現，在是否讓病人參與治療決定的項目中，得分居於最後二五%的醫生，在接下來一年內，有三分之一的病人會轉去看別的醫生。相反地，最主動讓病人參與治療決定的醫生，則留住了八五%的病人。

凱斯西儲大學的生物倫理學家西蒙（Christian Simon）曾經在無限大愛研究中心贊助的一項計畫中，研究取得受試者同意（informed consent）的過程。研究內容特別針對當兒童被診斷出罹患癌症時，兒童本身與父母的決定為何。西蒙和其他該領域的研究者都指出，有時候當醫生說病人參與臨床實驗可以在將來造福他人時，會對病患造成壓迫感。醫生可能會對病人說：「這會是你的孩子對科學的貢獻」，或「我們會從這項研究中得到一些成果，而在未來幾年幫助其他人」。西蒙的研究顯示，不論醫生是否以這種方式給予壓迫性的暗示，都不會影響父母決定是否讓孩子加入臨床實驗。這項結果，至少對我而言，是令人鬆了一口氣，也表示父母關心自己孩子的福祉大過一切。而且我們發現，當孩子加入討論時，整個互動都會隨之改變。有時候他們會問很直接但重要的問題，例如「我的頭髮會怎麼樣？我可以繼續待在排球隊嗎？」

既然每個人都有可能在某個時候成為病人，我們該如何看待受試者同意這件事？西蒙說：「我們身為人，就有恐懼、憂慮和希望，但這些在臨床環境下常被視而不見，因為在這裡時間有限，而且有很強烈的生物醫學傾向，習慣把人縮減為只是一種疾病。身體的複雜性確實令人驚異、值得我們讚頌，但是我們不應該把這點看得比另一項更美妙的事物，那就是人的本身還重要。」

我們應該重新啟動並堅持病患與臨床醫師之間的人性互動，這就跟我們在日常生活中彼此的互動一樣。只是問幾個簡單的問題，例如「你讀哪間學校？」、「你覺得這件事怎麼樣？」或「你為什麼做這個醫療決定？」就可能徹底改變醫病互動。這讓我想起一位拒絕做白內障手術的老太太。醫生請她同意動手術，但她說不要，於是就作罷了。但後來另一位比較負責任的醫生問她：「這個簡單的手術可以讓妳恢復視力，妳為什麼不想做？」她回答說：「因為我看過〈星際大戰〉這部電影，我覺得雷射光束好恐怖！」這個醫生大笑起來，告訴她不用因為星際大戰而擔心。「這種雷射光非常細微，不會對妳有任何傷害，而且手術後，你的視力會比現在好很多。」結果這位女士選擇動手術而恢復了視力。

接納來自於真實的對話，而我們首先要詢問別人為什麼做某些選擇，才能開啟這樣的對話。我們必須誠實地對我們愛的人提出深入核心的問題，提供我們自己的觀點，然後接納他們最後的決定。當我們能進行這樣真心關懷的對話，才可能接納對方原本的面貌。而且我們又怎麼知道別人的決定最後會有什麼結果？就像科幻小說家羅素（Mary Doria Russell）在一次專訪中所說：「在我們人生中某個時候看似倒楣的事，後來可能成為一生中最幸運的事。而一開始看似天大的好運，也可能變成一場夢魘。我的信念是，故事要到結束時才算結束。某些事件與決定的影響會延續數百年，甚至數千年，可能在所有人都遺忘了之後，難以想像的影響才顯現出來。一件事到底是好事或壞事，要看故事什麼時候結束而定。以基督教的例子來說，耶穌被釘上十字架這件事，在星期五時是很糟的消息，但到了星期天就變成好消息了。」就像羅素說的，大部分時候我們都生活在這個比喻中的星期六——不確定怎麼做才能邁向快樂的結局，但星期天或許就會帶來完全不同的詮釋。因此充分接納自己與他人，就更為重要。

接納比寬容充滿喜悅。當我寬容時，還背負著理性選擇的負荷；但是當我接納他人時，會感到歡欣與信任。

開啟與他人的尊重對話。詢問對方的感覺或對方為什麼做出某個決定。請記住，就如羅素所說的：「一件事到底是好事或壞事，要看故事什麼時候結束而定。」既然我們絕非全知全能，就不可能知道別人的故事會如何發展，因此接納現狀，反而更為明智。

試著了解他人，而非只想著被人了解。了解別人的故事，才可能尊重對方。去明白你和別人的關係本質，而不是論斷彼此的對錯。當你想了解的時候，你只是想知道他人的信念為何，所以沒有必要跟對方爭論或衝突。

接納自己有助於接納他人。當我們喜歡自己時，也比較容易尊重別人。臨床心理學家和冥想教練布拉許（Tara Brach）便建議我們做到她所稱的「徹底接納」（radical acceptance），她說：「我們的恐懼或許很強大，但更強大的是讓我們彼此連結的真相。」布拉許認為，我們花了太多時間跟自己與他人作戰，忙著評斷和責怪；然而，如果我們專注於自我接納，就會自然而然，開始以平靜與關懷的態度來接納他人。她說：「我們最大的恐懼就是想像自己的失敗或將會失敗。」跟著，我們就會恐懼自己被拒絕。為了更接納自己，你每天要問自己兩個重要的問題：「現在我心裡正發生什麼事？」以及「我能以善意面對這件事嗎？」布拉許說，你要不斷停下腳步，詢問自己這些問題，付出善意，最終就能更輕易地接納自己和他人。

第五課：崇敬生命

崇敬是尊重最極致的展現。這是一種高峰經驗（peak experience），讓我們對生命存在的神祕、美麗、複雜與單純感到驚異。雖然關於崇敬這方面的科學研究幾乎可說付之闕如，但海特（Jonathan Haidt）和他的同事柯特納（Dacher Keltner）曾撰文討論過敬畏的心態。在二〇〇三年發表於《認知與情緒》（*Cognition and Emotion*）的一篇論文中，他們認為敬畏心態的兩個核心是浩瀚的感覺和調適的能力。浩瀚的感覺是指我們體會到某個事物比我們自身或平常的參考架構都要龐大許多。我們可能對任何事物感到敬畏，從尼加拉瓜瀑布、生命的誕生，到巨型海嘯。我們可能會被這樣的浩瀚龐大所淹沒，但是在此同時，我們也需要轉變心境，以適應這樣的龐大。敬畏會挑戰我們習以為常的假設，甚至讓人經驗到恐怖（terror）。就如詩人里爾克（Rainer Maria Rilke）寫的：「美麗是我們還能承受恐怖時的感受。」

在正向心理學領域可說是領導先驅的海特，也在二〇〇〇年另一篇文章中談到崇敬。海特發現，我們看到人以非常慷慨的方式幫助他人時，經常會覺得驚訝並感動，而這也會激發我們湧生助人之心。海特的研究對象中，有一位女士回憶當她看到自己教會裡一個男人毫不猶豫地停車，幫老太太剷掉車道上的積雪時，「很想唱歌跳舞，大叫大笑」。只是看到別人的善行，就能讓我們為人性的神奇感到興奮不已。在另一項研究中，海特分別讓不同組別的受試者觀賞有關德蕾莎修女的影片、喜劇片，還有簡單的紀錄片。觀看德蕾莎修女影片的受試者都說覺得充滿愛心、深受啟發，隨後也更可能會在慈善活動中擔任義工。

我認為，每個人都有過深深感到崇敬的經驗，不論是在看到大峽谷、墜入愛河，或見證嬰孩誕生時，我們可以試著用這種深受感動、徹底蛻變的狀態，來面對那些不幸的人。崇敬的感覺激勵了甘地、德蕾莎修女和金恩博士，也塑造了達賴喇嘛和方舟團體創辦人瓦尼爾的人生。當我看到達賴喇嘛完全放鬆的喜悅表情，總是感到極為驚喜而欣慰。他不抱怨自己的流亡，或在很小的時候就遠離父母，反而用喜悅面對他人。已故的小約翰．甘迺迪在許多年前為他的雜誌《喬治》（*George*）訪問了達賴喇嘛。達賴喇嘛看到小約翰．甘迺迪頭上包著紗布時，便用雙手抱住他的頭，輕輕撫摸。小約翰．甘迺迪說，在達賴喇嘛和他的隨從離開時，他一直看著他們走下山坡，消失在視線範圍之外，心裡覺得「很滿足，卻又有種奇異的失落感，彷彿我們全在一間黑暗的房間裡，而唯一拿著燈籠的人剛剛離開」。像達賴喇嘛這樣的道德聖者，對文明的構成至為重要。德蕾莎修女為痲瘋病人洗澡，金恩博士為族人甘冒生命危險，以及達賴喇嘛輕撫小約翰．甘迺迪受傷的頭部，這些影像都會激起人的敬意。

美國國家心理健康研究院神經內分泌免疫學與行為部門主任，及神經免疫整合計畫主持人史坦柏（Esther Sternberg）博士敘述了她年輕時擔任住院醫師時發生的一件事，讓她不禁崇敬生命的珍貴與脆弱，也激起她深刻的敬畏與恐懼。「一個女人因為單純的膀胱發炎被送進醫院，不知道為什麼，我沒有開了處方就請她回家，反而決定讓她住院觀察一晚。突然間，她就在我眼前陷入敗血性休克，心臟停止跳動，我們趕緊進行搶救。

她可能只有三十歲左右，年紀比我大不了多少，而且她本來看起來好好的，但突然間生命就差點消失，還好我們立即把她救了回來。這是一次非常靈性的經驗，我因此領悟到所有人的生命其實都繫在一條極度脆弱的線上。我們必須提醒自己去聆聽生命背景裡微弱的音樂，了解是什麼讓我們活著，是什麼讓我們成為自己，因為生命是難以置信地珍貴，而且隨時可能在轉眼間消失。」

後來史坦柏開始做生物學領域的研究，她說：「我對顯微鏡下的巨噬細胞深深著迷。我會把它們當成活生生的生物，還會在週末帶女兒到研究室，像餵寵物一樣『餵』這些細胞。我也會抬頭仰望星星，感覺宇宙的浩瀚無邊。我記得我父親以前經常會在夏日夜晚，跟我一起坐在門廊下，他會從書中抬起頭說：『你聽這令人平靜的聲音。』那聲音包括了對街網球場中網球彈起來的聲音、狗的吠叫和鳥兒的鳴叫。我母親以前常說：『仔細地欣賞夕陽，就像是最後一次。』」從顯微鏡下的細胞，到讓一個年輕女子在星空下沉醉不已的自然之美，史坦柏對崇敬之情的描述，遠超過我所能及。

花點時間沉浸在美好的環境裡，讓自己感動。（沒錯，同樣的話我之前說過了！）可以的話，花些時間去探訪大自然的奇蹟，例如大峽谷、尼加拉瓜瀑布或珊瑚礁。也可以在家裡放一些描述自然奇景的影片，在閒暇時喚醒自己的記憶。

聆聽洗滌心靈的音樂。聆聽韓德爾的〈彌賽亞〉、貝多芬的〈快樂頌〉，和其他類似的音樂，就能讓人全身舒暢。你也可以觀看電影〈真善美〉著名的片頭。音樂是幫助我們轉變到崇敬喜悅的心態，最快速的方法之一。

冥想或寫下曾經讓你深受感動、甚至激動落淚的經驗。那是你的孩子出生的時候？還是你與配偶或伴侶共享神奇的親密時刻？或者是你參觀法國著名的沙特爾教堂或梵諦岡的西斯汀教堂時？

找出神奇的特質。有些人會在顯微鏡下細胞扭曲的動作中，看到神奇的特質。在孩子剛學會走路的驕傲與興奮中，在生命的誕生中，在種子發芽開出的花朵中，在冬天冰風暴過去後在清晨清澈的露珠中，你都能看到自然的奇蹟。

擴大崇敬之心。一旦你感受到崇敬之心，試著把這種感覺延伸到你所愛的人身上，領悟他們也是令人驚異、獨一無二，甚至是超乎時空的存在。

你的尊重量表

現在我們要邀請你回答「愛與長壽量表」中有關尊重的部分。計算分數有兩個步驟。首先，請你確定哪些題目必須「相反計分」（以Ⓡ符號標示）。對於相反計分的題目，請按照以下表格計分：

	請把該題目的分數計算為
1	6
2	5
3	4
4	3
5	2
6	1

第二步驟是計算「相反計分題目」的分數之後，再把每項題目的分數加總起來。你可以現在開始做這份量表，或看完本書、在日常生活中實踐有關尊重的各種事情之後，再測量一次。

請在以下的量表中，按照你認為每句話符合個人特質或經驗的程度，圈出適當的分數。**這個量表沒有所謂的正確答案，所以請盡可能誠實地回答。**

1. 與家人討論事情時，我會特別注意傾聽他們的意見。

   1 非常不同意；2 不同意；3 有點不同意；4 有點同意；5 同意；6 非常同意

2. 我相信我一定能因為考慮到家人的立場，而有所收穫。

   1 非常不同意；2 不同意；3 有點不同意；4 有點同意；5 同意；6 非常同意

3. 我會在家裡特別注重肯定家人的努力和啟發。

   1 非常不同意；2 不同意；3 有點不同意；4 有點同意；5 同意；6 非常同意

4. 即使家人的決定不合乎我的期望，我還是會讓家人知道我尊重他們有權發表個人意見。

   1 非常不同意；2 不同意；3 有點不同意；4 有點同意；5 同意；6 非常同意

5. 我不覺得讓家人知道我尊重他們，有那麼重要。®

   1 非常不同意；2 不同意；3 有點不同意；4 有點同意；5 同意；6 非常同意

6. 我相信我一定能因為聆聽朋友的觀點，而有所收穫。

   1 非常不同意；2 不同意；3 有點不同意；4 有點同意；5 同意；6 非常同意

7. 我會努力讓朋友覺得自己很重要。

   1 非常不同意；2 不同意；3 有點不同意；4 有點同意；5 同意；6 非常同意

8. 不論我的朋友有什麼出身、成長過程或家世背景，我都會努力表達我對他們的尊重。

1 非常不同意；2 不同意；3 有點不同意；4 有點同意；5 同意；6 非常同意

9. 當朋友的意見與我截然不同時，我看不出來這些意見有什麼價值。Ⓡ

1 非常不同意；2 不同意；3 有點不同意；4 有點同意；5 同意；6 非常同意

10. 與朋友討論意見相左的事時，我可能會變得很不尊重對方。Ⓡ

1 非常不同意；2 不同意；3 有點不同意；4 有點同意；5 同意；6 非常同意

11. 在與鄰居或同事討論事情的時候，我會特別注意聆聽他們的意見。

1 非常不同意；2 不同意；3 有點不同意；4 有點同意；5 同意；6 非常同意

12. 我相信我一定能因為聆聽同事或鄰居的觀點，而有所收穫。

1 非常不同意；2 不同意；3 有點不同意；4 有點同意；5 同意；6 非常同意

13. 不論我的同事或鄰居有什麼出身、成長過程或家世背景，我都會努力表達我對他們的尊重。

1 非常不同意；2 不同意；3 有點不同意；4 有點同意；5 同意；6 非常同意

14. 當鄰居或同事的意見與我截然不同時，我看不出來這些意見有什麼價值。Ⓡ

1 非常不同意；2 不同意；3 有點不同意；4 有點同意；5 同意；6 非常同意

你的得分：

- 高度付出者（80%）：106 分以上
- 經常付出者（60%）：99-105 分
- 中度付出者（40%）：93-98 分
- 低度付出者（20%）：83-92 分

15. **當我的同事或鄰居顯然與我有不同的意見時，就不需要對他們太尊重。**Ⓡ

1 非常不同意；2 不同意；3 有點不同意；4 有點同意；5 同意；6 非常同意

16. **如果每個人都能試著了解別人的觀點，這個世界將會變得更美好。**

1 非常不同意；2 不同意；3 有點不同意；4 有點同意；5 同意；6 非常同意

17. **每個人都有其獨一無二的價值。**

1 非常不同意；2 不同意；3 有點不同意；4 有點同意；5 同意；6 非常同意

18. **每個人都應該注重於肯定身邊的人的努力，和他們帶來的啟發。**

1 非常不同意；2 不同意；3 有點不同意；4 有點同意；5 同意；6 非常同意

19. **當別人的意見與我截然不同時，我看不出來這些意見有什麼價值。**Ⓡ

1 非常不同意；2 不同意；3 有點不同意；4 有點同意；5 同意；6 非常同意

20. **當我不同意別人的意見時，我可能會變得很不尊重對方。**Ⓡ

1 非常不同意；2 不同意；3 有點不同意；4 有點同意；5 同意；6 非常同意

第九章
慈悲之道：感同身受

柯拉巴契（Susan Scott Krabacher）是「仁慈與分享基金會」（Mercy and Sharing Foundation）的創辦人。該基金會在美國科羅拉多州亞斯本市和海地首都太子港都設有總部。曾當過花花公子模特兒的柯拉巴契以一萬二千美元成立這個基金會，如今她與擔任律師的丈夫在海地維持三間孤兒院的運作，收容與養育兩千三百個兒童。他們兩人籌措的資金必須應付每個月包括六千片尿布、六千三百公斤白米、三千兩百公斤黃豆，和一百一十公斤牙膏等等龐大開銷。

「我有一間孤兒院是收容等待領養的孩子，另一間是收容母親難產過世或遭母親拋棄的嬰兒。最後一間則是收容殘障或病危的孩子。這是我打從心裡最想待的地方，」柯拉巴契說。「我很愛這些孩子，我經常不知道下次還能不能見到他們。我每次去那裡，幾乎都會有一張床空掉，於是我知道又有人得去買一副小棺材了。有一首很棒的詩是我的座右銘，那首詩是這樣寫的：『上帝啊，讓我覺知，讓他人的痛苦猛烈穿透我的靈魂，給我充滿神性與寬容的心，讓所知充滿我，讓光浸透我。』」

柯拉巴契的慈悲心，有部分來自於自己的苦難。「我的童年過得很悲慘，」她承認。她受到爺爺的性侵害，在母親精神崩潰後又被送到寄養家庭。她在第三個寄養家庭受到虐待，所以又回到家裡。「我十六歲的時候就輟學，找到一份工作，把弟弟接來同住，但後來他自殺了。十七歲時，我得到一個機會，為《花花公子》中的跨頁版面拍照，酬勞是一萬五千美元。我這輩子從來沒夢想過能賺這麼多錢。我搬進花花公子的豪宅去住，接下來十年，我唯一做的就是瘋狂地玩樂。但是我經歷過很嚴重的憂鬱期。後來我嫁給一個所謂美國最有價值的黃金單身漢，但現在他在監獄裡。我記得警察在亞斯本市郊的一個路障逮捕他時，我一個人走到亞斯本市區，開始敲每一戶人家的門，說我可以煮飯、打掃、帶小孩，只是需要一個地方過夜。但沒有人願意讓我留下，所以那天晚上我睡在一個倉庫裡。第二天我又繼續去敲門，結果遇到一個下半身癱瘓的女士。我跟她一起生活了一年。之後我決定找個律師幫我跟丈夫離婚，結果我找到的律師就是我現在的丈夫。這聽起來有點老套，但是我先生就像幫助我展開翅膀的風。他身高超過一百九，而且英俊極了，他大可以擁有一個拿著名牌包、穿著細跟高跟鞋，幫他在亞斯本市照顧二個小孩的老婆，但是他從來不曾抱怨我想完成的這項使命，一次都沒有。當孤兒院裡有孩子過世，他會跟我一起哭。」

柯拉巴契的基金會現在雇用一百五十名海地人，每年募款達一百萬美元。柯拉巴契這樣描述她的工作：「我工作的時間很長，必須忍受難以置信的犧牲，還埋葬了太多孩子，一直沒有任何報酬，只有愛，但這是你所能感受到的最大的自由，也是全世界最重要的事。」

對他人的苦感同身受

拉丁文中的「Pati」和「Cum」兩個字，融合起來就是英文「慈悲」（Compassion）這個字的字源，而它們原本的意思就是「一同受苦」。雖然我們可以同理其他人各式各樣的情緒，但是慈悲心要求的，則是溫柔地感受他人痛苦的能力。

當我想到慈悲時，心中必然浮現的人物就是林肯。有一個故事說某個冬天夜晚，林肯和朋友走在路上，看到鎮上一個酒鬼躺在地上睡覺，吐了滿身。林肯就把這個人帶回家。林肯在連任的就職典禮上，發表了令人難忘的卓越演說：「對任何人不懷惡意，對所有人心懷善意，上帝讓我們看到正確的事，我們就堅信那正確的事，戮力完成正在進行的工作，療癒國家受到的創傷。」療癒他人的創傷，便是真正的慈悲。

慈悲的行為難以計數：對朋友的擁抱、對災難受害者的捐助、從事志願工作、給予他人體貼的建議，或者像德蕾莎修女這樣極少數的例子，去奉獻一生照顧受苦的人。慈悲是你可以培養的一種生活方式，會使你的世界變得柔軟明亮。

從達賴喇嘛到亞當・斯密這些偉大的思想家，都指出慈悲是最具人性的一種人格特質。休謨可能是啟蒙時期最偉大的哲學家，他說理性雖然能引導我們了解概念、數學、邏輯和事實，卻無法驅使我們行動。德國哲學家叔本華更直接地說：「慈悲是道德的根本。」慈悲心是很直接的。我們會被眼前的痛苦打動，卻不容易因為遙遠他方的痛苦而感到難過。在這樣的狀況下，我們可能需要多努力一點，才能「感受」到與我們沒有連結的人的生活。

在所有關於慈悲的研究中，我發現新近的大腦造影研究特別有趣。這些研究讓我們看到慈悲的行動會牽動我們大腦中某些特定區域，慈悲的感覺似乎來自於一種特定的神經迴路。在這一章，你會學到人類似乎天生就會敞開心胸去關心別人。事實上，慈悲心對一個物種的生存極為重要。

慈悲心從誕生時開始。母親對孩子的愛，或許是人類物種中最重要的一種愛，而慈悲就是母愛的最重要特徵。母親的大腦對於小嬰兒的痛苦，會顯現出獨特而強烈的反應。母親大腦中某些部分，會對初生的嬰兒出現反應。幾個月之後，當母子關係逐漸發展，則會變成在不同的大腦部分出現反應。

慈悲心使人平靜，產生情感連結。慈悲心的源頭可能是催產素，這是一種由下視丘刺激而產生的神經胜肽，並且因為與伴侶、奉獻和親子依附等人際關係有關而廣為人知。現在有些研究者認為催產素是神經系統中與「平靜及連結」有關的一個核心因素，與熟知的「戰鬥或逃跑」的多種內分泌激素剛好相反。

慈悲心讓我們對他人的感覺有所投射。普林斯頓大學的新近研究逐漸證實，位於大腦皮質內被稱為「腦島」的區域跟同理心和慈悲心有密切相關。這是現在神經科學一個非常熱門的主題：鏡像神經元。當我們觀察到他人正在發生的經驗時，鏡像神經元的活動會讓這樣的經歷彷彿在我們的腦中真實重演，而它似乎就位於「腦島」這個地方。

慈悲心增進正面情緒。人藉由不斷冥想和觀想，能永久改變大腦的模式，以提升慈悲心。針對佛教僧侶所做的實驗性研究顯示，經常做慈悲冥想可能永久改變大腦思考模式，引發較多的快樂感受。即使慈悲的感受與行動會讓我們感受到他人的痛苦，產生同理心，卻有助於引發正面情緒。

慈悲心與重視精神性相關。一位研究者的新近發現顯示，慈悲心與靈性有先天的連結。他測量了催產素和迷走神經的活動，結果發現這兩者都與高度的慈悲心和強烈的靈性經驗有關。雖然這只是初步的研究結果，卻暗示慈悲心很可能與其他力量強大的良好經驗，譬如與他人的連結及靈性體驗有關。

關於慈悲的四堂課

慈悲心會引發強烈的情感並具有感染力。慈悲心的研究在所有付出方式中也極為獨特，科學家已經開始利用先進的造影技術，來觀察為人父母者、僧侶，和其他人在同理與關心的狀態時大腦的變化。慈悲心不只是能打造暢銷書和啟發佛教徒的神奇字眼，還能阻止我們把痛苦加諸在他人身上，所以慈悲心也可說是我們的道德羅盤。如果你對他人的痛苦會產生同理和關懷的反應，應該無法想像自己可能會去刻意導致他人的痛苦。

第一課：慈悲心從誕生時開始

如果有一幅影像能夠跨越所有文化，那一定是母親抱著新生兒的畫面。大部分母親都會說自己在照顧孩子時，產生強烈的奉獻和溫柔，而嬰兒的哭聲也會激起母親立即的反應。對父親而言也是如此。新生兒也會使父親有一段時間在情感上強烈投入。根據耶魯大學史旺（James Swain）博士的研究，母親在孩子出生兩週內，每天將近有十四個小時會全心專注在寶寶身上，而父親花在新生兒身上的時間大約是母親的一半。在父母雙方都愛上孩子的這段時期，新生兒會被理想化：七三％的母親和六六％的父親會說他們認為自己的孩子「完美無瑕」。同時父母也說自己會對新生兒的安全感到憂慮，而且盡全力為孩子創造安全、乾淨、無憂無慮的環境。

我請史旺博士和他在耶魯大學的同事雷克曼（James Leckman）博士，幫無限大愛研究中心研究父愛與母愛背後的神經生理學。史旺說：「我希望利用神經造影找出為人父母者在完全仰賴他們的新生兒融入他們的生活中時，大腦是如何反映出他們所經歷的強烈情緒變化。我們研究過親自哺乳的母親，和在家育兒的父親，現在也正在研究餵配方奶的母親。初步研究結果顯示，在家育兒的父親，其大腦運作跟母親很像。」史旺和雷克曼在實驗中請受試的父母聽自己孩子的哭聲、其他孩子的哭聲，和各種「控制組」的聲音；觀看自己孩子的照片、其他嬰兒的照片，以及「控制組」照片，同時觀察他們的大腦變化。「事實上，我們還刻意使用與受試者孩子的哭聲頻率及音量範圍相同的嬰兒哭聲，」史旺強調。他對於大腦腦波反應的結果，也感到訝異。「我還沒有為人父母，我很期待這個經驗。但我必須承認，我以前並不相信父母能夠分辨自己孩子和其他新生兒的哭聲。對我而言，這些哭聲聽起來都一樣。但我錯了。父母的大腦對不同孩子哭聲，反應非常不同。

「我每天在工作中不斷體會到，為人父母者要有很大的慈悲心，」史旺說。「我們才剛開始了解大腦的神經迴路，但是研究結果確實支持了愛與慈悲對人類生存影響至深的假設。我們希望進一步擴大研究愛與慈悲如何讓我們產生正面的改變。我很期待進一步了解正面的情感依附如何能讓我們脫胎換骨。」

大腦造影研究顯示，在嬰兒出生的第一個月內，只要孩子一哭，母親大腦裡控制情緒的所有原始區域就會受牽動。即使只是看到自己孩子的照片，或其他陌生嬰兒的照片，都會刺激這個大腦迴路。這種反應的力量非常古老而巨大。

帶著慈悲心的關愛對嬰兒本身也極為重要。撫育和關愛會刺激神經和免疫系統的健康發展。經常被母親舔和梳毛的新生小動物會有較低濃度的壓力激素，和較低的「驚嚇」反應，學習和記憶的能力也會增強。即使長大之後，這些壓力反應的差異也依舊明顯，這表示嬰兒時期所受的溫柔照顧會塑造出他們終其一生的韌性。由威斯康辛大學麥迪遜分校的波萊克（Seth Pollak）和同事在二〇〇五年所做的一項研究發現，嚴重的忽視與孤立會改變兩種與依附和撫育密切相關的激素濃度。這些科學家對威斯康辛州家庭所收養的十八個孩子做測試，結果發現這些來自羅馬尼亞和俄羅斯孤兒院的孩子體內，這兩種激素遠低於正常濃度。正常的嬰兒被抱或被搔癢時，依附激素的濃度會突然上升，但是這些來自孤兒院的孩子卻不會。我個人相信這些孩子的神經系統有可能被修復，只是需要相當多的時間和關注。

多花時間與嬰幼兒相處。既然你知道新手父母會處於充滿喜悅的愛當中，不妨考慮花時間多與新生兒或幼兒相處，不論是幫鄰居帶小孩、在產房當志工，或在孤兒院或兒童醫院奉獻你的時間都很好。我們都看過嬰兒的笑容會讓陌生人感到溫柔和快樂。顯然人類天生傾向於照顧無辜和無助的人，花時間照顧小孩只會讓我們慈悲之心更活躍。

第二課：讓慈悲心幫助平靜，產生情感連結

讓我們更仔細地檢視新手母親的生理變化。新手母親源源不斷的慈悲心來自於被稱為依附激素的催產素。女性在經歷激烈的分娩經驗之後，經常會被一股嶄新的平靜感籠罩，這種感覺其實是催產素大量增加的結果。催產素的濃度會在母親哺乳和按摩時上升。動物被注射這種激素之後會立刻平靜下來，母老鼠被注射催產素之後，會開始舔身

邊的小老鼠並加以保護。事實上，催產素也會促使沒生產過的母老鼠做出所有的母親行為，甚至在注射幾分鐘後就會出現。

根據瑞典內分泌學家烏夫納斯—莫柏格（Kerstin Uvnas-Moberg）表示，體內催產素濃度較高的母親會比較平靜，也較喜歡與人親近。加州大學厄文分校的卡特（Sue Carter）教授曾利用草原田鼠做實驗，廣泛研究這種強有力的依附激素，而成為該領域的知名人物。卡特從一九七〇年代就開始研究終生只有單一伴侶的草原田鼠。她發現田鼠在遭受壓力後，催產素會對大腦產生強烈的影響。她也發現，對雄性草原田鼠注射催產素，會刺激撫育行為的產生。無限大愛研究中心資助卡特研究在正向社會互動行為中，催產素所扮演的角色。她發現雄性田鼠要產生撫育行為，體內須有催產素。所以在雄性及雌性田鼠體內，都有能促進具有慈悲心之照護行為的內分泌系統。當這部分與「平靜及連結」有關的內分泌系統開始運作，壓力就會減輕。

新近的研究顯示，慈悲心可能是宗教有益健康的關鍵因素。在二〇〇五年的一項研究中，心理學家史戴芬（Patrick Steffen）研究四百四十一名有虔誠宗教信仰的受試者後，認為慈悲心會大幅降低憂鬱和壓力。即使去除了宗教行為這個因素，慈悲心與心理健康的關聯還是非常強。相反地，當史戴芬把慈悲心這個元素移除後，宗教行為與健康之間的連結就不存在。「光是在週日上教堂或在週六上猶太會堂，不足以對健康有益，」史戴芬說。他相信，在生活中實踐慈悲的行動才真的有用，而且即使沒有宗教信仰，也能幫助你更加健康。當然這同樣也只是初步的結果，還需要更多的研究來加以支持。

母性不只在孩子誕生時出現，我們一輩子都可以為別人扮演母親的角色。愛米（Amy Ai）是密西根大學醫學整合計畫（Integrative Medicine Program）的助理研究員，目前在位於聖路易的華盛頓大學擔任副教授。她回憶道：「我在一九九〇年的冬天獲准進入密西根大學就讀，隔年夏天，我認識了一位教授的妻子瑪麗，她是三個成年子女的母親。」那年暑假結束時，愛米因為讀書太拚命而昏倒被送到急診室，被醫生診斷為脫水。「瑪麗聽到我生病之後，就把我帶回她位於鄉下的家。我幾乎沒辦法走路，一進門就倒在沙發上。當我再睜開眼睛時，她的母親，一個滿頭白髮的老奶奶，在我身邊捧著一碗雞湯，對我說：『寶貝，你得好好照顧自己。如果你不照顧自己，誰也沒辦法幫你。』我從她身上感受到很深的愛，就像我自己的奶奶一樣。那個星期，瑪麗的家人把我當成自己的孩子一樣照顧，於是我很快地康復。那年聖誕節瑪麗又帶我回家，跟他們一起過節。在交換禮物時，瑪麗告訴我：『我們幫你，不是想得到回報，只是希望你把這份愛傳遞下去，以後也能幫助別人。』瑪麗的母親已經過世了，但是我一直記得她的慈悲。」

另一個關於發揮母愛的感人故事，則是關於來自克里夫蘭市的按摩治療師沙耶（Kit Sawyer）。二〇〇一年發生九一一恐怖攻擊事件後，她跟其他一千名按摩治療師，每個月到紐約市一次，在市中心的聖保羅教堂幫救援工作者免費按摩，連續九個月。「我按摩過的人包括國家防衛隊隊員、公路巡邏警察、海軍陸戰隊隊員、建築工人、警察、消防隊隊員，還有處理災後現場的人。這些人被迫面對許多難以想像的可怕場面，我能夠為他們服務真是種榮幸。大家都有很多話悶在心裡。你知道他們沒有說出來的是：『你不知道我今天早上看到什麼。』我幫他們按摩時，可以在他們身上感覺到這些沒說出口的話。而當我回到克里夫蘭市後，我會跟一群也是療癒師的女性朋友見面，她們也會幫我按摩。她們會照顧我，讓我下個月能夠煥然一新地回去紐約。」這是所有人彼此發揮帶著慈悲心的關愛的表現。

以下是你可以在生活中獲得平靜和情感連結的一些方法：

重新觀想每一天。在晚上入睡前，回想你在白天時與他人的互動。你可能會想到自己在某些時候說話或行動很匆忙或粗魯，而沒有懷著慈悲心。重新回想這些時刻，想像自己像一個能夠深刻同理而關心的人一般，做出與過去不同的反應。讓自己充滿平靜。

在同情心中獲得平靜，與他人建立情感連結。與配偶或朋友互相按摩，分享長長的溫柔擁抱或出乎意料的禮物。

第三課：冥想有助於培養慈悲心

佛教認為慈悲是宇宙的核心，厄文（Edie Irwin）於一九六七年在印度大吉嶺的西藏難民營當了一年的志工老師，她從當時的一次特殊遭遇深刻體會到這點。她回憶說：

「許多孩子都得了肺結核，學校人手不足，我也對無止境的貧窮、疾病、熱氣、雨季和乞丐的乞討感到非常疲憊和厭倦。有一天，我跟一個朋友走在雲霧繚繞的蜿蜒山路上，正全神貫注地聊天，突然聽到後面有個人一直喊叫。我實在不是很想回頭，因為我覺得極度煩躁。但後來我們一回頭，就看到一個西藏僧侶懷中抱著一個臉上流著血的孩子。這個僧侶不會講英文也沒有錢，但是他想幫助這個孩子。我們把他們帶到醫院，付了錢請醫生縫合孩子頭上的傷口，並且十分驚訝地發現我們覺得快樂多了，很高興自己能在別人需要時給予幫助。現在離那個事件將近四十年了，每當我回顧這幾十年來接觸藏傳佛教和當中對生命萬物充滿慈悲的理想，就覺得心中充滿喜悅和寧靜。」

加州大學「柏克萊和平福祉發展中心」（Berkley Center for the Development of Peace and Well-being）主任柯特納正在針對佛教僧侶進行研究，因為他們每天會花好幾個小時冥想和培養對萬物的慈悲之心。過去幾年來，對於佛教僧侶大腦的驚人發現，都受到熱烈而廣泛的討論。「我記得我在暑期營隊參加過一次時間很長的佛教冥想練習，」柯特納回憶。「那是我此生第一次覺得思緒完全平靜下來，並且感覺：『我愛所有人，我愛人類。』我的內心存有這種非常強的關懷。當我感受到這點時，我覺得自己整個人生都變得更美好了。我很高興我們開始研究慈悲心，因為這方面的研究具有驚人的潛力。」

一九九二年時，在喜馬拉雅山脈中生活和冥想的僧侶允許科學家對他們加以研究。研究由「心智與生命研究院」（Mind and Life Institute）和「費茲學會」（John Fetzer Institute）贊助，並由頂尖佛教學者華勒斯（Alan Wallace）和威斯康辛大學的心理學家戴維森（Richard Davison）帶領。戴維森運用正子斷層造影（PET scan）和功能性磁振造影（fMRI）發現佛教僧侶有非常驚人而獨特的腦波特徵。

在二〇〇五年的研究中，戴維森比較了八個僧侶和十個大學生的腦部影像。這些僧侶練習冥想的時間都在十五年到四十年之間，而受試的學生只接受一週每天一小時，主題是愛與慈悲的冥想訓練。戴維森用功能性磁振造影加以研究時，發現比起較資淺的冥想者，這些僧侶的左前額葉皮質有更密集的活動，這裡就是與正面情緒有關的部分。同時他也發現僧侶腦部右前額葉皮質的活動降低，而這部分通常與焦慮和負面情緒有關。

這項有趣的小型研究似乎顯示，一個人若持續多年日復一日地冥想會使大腦產生永久的改變，換句話說，就像佛教一向以來所承諾的，我們確實可以經由冥想培養充滿愛的慈悲和身心的平靜。或許就像鋼琴家彈奏琶音和吉他手彈奏顫音時，腦部會產生改變（腦部造影顯示控制食指和中指的神經元融合在一起）一樣，當我們實踐慈悲時，大腦也隨之變化。當然科學家到目前為止都還對此結果抱以審慎的態度，但他們也希望培養慈悲心，確實能永久改變我們的神經迴路。

當然，僧侶不是只冥想愛與慈悲，他們還以各種方法奉獻自我、幫助他人。許多療癒的技巧和誦唱都是由西藏僧侶首創，他們也經常會在有人過世時出面協助。在九一一恐怖攻擊事件發生後，一群西藏僧侶造訪紐約和華盛頓，創作了美麗的「曼陀羅」，表示他們的同情與關懷。曼陀羅是用各色大理石粉拼成的複雜圖畫。僧侶們審慎莊嚴地創造出這些圖畫，然後把它們全部摧毀，以提醒世人人生的美麗和無常。佛教的智慧或許可以用達賴喇嘛在《靈性與健康》（*Spirituality and Health*）雜誌中說過的話來總結：「如果你願意造福他人，至少給予對方片刻的快樂，包括對動物也如此，你就會感受深刻的滿足，也就實踐了你存在的價值。」

另一項關於冥想增進慈悲心的研究，則來自史丹佛大學的心理學家蔡珍妮（Jeanne Tsai）。蔡教授和她的研究生喬瑟琳．蘇（Jocelyn Sze）研究了受試者接到被判終身監禁的謀殺犯寫來的信時，會有什麼反應。她們從真實信件中摘錄文句而寫成一封信，信中解釋這個囚犯為什麼會坐牢以及對自己的罪行有什麼感覺。蔡教授說：「這是一封會讓人百感交集的信，目的就是要讓受試者在看信之後感到難過。」看信的人會感到慈悲嗎？會主動寫信給這個囚犯嗎？研究發現參與過冥想練習的大學生比較會寫信給囚犯，而固定做佛教冥想的人寫的信更長。無限大愛研究中心之後贊助了更大規模的研究，受試者的年齡從二十五歲到六十歲，並且每日進行冥想至少三年。同樣地，冥想者比較可能寫信給囚犯，而且寫出更長、更充滿慈悲之意的信。如蔡教授所說：「這項研究無法確切地證明冥想的效果，但至少強烈顯示固定冥想的佛教徒比一般人更有慈悲心。但是，是因為這些人本來就比較有慈悲心，所以會去做佛教的冥想嗎？我們不能確定。所以我們正在蒐集資料以進行了解。」

你可以嘗試以下這些以慈悲為中心的佛教冥想練習：

1.祝福自己。以舒適放鬆的姿勢坐著。讓自己完全放鬆，並在一吸一吐之間，想像放鬆和寧靜的感受流過全身。把你的覺察轉向內心。不論你在心中找到什麼樣的情緒，不要帶任何批判，把它們視為你的起點。現在，祝福自己安好。祝福自己快樂、不受苦痛。讓你感覺你愛你自己。

2.跟與自己相似的他人融合。首先想到生活中某個苦痛的來源，想像其他人也遭遇相同的疾病或困難。他們受的苦比你多，並且像你一樣，也希望脫離苦痛。讓自己感覺跟這些人連結，直到心中升起一股溫暖的慈悲感。現在，想像你可以承擔這些人的苦痛，讓他們立刻脫離苦痛。想像你擁有無比驚人的勇氣。想像他們的痛苦消失融化。想像這些人脫離痛苦後的無比快樂，讓他們的快樂充滿你整個身心。

3.讓慈悲如漣漪一般向外擴散。感覺你心裡的溫暖與愛，想到你所有的朋友，然後感覺你用愛擁抱他們，祝福他們安好。然後把愛與溫暖擴展到甚至不認識你、卻在保護你的人，例如軍人、志工、消防員、警察。接著想像你還不認識，但曾受過傷害且正在受苦的人，試著把你的愛擴展到這些陌生人身上。

4.把愛奉獻給所有受造物。當你在心中感覺到對自己、朋友、每天保護我們的陌生人，和正在受苦之陌生人的愛，接著再把你的愛擴展到佛教徒所說的有情眾生上。以下這些辭句可能對你有幫助，或者你也可創造自己的禱辭：**願你快樂。願你愛與被愛。願**

你找到你尋求的任何療癒。願你找到寧靜與喜悅。願任何地方的眾生都找到完美的寧靜。

然後回到對自己的覺察，坐在房間裡，感覺你的心在這次慈悲冥想中發生的變化。

第四課：從眼前開始

慈悲心是人類道德的根本嗎？普林斯頓大學科學家葛林（Joshua Greene）和柯賀（Jonathan Cohen）對暴力受害者所做的研究顯示，當受試者思考他人所遭受的傷害時，腦中會牽動的神經網絡，就跟母親在知道孩子受苦時，腦中會啟動的神經網絡一樣。

在其中一項實驗裡，受試者被問到，如果他在開車時遇到一個受傷嚴重的男人，需要立即送醫，但是車內的椅墊會因為沾上太多血而毀掉，他會怎麼做。大多數人都會立刻把這個男人送到醫院而不在乎是否弄髒椅墊。從另一方面來說，就算我們知道自己的錢可以拯救半個地球以外的人，卻會因為那些人的生命對我們而言如此抽象，以至於無法產生同等的急迫感和直接感受。葛林說：「從演化的角度來看，你就會覺得很有道理。我想我們對於非洲有人正陷入饑荒，跟眼前有一個人即將流血而死，永遠不可能產生相同的反應。」

羅倫茲（Margarethe Laurenzi）是「醫療需求基金會」（Medical Needs Foundation）的現任主席。他居住在紐澤西州山間湖鎮（Mountain Lakes）一個只有一千五百戶家庭的小社區，八年前，這裡的一個母親罹患了一種嚴重的萊姆病（Lyme disease，注：一種細菌性感染的關節炎）。羅倫茲回憶道：「她有三個年幼的小孩，但是她的醫療保險又不包含某些治療方式，所以她病到簡直快死了。她的朋友和鄰居聯合起來幫忙照顧她的小孩和支付治療費用。他們組織了一場賽跑活動來籌措經費，結果整個社區慷慨解囊，在第一次賽跑中就籌措到超過十萬美金。之後每一年他們都辦一次路跑比賽，並透過一個非營利基金會來分配這些資金。一位名叫哈特（Judy Halter）的女士是第一屆主席。我們是一個非常單純的組織，九〇%以上的資金都分送給遭遇嚴重或長期醫療問題的人。在我們身邊其實就有很多需要幫助的人。每個人都會遇到自己無法控制的事情，遭遇重大的難關，所以我們用這種方式幫助一些家庭，感覺真的很棒。那些很積極投入社區生活、很樂於付出的人，帶給我很大的啟發。」

所以當需要幫助的人並非你周遭的人，或當情況比較複雜時，該怎麼做？葛林的研究指出了更高層次的慈悲心，有助於我們在某些情況下擴大自己的關注範圍。他解釋說：「我們有一項實驗是詢問受試者，如果你和一群人在戰爭時一起躲在地下室，敵軍就在外面，一個嬰兒卻在這時候哭起來。你知道如果敵軍士兵聽到嬰兒哭聲，就會發現你們，把你們全部殺死。能夠防止這種結果的唯一方法就是悶死這個嬰兒。問題是，這麼做在道德上是對的嗎？」

大腦造影顯示，受試者要花很長時間才能決定答案，大腦有個稱為「前扣帶腦皮質」的部分會受到牽動。葛林說：「當我們對自己的反應感到矛盾時，這部分大腦就會受牽動。此外，還有部分的腦前額葉皮質受牽動，這部分是負責認知控制。」

葛林表示，大腦的這兩個部分同時受牽動，似乎表示受試者的第一反應是單純對嬰兒產生慈悲之心。但與此同時，他們又想到一個人死亡總比許多人死亡要好。葛林說：「受試者的大腦要花一段時間，才能選擇比較不自然的反應。」最後認同一個人死亡好過一群人全都死亡的受試者，比起最後還是說「無論如何都不能悶死嬰兒」的受試者，其負責執行控制的腦皮質部分會有比較多的活動。

當然葛林馬上補充說，我們通常不會遭遇到這類狀況。不過這種情境能幫助我們了解大腦的建造和結構方式，以便洞悉我們實際生活的運作模式。當身邊的人受苦，我們會被激發出某種本能的反應。但是在比較複雜的情境下，我們會以理性建構起更高層次的慈悲心，造福距離遙遠的人或完成更大的福祉。

看看身邊。你看到身邊有什麼人在受苦？你可以為正在遭遇困難的人，不論是家人、朋友、同事或鄰居，提供哪些照顧？

看遠一點。你能夠對全國或全世界的更大福祉貢獻什麼？你可以到自殺援救熱線當志工，加入為大社群伸出援手的團體，或更積極地加入紅十字會的志工訓練計畫，參與救災工作嗎？

請閱讀或朗誦這段印第安納瓦霍族的禱辭：

願我行走於美中……

願我行走於美中。
願我整日行走。
願我行走於四季的循環中。
願我行走於撒滿花粉的小徑上。
願我行走時，蚱蜢跳過腳上。
願我行走時，露珠滴落腳上。
願我伴著美行走。
願我行走時，眼前淨是美。
願我行走時，身後淨是美。
願我行走時，頭頂淨是美。
願我行走時，腳下淨是美。
願我行走時，四周淨是美。
願我年老時，活力洋溢地，流連在美麗的小徑。
願我年老時，有如重生般，流連在美麗的小徑。
一切終止於美。
一切終止於美。

朗誦完這段禱辭後，想像這樣的感覺包圍自己和所愛的人。

你的慈悲量表

現在我們要邀請你回答「愛與長壽量表」中有關慈悲的部分。計算分數有兩個步驟。首先，請你確定哪些題目必須「相反計分」（以Ⓡ符號標示）。對於相反計分的題目，請按照以下表格計分：

如果你選擇的分數是	請把該題目的分數計算為
1	6
2	5
3	4
4	3
5	2
6	1

第二步驟是計算「相反計分題目」的分數之後，再把每項題目的分數加總起來。你可以現在開始做這份量表，或看完本書、在日常生活中實踐有關慈悲的各種事情之後，再測量一次。

請在以下的量表中，按照你認為每句話符合個人特質或經驗的程度，圈出適當的分數。**這個量表沒有所謂的正確答案，所以請盡可能誠實地回答。**

1. 當家人經歷某件令人煩惱或氣餒的事時，我會特別關心他。
1 非常不同意；2 不同意；3 有點不同意；4 有點同意；5 同意；6 非常同意

2. 當家人似乎在傷心或痛苦時，我無法不伸出援手。
1 非常不同意；2 不同意；3 有點不同意；4 有點同意；5 同意；6 非常同意

3. 當我愛的人有困難時，我會盡一切努力去幫助他。
1 非常不同意；2 不同意；3 有點不同意；4 有點同意；5 同意；6 非常同意

4. 我可能太忙碌，而無法對我的家人感同身受。Ⓡ
1 非常不同意；2 不同意；3 有點不同意；4 有點同意；5 同意；6 非常同意

5. 當我的家人感到哀傷、孤獨或挫折時，我不會給予他們需要的，質或量上都足夠的關注。Ⓡ
1 非常不同意；2 不同意；3 有點不同意；4 有點同意；5 同意；6 非常同意

6. 當朋友生病時，我會特地去探望他們。
1 非常不同意；2 不同意；3 有點不同意；4 有點同意；5 同意；6 非常同意

7. 當朋友感到哀傷、痛苦或孤獨時，我會放下所有的事去關心。
1 非常不同意；2 不同意；3 有點不同意；4 有點同意；5 同意；6 非常同意

8. 當朋友遭遇困難時，我會盡可能地幫忙。
1非常不同意；2不同意；3有點不同意；4有點同意；5同意；6非常同意

9. 我可能太過忙於自己的事，而無暇對朋友感同身受。Ⓡ
1非常不同意；2不同意；3有點不同意；4有點同意；5同意；6非常同意

10. 當朋友感到哀傷、孤獨或挫折時，我不會給予他們足夠的關注。Ⓡ
1非常不同意；2不同意；3有點不同意；4有點同意；5同意；6非常同意

11. 當鄰居和朋友生病時，我會特地去探望他們。
1非常不同意；2不同意；3有點不同意；4有點同意；5同意；6非常同意

12. 當鄰居和同事遭遇困難時，我會放下一切去幫忙。
1非常不同意；2不同意；3有點不同意；4有點同意；5同意；6非常同意

13. 當鄰居或同事遭遇困難時，我會盡可能地幫忙。
1非常不同意；2不同意；3有點不同意；4有點同意；5同意；6非常同意

14. 有時候當同事或鄰居遭遇困難時，我會發現自己不是很同情。Ⓡ
1非常不同意；2不同意；3有點不同意；4有點同意；5同意；6非常同意

15. 對於生活陷入困境的鄰居或同事，我很難覺得同情。Ⓡ
1非常不同意；2不同意；3有點不同意；4有點同意；5同意；6非常同意

16. 我會固定捐款給慈善機構，以幫助全世界各地不幸的人減輕痛苦。
1 非常不同意；2 不同意；3 有點不同意；4 有點同意；5 同意；6 非常同意

17. 我經常會幫助看似遭遇困難的陌生人。
1 非常不同意；2 不同意；3 有點不同意；4 有點同意；5 同意；6 非常同意

18. 我會毫不猶豫地支持全世界各地幫助不幸的人的慈善活動。
1 非常不同意；2 不同意；3 有點不同意；4 有點同意；5 同意；6 非常同意

19. 我很難對完全不認識的人感到同情，即使他們似乎遭遇困難。Ⓡ
1 非常不同意；2 不同意；3 有點不同意；4 有點同意；5 同意；6 非常同意

20. 當我聽到世界上其他地方的人飽受痛苦，我的典型反應是置之不理。Ⓡ
1 非常不同意；2 不同意；3 有點不同意；4 有點同意；5 同意；6 非常同意

你的得分：

- 高度付出者（80%）：99 分以上
- 經常付出者（60%）：91-98 分
- 中度付出者（40%）：84-90 分
- 低度付出者（20%）：73-83 分

第十章

忠誠之道：超越時間的愛

從前從前，有一個叫作迪爾戴（Chester Dilday）的男孩子，住在阿肯色州某個離鄉村小教堂不遠的地方。有一天，迪爾戴跟哥哥坐在教堂外，看到一個女孩跟一群遊客走過，就對他的哥哥說：「有一天我要跟她約會。」兩年後，迪爾戴一家人搬到與這個女孩家的棉花田只相隔一條馬路的地方。他告訴她，兩年前她十四歲的時候，他就看過她穿著一件白色綠圓點的洋裝，從此再也忘不了她。

「我喜歡跟別人說，我一路追著她，直到她想跟我在一起為止，」迪爾戴在結婚七十多年後這麼說。或者應該像他妻子米德麗所說：「我們在初次見面時就愛上對方了。」

迪爾戴和米德麗已經結縭七十年。根據他們自己所說，他們從來不曾爭執、懷著怒氣入睡，或想過離婚——即使在他們分開數年、在他不斷進出醫院時，或他們的孩子過世時都不曾。

他們在一九三〇年代初，美國經濟大蕭條最嚴重的時候訂婚。當時迪爾戴的家人必須經常搬家，到不同的田裡當佃農，而在他認識米德麗後不久，他又必須搬家。有一整年，迪爾戴每個週末都來回走九十公里的路，去見米德麗。「我會在週六早上盡可能提早出發，」他回憶說。「眼前除了一片又一片的草地和棉花田以外，什麼都沒有，偶爾才會看到一戶住家或圍繞著幾棵樹的池塘。」一年後，他的家人再度搬家，但這次距離米德麗的家一百六十公里，走路實在到不了。

「那時候我們沒有電話，」迪爾戴回憶。「所以我們寫信。然後我買了一間房子，自己動手做了一些家具。」他們在一九三五年八月二十六日結婚，婚後第一年他幫人清理森林，一天賺一美元。「我口袋裡只有五塊錢，卻花了四・九八美元在西爾斯百貨公司買了一只結婚戒指。」米德麗至今仍戴著那只有著花朵浮雕的白金戒指，她告訴家人：「等我百年之後，這只戒指要留在我的手上。」她也還留著有一次他走了九十公里來看她時，送她的青箭口香糖，放口香糖的杉木櫃子則是他送給她的第一件聖誕禮物。她還有一把十五公分長的吉他，是他親手用木頭削出來的，琴弦也是真的。另外她還擁有一件雕刻，是迪爾戴在海軍服役的兩年間做的。「在一次暴風雨中，我被困在船艙裡九個小時，其他人都不知道我在裡面，」迪爾戴說。「所以我就拿了一把刀子，從彈藥箱上削了一塊木頭，刻出代表我跟她心連心的結。」

米德麗說迪爾戴在海軍服役那段時間，「真的很可怕，那兩年好漫長，但是我一直都覺得他會回來我身邊，結果他也真的回來了。」他在戰爭中受傷，接下來四年間不斷進出醫院。「我的背部必須動手術，」他回憶，「所以我賣掉農地來支付手術費，決心盡一切努力支撐下去。在我身上打了石膏，只能躺著的時候，米德麗就在家裡做裁縫賺錢。我雖然只有手肘以下的手臂能動，但我想辦法做一些皮件，賣一些皮包、皮夾和鑰匙包。我們從來沒領過一毛錢的失業救濟金，也沒有向別人求助。然後我為了進大學讀書，賣掉房子和店鋪。米德麗去上班，我一邊念書一邊做兩份工作。大學學歷改變了我的人生。我終於能找到一份設計工程師的好工作。」

他們人生中最艱難的時刻，是大女兒派翠莎在十一歲過世時。一個陌生人的腳踏車輾過她的胸口，嚴重損傷她的肺臟，導致她在三年後過世。迪爾戴記得他們最後一次送女兒去醫院之前，米德麗幫她織了一些東西，而女兒說：「媽，我用不到了。但是你不要哭。」迪爾戴回憶說：「她沒有哭。她忍到我們的女兒離開人世，才整個崩潰。」

今天他們的兒子和女兒在自己的住家裡，都留有給這對夫妻的房間。「我們一半的時間在兒子家，一半時間在女兒家，」迪爾戴說。談到自己維繫婚姻的祕訣，這對夫妻說：「我們始終秉持一項原則：不要在太陽下山時還抱著怒氣。你必須在心底深處知道彼此是相愛的，這會讓你願意忽略彼此的歧見和缺點。」

忠誠是超越時間的愛

我從父親身上學到忠誠的可貴。我認為他是全世界最忠誠的人之一。我的祖父愛德恩・曼因・波斯特在父親十一歲時，於火焰島因船隻意外喪生。因此終其一生都住在紐約長島大南灣的父親，每次只要有暴風雨或強風來襲，就會駕著二桅帆船「金鷹號」，在灣區來回搜尋，看看有沒有船隻需要援助。我父親是位玻璃設計師，曾有人想聘請他到紐約州知名的康寧公司擔任設計部門副執行長，但他拒絕搬家。我問他為什麼，他淡淡地說：「我父親是在這裡的暴風雨中過世的。」他對他父親過世的地方始終不離不棄。所以對我而言，如果有某個畫面可以代表忠誠，那就是我父親駕著船，年復一年地盡他所能，防止其他為人父者在意外中喪生的景象，而他這麼做，只是因為在某處可能有個十一歲的小孩像他當年一樣，正等著父親回家。

忠誠是持久的愛，也是所有人都渴望的。忠誠必然包含全心奉獻，這會消除我們內心深處的存在焦慮。毀棄的誓約很難恢復，最初的信任也幾乎不可能重建。但在現今社會中，我們已經不容易再找到忠誠。哥倫比亞大學法學教授佛萊契（George Fletcher）曾寫道：「現代人在面對脆弱的友誼、搖搖欲墜的婚姻、對重要議題採取錯誤立場的宗教社群，或落入錯誤政黨手中的國家時，愈來愈常以改變效忠對象做為因應之道。」

忠誠的程度有無限多可能。最低程度的忠誠，可借用佛萊契獨創的說法：「你不得背叛我」，最高的忠誠，則是「你與我為一體」。我們會按照重要性排列自己對家人、朋友、社群到世界的忠誠程度。這在拉丁文中有個名稱可以形容，就是「ordo caritatis」，意思是「愛的順序」。我們通常是在家庭中學會何謂忠誠的愛，因為我們必須對家人有長久的付出，即使發現他們不可避免的不完美，仍繼續愛著他們。這種堅貞的愛是極大的挑戰。就如杜斯妥也夫斯基的小說《卡拉馬助夫兄弟》所說：「真正的愛的行動艱難又嚴峻，和想像中的愛不同。」

忠誠要求我們奉獻許多，尤其是在愛變成了強制的責任，讓人感到空洞甚至沉重的時候。這樣的時刻，我們會苦惱著如何能持續真心誠意、活力充沛地堅持對愛的承諾。所有的愛都會受到這樣的測試，而如果我們能堅持忠誠，就能在愛當中建立一種只有隨著時間流逝，才能產生的美。就如詩人佛羅斯特（Robert Frost）所描述：「但我有承諾要堅守／入睡前還有好幾里要走／入睡前還有好幾里要走。」

在猶太教義中，忠誠被稱為「chesed」，這可以直接翻譯為「堅定的愛」。哲學家索羅金說過，「持續」是愛最重要的五個面向之一。一個士兵可能因為一瞬間自我犧牲的英雄主義，而拯救同袍，但忠誠的父母卻可能照顧臥病的孩子長達數十年。

除此之外，如果我們想創造偉大的改變，對一項使命的忠誠也不可或缺。就如愛迪生所說：「天才是一％的靈感和九九％的努力。」當愛迪生的朋友因為他不斷失敗而安慰他時，愛迪生回答：「我沒有失敗，我只是發現了一萬種不會成功的方法。」所以創造力有一部分也來自於忠誠，也就是永遠不放棄。十八世紀的英國政治家與思想家柏克說：「永不絕望。但萬一你感到絕望，就在絕望中繼續努力。」

當然，忠誠並不表示對錯誤或不正當行為視而不見。有時候，反對才是忠誠的最高表現。如馬克吐溫所說：「麻木不仁的忠誠，從來不會斬斷枷鎖或解放靈魂。」所以忠誠必須遵循反省和智慧的引導。

研究顯示，不論我們身為伴侶、父母、兒女，或朋友，忠誠都有益我們的身心。以下摘錄一些有關忠誠的研究：

- 由芝加哥大學「全國民意調查中心」（National Opinion Research Center, NORC）執行，部分資金由無限大愛研究中心贊助，並在二〇〇六年發表的一項調查顯示，擁有健康、快樂且長久婚姻的人，一般而言比較願意對人付出，也較能感受到比較強烈的愛。
- 已婚男性及女性的死亡率都比單身者低，其差距在男性當中尤其明顯。
- 在「低衝突」的婚姻中（研究發現，其實大多數婚姻都是低衝突婚姻），如果父母繼續在一起，子女的快樂程度和韌性都比較高。
- 在調查中說自己婚姻不幸福的人，如果繼續維繫婚姻，在五年後再度接受調查時，八〇％的人說自己現在很快樂。這表示如果我們能撐過婚姻中艱困的時刻，通常會對自己有益，雖然並不保證絕對如此。

- 友誼有益健康，經常能讓我們免於罹患憂鬱症，並提升個人自尊。在長達十年對七十歲以上老人所做的調查顯示，擁有一群好朋友，比擁有緊密的家庭關係，更能增加老人的壽命。
- 女性特別擅長維持情感連結和忠誠的人際關係。事實上，新近的研究顯示女性在面對壓力時，腦中大量分泌的化學物質不僅包括典型的「戰鬥或逃跑」荷爾蒙，還有提升情感連結的催產素。所以女性能藉由照顧孩子與他人產生情感連結，並擁有極強的毅力面對艱困。

關於忠誠的八堂課

忠誠並不像寬恕、感謝與慷慨等人格特質，受到這麼廣泛的研究。而且既然忠誠是經過長時間才能顯現的愛，我們就需要對同一群人進行數十年的長期追蹤研究，才能真正了解忠誠對個人健康和身心福祉的深刻影響，這不是件容易的事。不過，仍有一個關於忠誠的研究領域特別突出，那就是研究忠誠對婚姻和家庭的影響。除此之外，我也會利用哲學思考和實際經驗，來說明忠誠的愛如何能改變人生。

第一課：在婚姻裡忠誠，提升了自我

人生的好運來自何處？對很多人而言，可能來自一段充滿愛的婚姻。精神醫學家

瓦倫特曾追蹤四百五十六名來自都市低下階層地區，出身極度貧苦環境的男性，發現到他們到了五十多歲時，其中九個生活最快樂、最有成就的人都說，他們這輩子最大的好運源於一段充滿愛的婚姻。長久婚姻對健康的益處，受到無可辯駁的科學證據支持。因此，婚姻似乎確實是最有利於平衡與健康的人生承諾。

幸福的婚姻之所以對男女的身心健康都有利，部分原因來自於婚姻中發生的「煉金術」，這是雙方將最初的熱情慢慢轉化成互相信任的深刻愛情的過程。索羅金認為，最美好的婚姻應該包含三種層次的愛：情慾（eros）、融合了利己與利他的友誼（philia），以及極度忠誠無私的大愛（agape），或者有時也被稱為「仁慈」。我們一開始可能「墜入」戀愛中，最終卻會在大愛中提升自我。婚姻始於熱戀時的承諾，卻必須在哀傷、困難、枯燥和衝突的時刻中持久。「不論貧窮或富有，不論疾病或健康」仍要相守的結婚誓言，其實非常誠實而坦白。

唯有付出，婚姻才能茁壯。由無限大愛研究中心贊助、「全美民意調查中心」執行，於二〇〇六年發表的一項引人入勝的研究顯示，擁有健康、快樂、持久婚姻的人，通常都樂於付出，也會對他人表達強烈的感情。全國民意調查中心主任史密斯（Tom Smith）認為這項研究是美國有史以來，對於同理心與付出特質最全面性的全國調查。史密斯發現，在是否關愛或在乎他人的問題（例如「我寧可自己受苦，也不讓我愛的人吃苦」或「我願意犧牲自己，讓我愛的人達成他／她的願望」）得分很高的人，有五七%

認為自己擁有非常幸福的婚姻。

根據維吉尼亞州社會學家針對五千對夫妻所做的一項調查顯示，情感的投入與婚姻中的付出，是決定為人妻者是否快樂的兩項關鍵因素。進行這項研究的魏卡克斯（W. Bradford Wilcox）和諾克（Steven Nock）表示「妻子很在乎與丈夫有多少高品質的相處時間」，在受訪的妻子當中，自覺最快樂的人都相信婚姻「是一輩子的關係，除非遭遇極端情況，否則都不應結束」。

芝加哥大學的魏特（Linda Waite）是美國最知名的人口研究學家，她同時也是《為婚姻辯護：為何已婚者比較快樂健康，財務狀況較佳》（*The Case for Marriage: Why Married People Are Happier, Healthier, and Better Off Financially*）的作者之一。幾年前在芝加哥的一場小型研究會中，一群學者齊聚一堂，討論魏特在婚姻、健康與長壽領域的傑出研究成果。其中最值得注意的是，她證實了已婚的男性和女性，尤其是男性，死亡的機率比單身者低。

魏特與同事李朗德（Lee Lillard）利用從一九六八年以來被持續研究的六千多個家庭資料，追蹤其中夫妻結婚、分居、離婚、再婚或喪偶的紀錄，結果發現避免進入婚姻其實風險很高，尤其對男性而言。「在四十五歲的已婚男性當中，將近九〇%的人會活到六十五歲，但是同樣四十五歲的未婚男性，則只有六〇%的人能活到退休年齡，」魏特表示。「離婚和喪偶男性在六十五歲前死亡的機率，幾乎跟打定主意不婚的單身漢一樣高。」但在女性當中，結果就沒有這麼明顯。「四十五歲的已婚女性，十個當中有九個會活到六十五歲，而從未結婚和離婚的女性，十個則有八個可活到六十五歲。」這巨大的「婚姻利益」就是當初促使魏特進入這個研究領域的動力。她在一九九〇年代初受委託去分析一個龐大的死亡資料庫（包括將近五萬人的資料），結果發現婚姻對身心健康有深刻的影響。

與魏特合著《為婚姻辯護》的葛拉格（Maggie Gallagher），是「美國價值研究院」（Institute for American Values）的研究學者。在接受我的訪談時，葛拉格說他們的研究顯示已婚者「比起條件相近的單身者，身體較健康、活得較久、錢賺得較多，也擁有較多資產。他們比較不會感到焦慮、憂鬱、敵意和孤單，整體而言也對生活感到比較滿意。他們的性生活也比同年齡的單身者多。」葛拉格說，長久的婚姻之所以對我們有好處，原因之一是，訂立契約通常會對人類有益：「結婚並承諾長久共同生活，就可以實行經濟學家所說的分工與互惠，雙方可以各自專精於共同生活中的某個部分。而且婚姻會使你在某個人的生活中變得非常重要，因此比較不會去做一些愚蠢或冒險的事。即使現在的文化傾向於歌頌自主、獨立與自由是通往快樂的道路，但對婚姻的研究卻顯示對大多數人而言，成為他人生命中很重要的人似乎更重要。而一旦你成為一個重要的人，就必須變得可靠、可讓人依賴。這樣的結果對你或他人，都有好處。」葛拉格也強調，對男性而言，對某個女人的承諾會隨著訂婚或結婚而來，而不會因為同居而產生。「當一個男人同意結婚時，表示他認同了他與妻子是共同生活的團隊。」

加州大學北嶺分校社會學家傑佛瑞（Vincent Jeffries）表示：「對親密關係的承諾是很強大的力量。」傑佛瑞研究了五十多對結婚二十五年以上，時間最長達到五十九年的夫妻。他發現，「在結婚多年之後，這些夫妻比結婚當時更快樂、更相愛，他們的愛也更加深刻堅定。他們會覺得自己的婚姻本身就是一件美好的事物，值得加以珍惜保護。」

科羅拉多大學心理學家芬諾（David Fenell）二〇〇五年發表了對一百四十七對結婚二十年以上的夫妻所做的研究，結果發現，一輩子相守的承諾是幸福婚姻最重要的特質。芬諾說：「如果一對夫妻有相守一生的承諾，就能度過人生中必然會有的風暴。」

當然我們也必須在此提出不可避免的警告：並非所有婚姻都有益健康。根據二〇〇五年俄亥俄州立大學「行為醫學研究院」（Behavioral Medicine Research）一項調查時間長達三十年的研究顯示，夫妻會在孩子面前公然爭吵的高衝突婚姻，將大幅降低雙方身體的免疫功能。有些時候，婚姻確實會變得很難維繫。當家庭衝突程度太過強烈，夫妻若採取分居，反而可能使全家人都比較好過。在親密關係已經破壞到難以彌補的地步時，結束關係可以讓我們仍舊努力記住美好的時刻，試著原諒對方也原諒自己，盡棄前嫌、往前走，而不是讓怨恨在未來數年中持續侵蝕我們。

我已經結婚二十四年。以下這些想法曾幫助我們度過婚姻的艱難時刻，因此我想在此分享出來：

填補空隙。沒有任何人可以回應我們生活的每一面。事實上，彼此互補的能力，正是婚姻能成功的原因之一。如果你覺得某部分的你在婚姻中「很沉默」，就嘗試結交興趣和特質與伴侶不同的朋友。記得感謝這些朋友讓你擁有新的活力，讓你鞏固了婚姻。

預期意外。在結婚數年後，伴侶可能會吐露過去的「祕密」，例如他經歷過的一次嚴重疾病、擁有非婚生子女，或過往的一段戀情。除此之外，每個人都可能會發生連自己都感到意外的變化。努力支持自己和對方的成長，不論是拓展工作或學習的新領域，還是在身體、情感和智性上的蛻變，不必為了探索新的生命領域而結束一段關係。所以，我要在此引用一句老生常談：對預料之外的事做心理準備，然後順其自然。

花時間相處。當伴侶選擇離去時，那已經走到最後一步了。為了避免這樣的狀況，你必須把握當下，多多相處，以培養彼此的忠誠。耶魯大學心理學家史坦柏格（Robert Sternberg）所說，好的親密關係具有熱情、情感親密，以及承諾這三項特質，多花時間在這個金三角上。

付出而不求回報。付出不應該附帶標價。

花時間嬉鬧。保持幽默的態度。你不必當個傻瓜，而且有時候你也確實需要為自己挺身而出，但是一般而言，好的笑話、溫暖的微笑，與幽默的建議都不會有錯。

遵守誓言。結婚誓詞是「不論好壞」，而不是「或許不論好壞」。婚姻包含了讓人如痴如醉的愛、安靜的友善、純粹的容忍和強烈的敵意。低潮可能帶來嚴苛的考驗，雙方都無法確定是誰的錯。但是如果雙方都相信婚姻應該恆久不渝，在度過黑暗後，就可能會變得更親密、更幸福。

第二課：婚姻讓孩子的世界完整

美國價值研究院學者馬奎特（Elizabeth Marquardt）說：「婚姻為孩子造就一個世界，離婚讓孩子的世界變成兩個。」她表示：「沒有人真正了解孩子面對的挑戰。即使離婚的父母不會互相爭執，衝突仍舊會進入孩子的內心。」馬奎特對全美一千五百名十八歲到三十五歲的年輕人進行調查後，發現如果他們的父母在「低衝突」婚姻中努力維繫，而沒有選擇離婚，即使婚姻關係並不是非常親密或快樂，孩子的狀況還是會比較好。而且根據馬奎特的研究，三分之二的離婚都是低衝突婚姻，只有三分之一是高衝突婚姻。在這些低衝突婚姻中，離婚會讓孩子非常意外而措手不及。

葛拉格說：「我們從研究中得知，如果你默許離婚的可能性，婚姻就容易變得不幸福。我可以用為人父母來比喻，如果我覺得當母親不快樂，就不再當母親了，那我會是個什麼樣的母親？同樣地，如果你抱著這樣的心態，就很難在婚姻中得到你想要的東西。」

葛拉格說，男人尤其會把婚姻和孩子看成同一件事，許多在艱難時刻仍努力維繫婚姻的男人說，他們之所以「撐下去，是因為不希望別的男人跟他們的孩子住在一起。他們是為了孩子挽回婚姻，畢竟在文化上，父子關係並不像母子關係那麼穩定」。

葛拉格對忠誠和婚姻的研究興趣來自於親身經驗。「我大學一畢業就生了小孩。孩子的父親在小孩三歲時決定離開這段婚姻，從此我就再也沒有聽到他的消息。我從單親媽媽的經驗發現，我的兒子即使擁有許多優勢，仍必須經歷許多我自己不曾有過的掙扎。事實是，當你的父母親宣布不再同處一個屋簷下，而你分屬兩個家庭時，那處境真的很艱難。」

大多數婚姻一定會有起起伏伏。馬奎特指出，在婚姻中說自己不快樂的一方，在五年後的訪問中仍維繫婚姻的人，有八〇％會說自己現在很快樂。馬奎特說：「在我們的文化裡，經常會認為一樁婚姻如果不快樂，就只會每況愈下，沒有起死回生的希望。事實上，絕大多數婚姻都會經歷高低起伏，就跟人生一樣。」在許多例子裡，夫妻都能同心協力直到問題消失，而忠誠能幫他們度過難關。

向別人求助。如果你的婚姻陷入困境，可以考慮向其他曾經挽回婚姻的人求助。他們可能經歷過讓人痛徹心扉的動盪，例如外遇、兒女過世、失業，或誤會不斷升高的階段，但終究能修補彼此之間的信任與親密。他們的故事可以激勵你們，也能提供一些好的建議。

如果為人父母，應該經常花時間跟孩子相處。共同的活動和相處時間可以創造家庭的一體感，而這樣的一體感也有助於維繫婚姻。

處理問題，避免事情演變到不可收拾。許多時候婚姻會經歷一段停滯期，比方說彼此因為忙於照顧孩子或工作，而變得像室友，不再那麼親密，這時候婚姻可能會遭受外遇或情感疏離的影響。一旦出現這種情況，就要在嚴重裂痕出現前及早處理。

第三課：不離不棄是最好的療癒

一九九五年七月二五日，對班奈特（George Bennett）而言，是一個跟平常沒兩樣的日子。他在威斯康辛州的史林格鎮（Slinger），經營一家汽油設備公司。當時班奈特正在汽油槽內上漆，這天的工作看來應該會很輕鬆愉快。但這時他聽到砰的一聲，一層火焰急速燒過油槽的頂端，朝他而來，轉瞬間，烈焰就吞沒了他。「我想到我的孩子、未婚妻薇薇安，我知道很有可能別人會發現我死在這個油槽底，於是我坐下來等待。我不想說自己當時很平靜，但不知道為什麼，我不覺得疼痛。我雖然沒有特別虔誠的宗教信仰，但我聽到一個聲音，我知道那是上帝，那聲音只簡單地說：『站起來，班奈特。』我聽到那個聲音的當下，就知道自己會脫離那個油槽。每次別人對我說：『那個聲音一定是你自己想像出來的。』我都會說：『我那時心亂如麻，我不覺得耳朵裡會聽到很清晰的聲音。』後來我肯定昏過去了。等我清醒過來，已經是十月三日。

「意外之前，薇薇安和我正計畫在十月十四日舉行婚禮，但過去這段時間，我一直陷於昏迷狀態。我總共在燒燙傷病房住了半年，期間得過肺炎，腎臟也受到感染。我全身有超過七〇%的皮膚遭灼傷，一直接受嗎啡和更強烈的止痛藥物注射，不斷漂浮在夢境和清醒狀態之間。等我比較穩定、醫師開始幫我移植皮膚之後，我才知道狀況有多嚴重。我第一次試圖站起來時，關節根本沒辦法彎，皮膚上都是疤痕和沾黏，而且虛弱得要命。我總共只站了十七秒，還需要護士扶著我。接下來我睡了一整天。但是他們不肯放棄，每天都逼我練習站立。有一天我實在痛得受不了，就把所有護士都趕出房間，然後說：『不准你們碰我，反正我不幹了！』接著牧師來看我。我說：『真的太痛了，我做不到。』他說：『你一定要做，才能回到家人身邊，找回你的人生。』於是我下定決心對那些護士說：『全交給你們了。』我知道我會活下去，所以必須盡可能好好地活。而且還有這麼多人支持我，我的孩子、薇薇安、我的兄弟姊妹。我的女兒每天都來看我。即使一個人的身體受了重傷，又窮困潦倒，一文不名，這都不重要。重要的是他必須求助，並且知道如何感激。我第一次扶著欄杆嘗試走路時，所有護士都為我鼓掌，而我說：『如果你們為我這麼努力，我也會為你們這麼努力。』當然我也哭過很多次，但是他們都成為我的朋友，而且至今仍是我最好的朋友。」

班奈特說，他也一度希望薇薇安離開他。「她是個很漂亮的女人。我不希望她把生命浪費在我身上。我已經完全毀了，再也配不上她。我恨我自己。有一次我們去小木屋度假，我甚至沒辦法綁鞋帶，而且痛得要命，只想放棄。我告訴她：『我恨自己，我要你離開我，去過你的人生。』當我咆哮、怒吼、罵人、詛咒，還有大哭時，她什麼都沒說，只是靜靜地陪著我。最後我終於累了，上床睡覺，她還是在我身邊。因為她的忠誠，我開始了解無論還要動多少手術、經過多少爭執、穿用魔鬼沾固定的鞋子、戴能夠讓手彎曲的支架、穿防止疤痕增生的壓力衣，我都可以撐下去。她陪我經歷這一切。她會幫我把食物切成小塊，直到我終於可以自己吃飯為止。我與她的關係不斷改善，愈來愈好。我真的是個幸運的人，我希望能給她好多好多的東西。」

另一方面，薇薇安從來沒考慮過離開班奈特。「我愛上他，是因為他的幽默感，他大大的藍色眼睛。他以前很聰明又英俊。他發生意外的時候，我們已經住在一起。我記得我走向他的病房時，既恐懼又驚慌。他的頭腫得跟海灘球一樣大，身上還插著各式各樣的管子。他的鼻子整個被燒掉了，只剩下兩個黑洞。我跌坐在椅子上，遲遲無法接受，那看起來根本不像他。他陷入昏迷的那段時間，我覺得非常孤單。我從早到晚忙著自己的工作，還幫忙處理班奈特的公司業務。」

有些人問薇薇安是否曾想離開班奈特。「這種話讓我很驚訝也很生氣。我無法想像沒有了他，自己該怎麼辦。甚至在開車去醫院時，我都會想：『我還能跟誰在一起？他就是那個人。他就是我要的。他就是我的唯一。』即使是那次在森林小木屋，他沒辦法重新綁好鞋帶，要我滾出去時，我也知道他只是需要發洩，之後就會冷靜下來。最後他終於安靜下來，我也煮了晚餐，那感覺就像是跟鬧脾氣的孩子吃晚餐。我們上床睡覺後，事情就過去了。這樣的狀況發生過好幾百次。有時候我會變得像一個母親，想要保護他。我不希望他覺得受傷或羞愧。」

雖然班奈特全身到處都是傷痕，但薇薇安說：「我已經習慣了，感覺就像他本來就是這樣。我只能說，現在他在我眼中，就跟我當初愛上的那個男人一模一樣。」

班奈特的職能治療師雷歐丹（Eileen Riordan）回憶起班奈特終於可以回家時，「薇薇安來接他，他們互相擁抱，那真是很棒的時刻。你可以看得出來他們瘋狂愛著對方。而當他還沒恢復意識時，他女兒每天都會來探望，唸書給他聽。我必須說，在他身上，信念、愛和求生的意志都如此巨大。」

班奈特說，他學到最重要的一課是自己有多麼幸運。「我比以前更珍惜生命。我總是期待明天到來。我也盡量付出，接觸更多燒燙傷患者，希望能跟他們分享我的經歷。我現在幾乎不會想到過去的班奈特，在看到自己受傷前的照片時，我會說：『嗯，原來我以前長這樣。』然後就不再去想。」

班奈特與薇薇安的故事讓我難以置信，但這卻是由無限大愛研究中心贊助加州大學舊金山分校的一項研究中的真實案例。此外，由精神醫師賀宏澤（Robert Hierholzer）、心理學家葛佛瑞（Bita Ghafoori）等人對戰爭退伍軍人的研究顯示，如果他們在生活中擁有安全而相愛的人際關係，尤其是婚姻關係，則創傷後壓力症候群的症狀會輕微許多。這項為期兩年的研究檢視了一百一十名有創傷後壓力症候群的戰爭退伍軍人，結果發現被愛以及對別人有情感依附，會大幅減輕低創傷後的壓力症候群。賀宏澤說：「這一點似乎顯而易見，但是我仍然認為這項研究非常重要。因為對很多退伍歸鄉的軍人而言，戰爭仍沒有結束，這項研究開啟了新的途徑，幫助我們探索新的治療方式。」

從這些關於忠誠與創傷的研究中，可以歸納出以下三項啟示：

隨著時間過去，愛會使傷口癒合。即使是在最惡劣的狀況下，你對家人或朋友持續付出的愛，能幫助他為自己的人生奮鬥下去。

忠誠是壓力的緩衝器。對你自己和所愛的人而言，堅定持久的關懷所提供的安全感，是抵抗壓力最有效的緩衝器之一。

你可以懷著信心給予忠誠的愛。只要有足夠的時間，愛與意志一定會融化困難與絕望，就像河流終能切開頑石那般。

第四課：忠誠並不完美

我們生活在一個人口流動而且快速老化的社會：美國人平均活到七十多歲，許多人一生中也會搬家好幾次。當我們的生活變動得如此大，家人又經常散居全國甚至全世界各地，往往會有許多難以取捨的狀況等待我們去決定。

例如在配偶或年邁的父母生病時，付出忠誠的愛可能會變得困難。當配偶罹患憂鬱症，開始不工作、不洗澡、不幫忙照顧孩子時，婚姻對於健康的益處何在？當嚴重疾病降臨在另一半身上時，婚姻又有何好處？葛拉格說：「以失業的男人為例。他可能已經邁入中年、有孩子要養，而對一切感到沮喪。一開始他的妻子很同情他，一段時間後，就會開始生氣。有一項研究顯示，失業丈夫幫忙的家務，比擔任全職高級主管的丈夫還少，我們認為這是因為當他們已經自覺不像個男人，就更不願意去做他們認為是女人該做的事。但妻子對這種狀況只能忍受一陣子。男性失業確實是許多離婚的導火線。」當配偶一方罹患嚴重失能的疾病時，也會有同樣的情形。葛拉格便點出：「如果你結婚時，是希望婚姻帶來快樂，那麼照顧失能配偶這件事便顯得極度不吸引人。有些人會臨陣脫逃，留下來的人也不見得認為這是什麼太好的經驗。這是一件很困難的事。大多數人通常會默默接受，做他們相信對的事，但是我不知道有任何研究證實他們的婚姻會因此比較快樂。」

我所認識的一個最忠誠、也最令人激勵的人，是已經退休的神經科醫生佛雷，他曾因孩子的殘障飽受痛苦。佛雷說：「我的兒子麥可九歲騎腳踏車時，被一輛車子撞上。他的頭被壓在車輪下，從此一輩子智能受損、跛腳，且不時發生癲癇。」麥可的癲癇很難控制，因此需要住在安養機構。我見過麥可一次，他坐在輪椅上，表情緊繃而激動。但他父親能夠握住他的手，用溫柔的聲音和微笑讓他安靜下來。

佛雷說：「我的第二個孩子，一出生就有嚴重的脊椎側彎，需要動許多次手術。她現在六十歲，在德州當教授，隨身都要帶著氧氣筒，但她對生活一直充滿熱情。當你的孩子滿六十歲時，那真是了不起的一刻。我在她生日那天打電話給她，在電話中對她輕輕哼唱：『你是蜜糖，你是香料，你是一切美好，你是爸爸的小女孩，你真的是。』」

佛雷並不能展現神蹟，任何凡人都不可能，但是他因自己的苦難而變得更溫柔。例如當到府出診早就不流行之後，他還是會到病人家中看診。

維持忠誠相當不容易，其中一種尤其複雜的情況就跟年邁的父母有關。雖然很多時候我們照顧父母是出於純粹的愛，但有時候驅策我們的只是種責任感。我們甚至會懷疑自己為什麼這麼辛苦，或想著在付完養老院的帳單之後，還有沒有遺產可分。我們真的有義務照顧自己的父母嗎？

我經常在工作中與全美各地的阿茲海默症組織密切合作，因此看過許多這樣艱難的情況。美國照護聯盟（National Alliance for Caregiving）和美國退休人士協會（American Association of Retired Persons）的報告顯示，七〇%老年人的居家照護都是由成年子女或配偶提供。當配偶無法承擔時，成年女子通常會伸出援手。女兒比兒子更可能提供這樣的基本照護，連媳婦都比兒子更可能提供幫助。兒子通常主要處理財務問題、後勤支援、繳付帳單等事務。這表示誰會擔任照顧工作大幅受到性別的影響。有趣的是，種族和文化也有影響。非裔美國人和亞裔美國人認為照顧年老體衰的父母是很重要的責任，而且經常會把照顧工作留在家庭裡。

在家人生病或失能時，堅守忠誠的愛而迎接挑戰的人鮮少受到歌頌，但他們卻都是日常生活中的英雄。我的一個華裔美籍朋友自動自發地照顧他年邁但尚未生病失能的父母，但他懷疑自己的子女將來是否也會這樣照顧他。他的一些想法很值得深思：「安靜的水流聲和講話聲從廚房傳來，偶爾點綴著杯盤碰撞的聲響。我聽不清楚每句話的內容，但很肯定是我媽媽在滔滔不絕地叨念生活的艱難，而我太太只是點頭聽著。這是我父母幾個月前才買下的房子。許多年來，我們一直請求他們搬到離我們近一點的地方，以免我們為了照顧他們而必須放棄自己的事業，或讓孩子離開自己的學校和朋友。但是我父母自從結婚以後，就一直住在同一個社區，他們已經在那裡生了根，移居所做的犧牲是無法估量的。儘管如此，他們還是在距離我們不遠的地方買了一間房子。現在我們家裡有青少年，年老的父母也住在附近，我們成了有些人所說的『三明治世代』。我突然覺得茫然。我沒想到這麼多年一下子就過去了。我的父母是什麼時候變老的？我從什麼時候開始不再年輕了？我們每個星期會有一次三代同堂的時光，一起圍坐在桌子上打麻將。我會坐在父親對面，就像年輕時一樣。父親已經八十好幾，卻仍跟昔日的他一樣開心，一樣活力充沛。某種程度上，我發現自己扮演盡責兒子的角色，也是對兒女以身作則。但是我不希望我的兒女將來覺得自己是被迫照顧父母。我希望他們來看我、關心我、跟我聊天，是因為他們希望這麼做。我愛我的父母，我不認為他們是負擔。即使如此，我對父母的忠誠，與對自己的忠誠，還是經常會互相衝突。我知道我的家庭還沒有面臨最深刻的挑戰。每到夜晚，當我妻子在身邊睡著，而我躺在床上思索時，我會暗自想：『好好照顧那張麻將桌，說不定還用得到。』」

找到有利於所有人的妥協方法。當一個家人不論什麼原因而身心健康出問題時，所有家人必須坦誠而周詳地妥協出解決方法。例如，可以讓父母搬到距離某一個子女比較近的地方。我認識一名男性，他比另外兩個兄弟姊妹富有許多，因此在自己的土地上幫母親蓋了一棟房子，而母親則幫他照顧剛出生的小孩。本章最前面提到的迪爾戴的子女則分別幫他們夫婦倆蓋了公寓，以便他們可以輪流跟每個孩子的家庭共住。

了解忠誠也有限度。如果子女能力有限或父母已經完全無法照顧自己，讓老人家住進照顧機構，並非不忠誠的做法。這樣的決定事實上可能有助於保障他們的福祉和延長他們的生命。

持續參與。即使父母已經住進長期照護機構，家人還是可以深入參與父母的生活，並與照護專業人員合作，讓父母能夠安度晚年。

此外，很重要的一點是，老年人也不應該只是被動地接受別人的照顧。我鼓勵那些甚至健康已經受損的老人家，仍然嘗試對別人付出，或擔任志工，因為如本書的研究顯示，擔任志工有助於改善年長者的身心健康。

第五課：友誼助我們一生心理健康

另一種忠誠來自長久的友誼，研究也顯示這樣的友誼有益健康，可以保護人免於憂鬱，並有助於提升自我評價。澳洲費林德大學老化研究中心（Center for Aging Studies at Flinders University）的研究者在針對七十歲以上老人，長達十年的研究中發現，擁有一群好朋友比擁有緊密的家庭關係更能增加老年人的壽命，其差距多達二二％。該研究從一九九二年到二〇〇二年，追蹤將近一千五百名老人的生活，評估他們與兒女、親戚、朋友和其他密友的接觸。研究者發現，即使當事人經歷過刻骨銘心的失去，例如配偶或其他親近的家人死亡，友誼仍會對他們的壽命有正面影響。其中一位研究者蓋爾（Lynn Giles）表示：「透過朋友和家人維持社會歸屬感似乎是很重要的。」

有關友誼與健康的研究中，最受敬重的研究者之一是北卡羅萊納州立大學的社會學家亞當斯（Rebecca Adams）。她之所以對研究友誼感興趣，部分原因是她小時候經常搬家。她說：「到就讀大學之前，我念過十三間不同的學校，我變得很擅長融入人群，交新朋友，卻不擅長維繫友誼。此外，我對這個主題感興趣，一方面也是因為我發現我的祖父母雖然住得離其他家人都很遠，但在朋友的支持下仍過得很好。這讓我領悟到朋友對老年人而言有多重要。」

亞當斯和她的同事研究了七十名年齡從五十五歲到八十歲，居住於北卡羅萊納州的男女性，結果發現友誼和心理健康有強烈的正相關。「這項研究詳細詢問了有關一對一的友誼和朋友圈的問題，而我們尤其想了解研究對象在友情關係中的感覺、想法，和做法，朋友之間是否有權力和地位的矛盾，以及朋友覺得彼此有多親近等。這是一項深入的小型研究，讓我們得以描繪豐富的友誼圖像。我們發現有項結果違反直覺，只有大約三分之二的受訪者認為友誼是平等的。這很讓人意外，因為我們通常會認為朋友關係是平等的，這幾乎等於是友誼定義的一部分。但我們也發現，即使如此，社會這隻隱形的手確實會引導我們去選擇人格特質與價值觀跟我們相近的人。所有關於友誼的研究都有同樣的發現。雖然網際網路有可能破除界限，但目前還沒有足夠的研究證實這點。」

亞當斯也跟其他研究者一樣，發現友誼的品質和一個人的心理健全程度有密切關係。「事實上，許多研究一再證實，友誼對心理健康的重要性，遠大於家庭關係。我們都認為自己的長輩一天到晚都在等我們探望他們，我相信他們會很高興見到我們，可是他們與朋友的關係更加重要。」因為：「友誼是出於自願的，所以我們都會選擇有益自己心理健康的友誼。雖然我們的家人也很重要，而當我們遭遇慢性疾病時，也比較可能從家人身上得到幫助，但友誼對我們的心理健康卻可能更加重要。」

在遭遇離婚或配偶過世時，朋友就可以幫助我們，我們很可能選擇與自己有過類似經驗的人做朋友。亞當斯在對芝加哥女性所做的一項長期研究中發現，當這些女性的丈夫過世，或本身停止工作後，經常會歷經很大的改變。「在晚年的社會地位改變，有時候會讓人得以自由地重塑自己的友誼網絡，」亞當斯說。

在現代社會中，友誼對人的重要性比在過去要大嗎？亞當斯說：「我們並不真的清楚，因為我們還沒有做過相關研究，但是可能的結果是，世事變化愈大，有些事愈是持久不變。」一項針對印第安那州鄰里網絡的研究就發現，一九三〇年代的鄰里網絡其實與今日相差不遠。「友誼終於得到學術圈研究者的注意，真的太好了，」亞當斯說。

「我們發現原來友誼的重要性，遠遠超越過去的認知。」

以下是科學研究關於友誼的一些發現：

友誼幫助我們在人生磨練中保持完整性。試著培養能長時間延續的友誼。這樣的友誼會支持你度過艱困的時刻，甚至在失去親人時，保障你的身心健康。

朋友為你欣喜。真正的好朋友會希望你得到最好的一切。當美好的事發生在你身上，他會真心感到欣喜，反之亦然。

盡可能修補曾經受損的友誼。不是所有友誼都能夠或應該永久持續，但是你應該了解真誠友誼的價值，並試著修補裂痕，即使這麼做需要時間。

重拾舊友誼。我們可能會隨著時間過去而失去老朋友的消息，尤其是朋友搬到別的地方時。有了網際網路提供的連結管道，現在要找回老朋友應該比較容易。

重塑友誼網絡。如果你的環境、地位或價值觀隨著生活而改變，可以主動出擊，找尋新的朋友。朋友會給予我們支持，同時像一面鏡子，映照出我們的價值觀和人生道路。

人類的歷史因特殊的友誼而改變，從探險家路易斯與克拉克，到亞歷山大大帝與他一生的摯友赫費斯提翁都是。沒有林肯，就沒有格蘭特將軍，而沒有羅斯福，就沒有邱吉爾。朋友之間的協力作用，會帶來強大的變化。

諾貝爾獎得主康納曼與同事特渥斯基的故事充分詮釋了何謂改變人生的友誼。康納曼在一九三四年生於台拉維夫，一九六八年時認識了特渥斯基。康納曼寫道：「許多人都說特渥斯基在他們認識的人當中是最聰明的人。他非常風趣，有說不完的笑話。在他面前，我也會變得風趣，因此我們經常可以一起工作好幾個小時，同時又笑鬧不斷。我這一輩子大笑的時間，恐怕有一半都是跟他在一起的時候。剛開始合作不久，我們就建立起一種後來都一直延續的節奏。特渥斯基是夜貓子，我則喜歡早起。因此我們會一起吃午餐，然後整個下午共同或做各自的工作。我們每天會花好幾個小時講話，不只是談工作而已，我們什麼事都談。我們可以（也確實經常）接對方的話，或講完對方剛起頭的笑話，但是我們卻還能讓對方一直感到驚喜。特渥斯基和我都非常享受這種合在一起比分開來更好的感覺。」

這樣的友誼在更高的層次，是希臘人所說的朋友之愛（philia）。亞里斯多德的《尼各馬科倫理學》（*Nicomachean Ethics*）共有十卷，其中兩卷都是在談論友誼：他與大多數希臘人都認為兩個人之間的友誼關係，是道德的極致。

能在一生中擁有幾個這樣的朋友，是非常幸運的，從某方面來說，這種友誼確實是「愛」，因為情感程度非常深刻。這種感情的基礎是善意、共有的興趣和忠誠。這樣的朋友同時還會在必要時說出逆耳的忠言。就如美國十九世紀的著名詩人愛默生所寫：「寧可做朋友身旁的刺，不要當他的應聲蟲。」因此：

珍惜朋友之愛。這樣的友誼極為稀少可貴。共有的價值觀和興趣能使這種友誼歷久彌新。如果你有這樣的友誼，記得小心照料，並不時灌溉它。

敢於意見相左。友誼不代表不能反對。有時候，能給你驚訝甚至相反觀點的人，才是你最好的朋友。

第六課：向女性學習

女性有交友的天賦，因為她們具有目前在賓州大學任教的心理學家柯蘭（Laura Cousino Klein）所說的「照顧與親近」（tend and befriend）特質。柯蘭在與同事合作的一篇報告中指出，女性在面對壓力時，大腦大量分泌的化學物質不只有「戰鬥或逃跑」荷爾蒙，還有催產素，也就是所謂的依附荷爾蒙。就如我們在之前提到的，女性在面對困難時，先天的反應方式可能就是照顧孩子以及和他人連結。柯蘭說，這種反應會使女性感到平靜，「有個笑話說，在實驗室裡工作的女性，在覺得壓力很大時，會打掃清理一番，然後一起喝咖啡聯絡感情，而男性則是自己一個人躲起來。」

一九八〇年發表在《新英格蘭醫學期刊》（*New England Journal of Medicine*），由小兒科醫師甘乃爾（John Kennell）所做的一項研究顯示，邀請朋友一起進產房的產婦較少有併發症，分娩也較順利。哈佛醫學院所做的著名的「護士健康調查」（Nurses' Health Study）也顯示，一個女人的朋友愈多，隨著老化而產生身體問題的機率也愈低。事實上，該調查的研究者進一步檢視女性在配偶過世後的身體機能，發現喪偶婦女只要有一個親近的朋友或死黨，就比較不容易產生新的身體問題或喪失活力。

亞當斯也發現男女經營友誼的風格大不相同。「男性以共同從事活動來定義朋友，而女性則以對話內容來定義朋友。對男人而言，朋友是他們釣魚、打高爾夫球，或打保齡球的夥伴。對女人而言，朋友是她們可以吐露心事的人。」但是一段友誼中最能帶來滋養的，仍是那份親密感，那種彼此照顧的關心。

藉由照顧朋友來減輕壓力。照顧別人有助於平靜，感覺與世界連結。**交知心朋友。**至少找一個真正能讓你敞開心胸的朋友，與他分享你的困難。不過這對男性而言可能很難。有時候男性的支持團體可以幫助他們敞開心胸。

第七課：視手足和寵物為朋友

手足之間的忠誠之愛是個引人深思的主題。手足關係是由家庭連結與友誼連結交織而成的複雜關係。一旦我們長大成人，尤其是如果因為念大學或工作而離家，兄弟姊妹就可能變成較深層的朋友關係，這是比較幸運的情況。然而，有些時候，手足關係卻會因為競爭和在家庭裡日積月累的厭惡感，而產生許多裂痕。手足之間即使有共同的基因，但世界上水火不容的兄弟姊妹，似乎跟相處融洽的一樣多。血親之間的忠誠似乎仍視個人選擇而定。但總結來說，我認為手足關係仍是很值得的選擇，因為這種友誼畢竟有長久的共同生活經驗作基礎，如果成功，會產生更強大的力量。

在結束這個段落前，不要忘記寵物也可以給你一種很特殊的友誼。自古以來狗對人類就極為忠誠。日本有一個很有名的忠犬八公故事。八公每天傍晚都會在東京火車站外等候主人，即使主人在一九二五年因心臟病過世，牠仍每天晚上到火車站，連續九年，直到死在那裡為止。牠已經成為全日本最出名的狗，當地人還鑄造牠的雕像做為紀念。不是只有日本人愛狗，全美國共有四千萬家庭養狗（還有三千四百萬個家庭養貓）。有趣的是，寵物對人永久不變的忠誠，為深刻的友誼提供了一個極佳的典範。

第八課：讓全人類成為你的朋友

人類經由長時間演化，變得會互相照顧。演化生物學家大衛・威爾森發展出一個嶄新的利他主義理論，包含了諸如忠誠等許多可貴的特質。他以強烈的證據證實如果我們在團體中互相幫助，大家都會過得比較好。這個想法可以一路回溯到達爾文的理論。達爾文認為，成員隨時準備互相幫助的部落會比較有凝聚力，而且生存得比較好。

雖然個人可能因為自私行為獲利，但是團體中的個人也可以從相互幫助中獲益。大衛・威爾森認為每個社會團體就像一個努力求生存的有機體。這是一個非常有趣的觀點，而且非常有助於解釋為什麼人會發展出諸如忠誠這樣的特質，以及為什麼這些特質如此重要。大衛・威爾森說，像利他主義和忠誠這樣的特質會演化出來，其實很有道理，因為它們對我們有利。

但是我們都知道對團體的忠誠也有黑暗的一面。忠誠之愛可能導致一種排他性，讓我們以情感形成的保護網包圍被選擇的少數人，卻對圈子以外的人漠不在乎，甚至充滿敵意。這種現象被稱為團體內忠誠（in-group loyalty）與團體外敵意（out-group hostility）。根據俄亥俄州立大學心理學家布魯爾（Marilynn Brewer）對東非三十個不同族群的研究顯示，在資源稀少時，團體外敵意就可能升高。如布魯爾所指出，當團體內成員鄙視其他團體時，就可能導致彼此衝突，甚至「種族滅絕」。

因此，我們必須對我們共通的人性保持忠誠，證據也顯示我們天生具有這樣的能力。無限大愛研究中心贊助的研究者之一，心理學家艾倫證實，人類可以把自己的忠誠圈擴大到所屬的社會團體之外。就如艾倫對我說的：「對其他團體的正面感覺不必然會降低我們對自己團體的忠誠。事實上，有時候跟自己所屬的團體一起幫助其他團體，還會同時增進團體內外的忠誠。」

艾倫在他的新研究中發現，我們確實可能同時創造對團體外的正面感覺，並同時維持對團體內的忠誠。「我們藉由實驗，讓受試者與其他團體的成員建立類似友誼的情感連結，而且在研究中，我們讓受試者意識到自己是某個團體的成員，而對方是另一團體的成員。在第一批實驗室研究中，我們讓來自不同種族或團體的陌生人，每兩人一組。他們必須在四十五分鐘內，分享私人的煩惱、發現彼此的共通點，並且進行一連串任務，讓彼此愈來愈親近。我們已經從先前的研究知道這類活動會讓陌生人變得親密。這項效果確實會隨著時間過去而遞減，但是幾個月後還是存在。」對來自團體外的成員感到親近，似乎會提升一個人對那個人所屬團體的同理與欣賞。艾倫說：「因此，只要能與某個人取得連結，你就能把同理心應用到他所屬的整個群體之中。」

這地球上愈來愈沒有任何人是我們可以眼不見為淨，與我們完全無關的。有些學者和思想家甚至認為，時至今日，憎恨已經失去了實際的用處。神經科學家戴瑪西歐（Antonio Damasio）便指出，當人類孤立地生活在一個個小部落中時，憎恨在演化上的意義比今日大得多。另一位重要思想家，引發廣泛討論的《非零年代》（*Non-Zero*）的作者萊特（Robert Wright）更指出，隨著人類的經濟與科技愈來愈往共通的人性邁進，我們將不可能摧毀另一個文化，因為與不同文化的交流將變得極為重要。自稱是唯物主義者的萊特認為，歷史的整體發展會趨向愈來愈大的合作。他預測，人類的地球村將會由雙贏的原則主導。而在我自己鑽研的生物倫理學和無私大愛的領域，大家也確實都有強烈的動力朝向跨學門的整合邁進。所以，在部落格、智慧型手機可以立刻將照片傳給在任何角落的家人朋友的世界裡，我們有絕佳的機會，擴大忠誠的範圍。以下是一些方法：

把自己視為整體的一部分。第一批進入太空的太空人，從空中俯瞰我們這顆藍綠相間的星球時，都為這渺小而完美的整體深受感動。現在請你停下來想一想，我們多麼需要彼此，需要每一個人。把你的忠誠感延伸到整個人類，同時感受我們的星球是這浩瀚宇宙中無限多星球之一。

接觸與自己不同的人。找一個背景跟你截然不同的人，找他談話或從事一些活動。你很可能會發現你能自然而然地讓忠誠的力量與益處不斷往外延伸，就像在春天寂靜的湖面上激盪出一圈圈的漣漪。

團結合作好過孤軍奮戰。團體淘汰的法則，充分解釋了人類為什麼會演化出合作、溫暖和忠誠等特質。

你的忠誠量表

現在我們要邀請你回答「愛與長壽量表」中有關忠誠的部分。計算分數有兩個步驟。

首先，請你確定哪些題目必須「相反計分」（以®符號標示）。對於相反計分的題目，請按照以下表格計分：

如果你選擇的分數是	請把該題目的分數計算為
1	6
2	5
3	4
4	3
5	2
6	1

第二步驟是計算「相反計分題目」的分數之後，再把每項題目的分數加總起來。你可以現在開始做這份量表，或看完本書、在日常生活中練習忠誠的藝術之後，再測量一次。

請在以下的量表中，按照你認為每句話符合個人特質或經驗的程度，圈出適當的分數。**這個量表沒有所謂的正確答案，所以請盡可能誠實地回答。**

1. **我會確保對家人重要的事，對我也很重要。**
1 非常不同意；2 不同意；3 有點不同意；4 有點同意；5 同意；6 非常同意

2. **我的家人知道不論狀況好壞，他們都可以依靠我。**
1 非常不同意；2 不同意；3 有點不同意；4 有點同意；5 同意；6 非常同意

3. **我的家人永遠都可以相信我是家中的一份子，會有「團隊精神」。**
1 非常不同意；2 不同意；3 有點不同意；4 有點同意；5 同意；6 非常同意

4. **我認為為了更好的前途而遠離家人，並不是很嚴重的事。Ⓡ**
1 非常不同意；2 不同意；3 有點不同意；4 有點同意；5 同意；6 非常同意

5. **我可以想到很多合理的理由，來推掉家務事或我在家裡的責任。Ⓡ**
1 非常不同意；2 不同意；3 有點不同意；4 有點同意；5 同意；6 非常同意

6. **在乎朋友的福祉，對我而言很重要。**
1 非常不同意；2 不同意；3 有點不同意；4 有點同意；5 同意；6 非常同意

7. **朋友都知道不論狀況好壞，他們都可以依靠我。**
1 非常不同意；2 不同意；3 有點不同意；4 有點同意；5 同意；6 非常同意

8. 當朋友有困難時，我不會真的很想聽。Ⓡ

1 非常不同意；2 不同意；3 有點不同意；4 有點同意；5 同意；6 非常同意

9. 當我不再去某個社團、健身房，或其他活動時，我不會擔心我是否還有時間見到在那裡認識的朋友。Ⓡ

1 非常不同意；2 不同意；3 有點不同意；4 有點同意；5 同意；6 非常同意

10. 通常只有在我高興的時候，我才會幫助朋友。Ⓡ

1 非常不同意；2 不同意；3 有點不同意；4 有點同意；5 同意；6 非常同意

11. 我比較在乎該如何幫助同事或鄰居，而不在乎這會耗費我多少心力。

1 非常不同意；2 不同意；3 有點不同意；4 有點同意；5 同意；6 非常同意

12. 不論狀況好壞，鄰居或同事都可以依靠我。

1 非常不同意；2 不同意；3 有點不同意；4 有點同意；5 同意；6 非常同意

13. 鄰居或同事永遠都可以信任我，相信我會發揮「團隊精神」。

1 非常不同意；2 不同意；3 有點不同意；4 有點同意；5 同意；6 非常同意

14. 通常只有在對我也有好處時，我才會幫助同事或鄰居。Ⓡ

1 非常不同意；2 不同意；3 有點不同意；4 有點同意；5 同意；6 非常同意

你的得分：

- 高度付出者（80%）：94 分以上
- 經常付出者（60%）：87-93 分
- 中度付出者（40%）：79-86 分
- 低度付出者（20%）：71-78 分

15. **通常只有在我想要時，我才會空出時間，幫助鄰居或同事。**Ⓡ

1 非常不同意；2 不同意；3 有點不同意；4 有點同意；5 同意；6 非常同意

16. **我會努力根據對人類有益的方式，決定該買什麼東西，或如何利用我的時間。**

1 非常不同意；2 不同意；3 有點不同意；4 有點同意；5 同意；6 非常同意

17. **我認為全體人類就像一個團隊，我們都是其中一員。**

1 非常不同意；2 不同意；3 有點不同意；4 有點同意；5 同意；6 非常同意

18. **我比較在乎自己如何造福社會，而比較不在乎這會耗費我多少心力。**

1 非常不同意；2 不同意；3 有點不同意；4 有點同意；5 同意；6 非常同意

19. **我不會因為自己太忙，無法在對有社會有益的組織或活動中擔任志工，而覺得歉疚。**Ⓡ

1 非常不同意；2 不同意；3 有點不同意；4 有點同意；5 同意；6 非常同意

20. **我就是無法覺得該對別人忠誠，尤其是對我不認識的人。**Ⓡ

1 非常不同意；2 不同意；3 有點不同意；4 有點同意；5 同意；6 非常同意

第十一章

傾聽之道：深刻的投入

傾聽他人的故事在一九七九年時，救了高特里柏（Daniel Gottlieb）一命。那一年，這名家庭治療師的頸部脊椎在一場重大車禍中斷裂，讓他從胸部以下完全癱瘓。他說：「我身邊充滿了愛。我有兩個孩子，一份我可以回去繼續的工作，但是我卻想自殺。我感受到強烈的疏離，覺得自己跟其他人不一樣。有一天晚上，我躺在加護病房裡，盯著天花板，希望自己可以從此一睡不醒。這時候一個護士走近我，問我是不是心理師。我點頭。她接著問我：『是不是每個人都有過自殺的念頭？』她不知道我當時正有自殺的念頭。我告訴她，這種想法確實滿常見，然後問她想不想談一談。」

這位護士拉了一把椅子到高特里柏床邊，開始說出她的人生故事與掙扎，連續講了好幾個小時。高特里柏說：「她離開之後，我對自己說：『我做得到。我可以四肢癱瘓地活下去。』那個護士救了我一命。知道我依舊能幫助他人，這挽回了我的性命。」經過一年的復健後，高特里柏開始在家以志工的方式幫少數病人看診，等健康狀況較穩定之後，重新展開了他的事業。高特里柏並從一九八五年起一直主持「家庭之聲」這個得獎無數的電話諮詢廣播節目，並固定為《費城詢問報》（*Philadelphia Inquirer*）寫專欄。

高特里柏說，四肢癱瘓之後，他的世界變得安靜許多。「我的治療方式大幅改變，我心裡有一種新的寂靜，而在這種寂靜中，我可以聽到別人的心聲。只有當內在的噪音沉寂時，我們才能真正用心去傾聽。這時候我們的心靈是開放的。而當我們開放時，我們就會得到所有人都渴望的那種安全感。許多人想靠著高築心防、買槍、或結婚找到那種安全感，但其實當我們用心去聆聽時，自然就能找到。」

為什麼傾聽有這麼大的力量？「我們需要有人見證我們的生命，因為見證會減少生活中無可避免的孤獨感，」高特里柏說。「疏離和偏見是造成今天世界苦難的最大來源。癒合這些苦痛的第一步是人與人的接觸。第二步則是同情。這兩者都是用心傾聽的一部分。許多年前，一個女病人說：『我覺得自己的靈魂像一面三稜鏡，但是我認識的每個人都只看到一種顏色。』好的治療師、父母、愛人，或朋友的定義，就是能看到別人靈魂的所有面向。以那樣的方式見證他人的生命，會使一個人變得完整。所謂最慷慨的問題，就是很單純地問對方：『身為你是什麼樣的感覺？』問出這個問題，你等於給了對方一份禮物。然後就坐下來，好好傾聽。」

在二〇〇四年十二月的報紙專欄上，高特里柏寫了一封非常動人的信給他四歲大的孫子。高特里柏想像他的孫子靜靜傾聽，然後描述他的經歷：「二十五年前的今天，我親吻了我的妻子，還有我的兩個女兒（其中一個是你媽媽），跟她們說再見，然後走過剛結冰的草地，坐上車子準備上班。這是我這輩子最後走的幾步。兩個鐘頭後，一輛拖板車撞上我。我從那一刻開始四肢癱瘓。在發生車禍時，我最大的痛苦是我想不出來自己是誰、屬於哪裡。我跟朋友、家人、同事都不再跟從前一樣了。每次我聽到醫生說我是『癱瘓』的病人時，我就知道自己現在屬於一個自己不希望屬於的族群。這種找不到歸屬的感覺讓我極為痛苦。那天之後，我了解到幾乎每個人都會碰上一件事，徹底改變他的人生。這件事可能是離婚、診斷出疾病，或某個所愛的人突然去世，無論如何，在那一刻，人生就永遠改變了。當這件事發生時，我們所有人都不可避免地想拿回昨天自己還擁有的一切。」

但是高特里柏說，他學到了很珍貴的道理：「我後來明白，我給予病人的幫助跟走路的能力無關，更重要的是用我的心與智慧。而在這樣的工作中，我找到了與廣大世界的連結。」

見證別人的生命很重要，但見證自己的人生也同樣重要。每天早上，高特里柏都會練習用心冥想。「我只是靜靜坐著，聽著自己的呼吸，看著思緒進入心裡。同情你自己。寬容你的情緒。最重要的，投入自己的人生。」

真心地投入就是深刻的傾聽

傾聽別人就是尊敬他們最深刻的存在。你會在這一章學到為何懷抱著愛與關注，單純的專注於當下，就是一種最能改變人生的愛。哲學家馬賽爾說這種傾聽是「真正的在場」。精神分析師雷克（Theodor Reik）則稱之為「用第三隻耳朵傾聽」（listening with the third ear）。雷克說，用第三隻耳朵傾聽，你就能捕捉人們沒有說出口但真實的感覺和想法。當我們真正融入別人的故事時，我們就等於在告訴對方：「你很重要。你的生活、感覺和想法，我都很在乎。我想要認識真正的你。」脫離孤獨的存在、向外開放，是所有人類的渴望。

藉由傾聽，我們可以參與別人生活經驗的所有面向。我們送給了對方一份「徹底接納」的禮物。我們會在瞬間進入神祕主義者布柏所說的「我—你」關係，在這種關係中，最重要的是兩人「之間」的一切。傾聽中特有的深刻而寧靜的關注，就是愛的縮影。傾聽的行為，雖然看似沒有任何行動，卻經常能讓別人如釋重負、大步往前。

當我們傾聽時，我們的沉默經常比勸說更能強烈地表達愛。你可以這樣想：令人難忘的音樂一定都有休止、停頓、無聲的時刻，而就是這些空白寂靜的空間讓音樂變得美麗。傾聽也是同樣的道理。適時的沉默讓愛變得美麗。

我們在凱斯西儲大學醫學院任教時，經常會帶學生實習，並盡可能全部擠進一個病房裡做訪談。有一次，我們訪問一名女病患，她的兒子有輕微的唐氏症。這個男孩子當時又剛好鼻子發炎，因此很焦躁不安。被指定進行病患訪談的學生克里斯非常有同情心。他問了這個病患很多體貼的問題，但是因為她的孩子實在太調皮，所以十五分鐘後，克里斯乾脆停下來，轉向這孩子說：「你可以繞著病床走一圈，跟每個人說你想說的話，好不好？」這個孩子的回答讓我們很意外：「你不應該只問我媽媽，也應該問我問題！」然後他沿著病床對每一個人說：「你也要聽我說話。」於是所有人都開始訪問這個孩子，而他則令人驚訝地清楚解釋他如何跟病毒感染奮戰，以及他多愛自己的家人。到了這個時候，這孩子幾乎已經整個安靜下來。其中一個學生對此印象極為深刻，甚至因此決定主修特殊照護小兒科，以幫助這樣的孩子。

根據最新的研究，以下是傾聽所能帶來的幾項益處：

傾聽會啟動我們大腦中負責同理心的區域。新近的研究顯示，我們可以藉由觀看和傾聽而啟動有特殊功能的神經元，在某種程度上親身體會其他人的經驗。人類是極為社會化的動物，因此傾聽對我們的生存至關重要。它是連結人際關係的黏著劑。

當我們傾聽他人痛苦時，對方的壓力會降低而安靜下來，身體也因此較能療傷痊癒。事實上，根據麻州綜合醫院精神醫學科副主任佛瑞奇歐尼（Greg Fricchione）認為，同理心就像一帖藥效強大的藥，可以改變一個人神經化學的生態。

當我們傾聽和被傾聽時，我們會對彼此的關係感到安心，相信對方會在我們需要時提

供關懷照顧。研究顯示，被傾聽的人比較會在別人需要時提供支持。**以傾聽表現的愛，可以激勵人心。**在史瓦茲所做的一項傑出研究中，五名多重硬化症患者在持續兩年藉由傾聽給予其他患者支持後，對於自己和人生的看法都產生驚人的改變。這些付出者的憂鬱症狀消失，自信和自我評價都大幅提升。

傾聽之所以有效，是因為我們天生會把跟自己有感情連結的人，納入自我意識中。一旦你與對方建立了親密的連結，他就會成為你自我定義的一部分，你也會不由自主地把關注和同情心延伸到對方身上。紐約布魯克大學的艾倫為無限大愛研究中心所做的幾項研究都顯示，在不到一小時的時間內，藉由傾聽來促進人際連結，就能有效減少偏見，而且效果能持續數月之久。

未來世界的希望很可能與我們傾聽的能力有關，而這應該從家裡做起。關注在幼兒的生活中，扮演了很重要的角色。科學研究一再顯示，孩子在玩耍時會不時回頭看著母親，確認她的存在。這種互動關係，是建立親子依附的關鍵，而健康的孩子將來成年之後，也會樂於付出。

安靜聆聽就已足夠

上星期，一個名叫珍妮的學生哭著到辦公室來找我，因為另一所大學拒絕給她研究所獎學金。我花了大約半小時，靜靜聽她說出心中憂慮。她講完之後，我重述這些憂處，以確認我確切了解，然後建議她打電話給那所大學的入學審查人員，就像她跟我說的一樣，清楚說明她的需求，然後請問他們是否可能重新考慮。她照做了，結果那所大學給了她助教獎學金。我給予珍妮的其實只是傾聽，以及一個小小的建議。

契訶夫一八八六年的《悲苦》（*Misery*），優美地詮釋了我們多迫切需要一個有耐心的傾聽者。故事中一個馬車夫波塔波夫（Iona Potapov）遭受喪子之痛。他駕著馬車在積雪的路上，想跟任何願意傾聽的人吐露他的哀痛，但沒有人停下來。最後，他坐在馬廄裡，把滿腔痛楚對馬兒一股腦地傾吐出來。這匹馬聽著，並對波塔波夫的手心呼氣，讓他終於從孤獨的絕望中解脫出來。

一個好的傾聽者是如此重要，如果沒有這樣的人，我們會感到一種存在的孤獨，就像《舊約聖經・詩篇》的作者呼喊著：「沒有人眷顧我。」所以某些學者稱〈詩篇〉中的上帝是「傾聽的上帝」。我們對傾聽者的需求，存在於所有禱告中。不論我們認為的神是什麼，神的終極意義，其實就是在我們人生旅途中能深刻傾聽與陪伴的旅伴。

我們生活中每一分每一秒，都充滿了傾聽的機會，我們真正需要做的只是靜下來聽。一個學生在走廊上攔下我，想討論即將到來的一項考試；鄰居招手請我過去，要告訴我一隻浣熊翻倒了他的垃圾桶；一個同事在電梯裡跟我聊天；我太太滔滔不絕地跟我說孩子們爆發的一場大爭吵。當我們傾聽這樣的小故事時，其實是在肯定對方的生存價值。即使是在辦公室或電梯裡最隨意的互道早安，也都有意義。少了這些簡單的互動，讓我們互相融合、愉快相處的人際潤滑劑就會消失無蹤。到最後，我們都會開始擔心自己是否被別人接納、歡迎和欣賞。

有時候，我們必須藉由留意別人的身體語言、語氣，和臉部表情來傾聽，對於幼小和年老的人尤其如此。在臨終之人的床邊傾聽，是桑德斯（Dame Cicely Saunders）的特殊專長。她在一九六七年創立了全球知名的「聖克里斯多福安寧醫院」（St. Christopher's Hospice），成為全世界第一間兼具研究與教學功能的安寧醫院，她也是無限大愛研究中心的國際顧問。桑德斯直到二〇〇五年過世之前，每天都會花好幾個小時，純粹同理地傾聽臨終病人說話。她說，她在這數十年間所扮演的角色都是一樣：給予關注與投入，讓那些即將結束生命旅途的人可以表達他們的恐懼與期望。安寧醫院的英文名稱為「Hospice」，指的是中古世紀時，歐洲修道院旁供旅客過夜的遮風避雨之處。桑德斯認為邁向死亡就如同走上最後一段旅途，而「hospice」這個字剛好可以描述我們對這些「旅客」所能提供的款待。傾聽確實是一種深刻的款待，就如同人生旅途上的招待所。

關於傾聽的五堂課

愛的傾聽如此容易：你只要停下來，全心關注。這個簡單的動作會在另一個人的身心中引起共鳴，而最神奇的是，這也會在你心中引起共鳴。當你容許自己靜下來、真正投入，你會發現自己能進入另一個人的內心世界，感覺到他們的感受。傾聽是真心同理的源頭。我一直對於傾聽中會產生的這種神奇連結感到驚訝，因此我很興奮能在此說明，關於人類大腦中一種特殊神經元的新近科學研究，已經初步說明傾聽有這麼大力量的原因。這種神經元實際上會讓我們可以在本質上等於經歷了另一個人的感受。我相信這些神經元就是造就傾聽力量的關鍵。

第一課：同理是一種傾聽

「傾聽是一種神奇的能力，」我們機構的顧問佛瑞奇歐尼說。他試圖藉由臨床研究了解人類大腦的演化，與人類靈性之間的關係。「傾聽是從同理心中演化而來，而我們正透過研究愈來愈了解同理能力究竟存在大腦中的哪個位置。」

同理（empathy，或稱移情）這個辭彙是在一八九〇年代出現，英文字面上的意思就是「進入感受」（feeling into），字源為希臘文中的「empatheia」。「說話與傾聽是人類經由演化而留下的特質，」佛瑞奇歐尼解釋。「經由語言，我們雖然各自分離，卻又互相連結。此外，我們還演化發展出『鏡像神經元』，來了解別人的感覺和感知。」

鏡像神經元是近年來一波全新研究風潮的主題。這些神經元可能有助於我們深入解釋同理作用為何，以及它如何被設定在神經迴路中。我們感覺到的任何一種痛苦，不論是摔斷腿，或看到別人死去的情緒痛苦，都是在稱為前扣帶腦皮質的大腦部位處理。佛瑞奇歐尼說：「假設我們遇到一個母親因為孩子被貨車撞到而在路旁哭泣。這時候如果我以功能性磁振造影掃描這位母親的大腦，她的前扣帶腦皮質應該處於爆炸狀態，裡面的神經元會瘋狂運作，因為她正在經歷如此深刻劇烈的痛苦。而即使身為路人，我們的鏡像神經元仍會產生反應，讓我們大腦中也產生類似的爆炸現象。」佛瑞奇歐尼解釋說，我們會透過鏡像神經元，感受到一點他人的經驗，而既然人類是仰賴社會依附才能存活的物種，這種能力就至為重要。這也是好的傾聽的基礎。當我們聽到別人的故事、看著他們的表情、傾聽他們的聲音時，我們的情緒就會被牽動。

傾聽具有療傷效果，一部分是因為它確實能安撫說話者的傷痛，使其過度活躍的腦部平靜下來。佛瑞奇歐尼說：「假設我是一個心臟科醫師，一名病人剛經歷心臟病發作，正在承受身體的痛苦，而我在他的病床旁聽他說：『醫生，我才四十五歲，我父親就是在五十歲時因為嚴重的心臟病發過世。我還有兩個很小的孩子。我好害怕。』這個醫生的同理傾聽能有助於病人痊癒，一部分的原因是病人的心臟疼痛和情緒痛苦都是在腦中同一個部位，也就是前扣帶腦皮質中處理。」除此之外，痛苦還會引發一連串荷爾蒙和化學訊號的產生，也就是所謂的壓力反應。如果我們同時降低情緒和生理的痛苦，壓力反應就會降低，身體痊癒的機會也就隨之提高。也因為如此，缺乏社會支援的心臟病患者比較容易再次發病。

但是我們這裡談的不只是身體的痛苦。這世界上大部分的痛苦都是心靈的痛苦。就如德蕾莎修女所說：「孤獨是最可怕的貧窮。」傾聽和同理可以讓我們脫離孤獨。佛瑞奇歐尼說：「如果你的先天體質比較容易罹患重度憂鬱症，或你正在經歷任何類型的痛苦，同理對你的作用，就會像一帖強效藥，因為它能夠改變你的神經化學生態的系統。這正是維持身心健康的一項重要方法。」

佛瑞奇歐尼和他的同事假設降低壓力反應，可能有助於一氧化氮等這類化學元素的分泌，進而降低免疫系統、心血管系統，和神經系統的過度作用。同樣有趣的另一項事實是，所謂的母親荷爾蒙，也就是會促進分娩、哺乳，和母子連結感的催產素，似乎也會因人際互動而分泌。二〇〇三年的一項研究讓受試的三十七名健康男性在注射這種荷爾蒙並獲得社會支持後，再度測試他對社會壓力的反應。結果證實催產素和社會支持的結合，與平靜感增加、焦慮降低，以及唾液中壓力荷爾蒙可體松濃度的降低，彼此有正相關。

當我們傾聽時，通常也會注視對方。新近的神經研究顯示，大腦在演化中變得會仔細觀察面部表情，而當我們這麼做時，通往該腦部區域的血液流量確實會大量增加。

所以，你如何經由傾聽同理對方？

用全部的自己傾聽。安靜地與某個人坐在一起，保持靜默，眼睛專注相視。在靜默中，感受自己的狀態以及你在對方身上察覺到的一切。只要保持深刻的投入，持續十分鐘之後，再討論你感受到什麼。你可能會發現，即使不透過言語，只經由神祕的同理過程，你已經可以察覺另一個人內心的狀況。你也可能發現，只是清出心裡的空間，讓你們能專注安靜地彼此陪伴，情感的連結與溫暖自然就會出現。

放慢腳步，然後等待。這個練習來自克里夫蘭阿茲海默症協會「早期治療計畫」（Early Stage Program）協調人歐勒頓（Sally Ollerton）。放慢腳步，問對方：「你想告訴我什麼？」看著對方，就像全世界只有他一樣。停下來，尊重地等待。你不必趕時間，不必達成什麼任務，只是在肯定另一個人的價值。這時候你已經建立了一個真心關懷的情感連結。

改變觀點。這個練習來自「同理傾聽計畫」（Compassionate Listening Project）的創辦人葛林（Leah Green）。這項練習最好與別人一起進行，但也可以獨自進行。請描述你目前與別人產生的一項衝突。不要試圖解決，只要談論發生了什麼事，以及你對此有什麼感覺。然後請對方描述一次，或把自己當成與你衝突的人，並以你想像中的對方的觀點，來描述這件事。你可能會從中發現對方對你的看法，和你自己在這項衝突中扮演的角色的差異，而感到意外。

第二課：傾聽消融人與人之間的差異

傾聽別人可以幫助我們了解和喜歡對方。但是當我們覺得與對方並沒有一些共同的特質或價值觀時，要這麼做可能是一項挑戰。普瑞斯頓說，老年人就經常因此而被忽略：「他們的行動可能比年輕人緩慢得多，他們可能說話緩慢或經常重複，光是這樣生理上的不同就會導致我們把他們看成是不同的族群，而不認真加以看待。我們會認為自己是可以掌控生活的人，但他們卻不是。你必須格外努力，才能耐心傾聽他們想說的話。」

心理學家艾倫認為，傾聽或許就是我們在私人、社會，與文化生活中所需的良藥，因為傾聽可能有助於減少偏見。艾倫研究親近的人際關係二十多年，發展出一項理論模型：一旦你與某個人建立親密的情感連結，對方就會變成你的自我認同的一部分，你會因此不由自主地把同理與關注延伸到對方身上。

在一項很有趣的實驗中，艾倫請受試者評量自己與伴侶的某些特質，例如容易焦慮、野心勃勃，或有藝術氣息等。在之後的追蹤調查中，受試者會被問到某些特質是否適用於描述他們。「當一項特質適合描述自己時，他們會回答『是』。當一項特質適合描述他們的伴侶，但並不適用他們本身時，他們也經常會回答『是』，只是反應速度比較慢。換句話說，他們會猶豫，因為答案同時是『是』，也是『否』。這些特質原本不在他們身上，卻因為他們視伴侶為自己的一部分，而變成他們自己的特質之一。」艾倫進行過特殊的神經造影研究，結果顯示，你聽到自己的名字時，跟你聽到認識的人的名字時，大腦內受到啟動的區域很類似。但你聽到陌生人的名字時，會啟動的區域卻大不相同。這項有趣的證據顯示我們之所以會把別人當成自己，具有神經生理學的基礎。

真心地傾聽經常會使人與人之間巨大的差異消融。「同理傾聽計畫」的葛林就說過一個猶太裔美籍婦女的故事。她的父母都是奧許維茲集中營的倖存者。葛林回憶道：「有一天，我們聽一個前納粹軍人談話。他在六十歲之後開始經常做惡夢。過了這麼久的時間，他才真正感受到自己過去做了什麼事。你可以想像，要那位婦女聽這個人講話，有多麼困難。這位軍人對我們講完話之後，她就崩潰地哭了起來。而這個軍人非常緩慢地走到她身邊，請求她，讓他陪伴她。她同意了。結果他如此真摯地對她道歉，讓她有一個短暫的片刻似乎脫離了這輩子都背負著的痛苦。當我們聽著這個男人描述自己艱苦的童年，以及他是怎麼變成納粹的過程，我幾乎可以設身處地，了解他的感覺。這是我第一次在聽到別人的人生故事時，有這麼深刻的同理感受。」

葛林說，在傾聽時，你為說故事的人提供了一個可以信任的空間。「我聽過被世人稱為恐怖份子而他們自稱為自由鬥士的人說話。我花了一小時聽這個在牢裡待了很多年的恐怖份子述說人生故事。雖然我無法同理他的行為，但我終於多少了解了他的憤怒有多麼強烈，因為他在小時候就親眼目睹自己的父親、叔伯和朋友被殺害。我開始感覺到若有像他那樣的人生，是什麼感受。而他也因為自己獲得傾聽而深深感動，而願意聽我們訴說非暴力改變的可能性。」

葛林說，她所做的傾聽與教人同理傾聽的工作，讓她懷有深刻的感激之情。「我經常接到學生寄來的卡片，說他們終於有一項工具，可以幫助他們改變生活中的人際關係，尤其是本來看似已經永遠破裂的關係。能夠這樣幫助別人，真的是我的榮幸。」

與不同社群的人，例如跟不同種族或宗教的人建立情感連結，事實上可能有助於減少偏見。艾倫說：「例如我是白人，而我有一個很要好的黑人朋友。那麼在某種程度上，我也算屬於黑人族群。所以就像我對自己同理一樣，我也會對屬於自我認同一部分的人感到同理，也無可避免地會把同理延伸到他所屬的團體中。」

在無限大愛研究中心贊助的一項研究中，艾倫讓彼此陌生的人組成兩兩一對，相處長達四小時，以建立連結感。他總共測試了四十對組合。受試者不一定跟同種族的人組成一對，但被要求執行一系列的練習，以建立親近感，然後回答問題，以了解他們對不同種族的人有多少正面同理的情感。艾倫發現，同理傾聽相當有利於建立親近感。「在一段友誼中，與別人一起從事活動，可以讓你自然地與對方產生連結，但最重要的其實是你的自我揭露。你會以逐漸深入的方式揭露一些關於自己的事情。如果你太快就吐露太多事，可能會嚇跑對方；如果你揭露的不夠，情感連結就不會建立。」

艾倫說，最重要的是，當你說話時，對方會傾聽而接受。真正帶來改變的正是傾聽與接受。在了解這一點後，艾倫發展了一系列的練習方式，讓受試者逐漸拉近距離。艾倫說：「效果很驚人。在四十五分鐘內，他們就會覺得彼此真的很親近。而在增加了讓他們一起進行的活動後，這種親近感事實上還能延續一小段時間。」

艾倫說，造就親近感的最佳方法是讓同組的雙方連續四週，每週花一小時相處。首先讓他們自我揭露，然後讓他們一起玩遊戲和猜謎，並一起與其他組別比賽。到第三個星期，他們則必須討論對自己族群，以及對其他族群的認同感。研究結果令人興奮：與不同種族組成一對的人，會比跟同種族組成一對的人，對不同的種族表現出較多的慈悲之心。艾倫打算對有多種族居住的帕羅奧圖市（Palo Alto）的警察進行類似研究。事實上，艾倫在對警察進行一項實驗性調查時，就發現自己已經因此有重大改變。「警方告訴我們的第一件事就是，『社區裡的人都把我們想成是只會吃甜甜圈、又肥又懶，充滿攻擊性的人，』而我發現我也有同樣的刻板印象。因此我們在供應他們點心時，會特別留意不要供應甜甜圈。親身跟警察相處，讓我可以從他們的角度看待這個世界。對我這個成長於一九六〇年代，參加過許多示威活動的人而言，這項經驗尤其特別。」

「傾聽跟你不同的人，對你個人的成長與發展非常重要，」艾倫說。「這會幫助你挑戰自己的觀點，擴大對人生的感受。在這個所有人愈來愈相互依賴的世界裡，這對於社會也很有益處。如果我們要和諧相處，就必須能同理所有群體的成員。」傾聽是創造更豐富多元的私人生活，並打造和諧的世界的第一步。

什麼樣的傾聽才有助於跨越彼此的差異？艾倫為他的研究發展出一套有效的練習，可以幫助我們以簡單的方法與他人分享訊息，而快速建立情感連結。以下是艾倫的指導原則中的一些問題。你可以試著詢問任何人這些問題，不論你與他有多麼不同：

- 如果你可以邀請世界上任何一個人來共進晚餐，你會希望請誰？為什麼？
- 對你而言，美好的一天應該是什麼樣子？

- 說出你跟共同進行這個練習的夥伴的三個共同點。
- 如果你明天醒來時，能獲得你想要的任何一種特質或能力，那麼你希望是什麼？
- 在一段友誼中，你最重視什麼？
- 你喜歡我哪一點？
- 你的房子失火了。在搶救出家人和寵物之後，你還有機會衝進去最後一次，搶救一樣東西。你會搶救什麼？為什麼？

在分享問題和答案後，請注意你是否對這個看似與你截然不同的人，感到比較親近？你是否感覺到在種種差異背後，你們仍有共通的人性？

第三課：傾聽而更快樂

新近的研究顯示，傾聽還能改變你的自我意識，改善生活，甚至在你生病的時候也如此。史瓦茲曾發表過一項傑出而廣為人知的研究成果，對象是一百三十七名罹患多重硬化症的患者。該研究的主要部分是提供其中一百三十二名患者連續八週，每週參加一次聚會，學習舒壓技巧；另外五名則是每個月接一次電話，提供其他多重硬化症患者傾聽和支持。

史瓦茲每個月跟這五個人見面一次，以便持續給予訓練。結果在兩年的研究時間結束時，他們已經變得非常能同理地傾聽其他病患。

當史瓦茲對全部一百三十七名受試者進行嚴謹的資料分析後，發現給予支持比接受支持，更有助於增進健康。提供支持的這五名多重硬化症患者看待自己和世界的觀點，都有大幅的轉變。這些付出者的憂鬱程度、自信和自我評價，都有顯著改善。經由傾聽對別人付出，顯然能激勵人心。史瓦茲說：「這些人經歷了精神層面的徹底蛻變，產生全新的自我認知。」

這項研究有兩項獨特的重要貢獻。首先，當我們檢視付出和健康的研究時，經常會懷疑：「究竟人是因為慷慨而身心健康？還是因為身心健康所以慷慨？」雖然科學界普遍認同這兩者確實有很強烈的正相關，但是我們始終很難找到解答。然而，在這項研究中，本來已經生病的人卻可以藉由付出，改變自己的人生。

其次，這項研究也顯露傾聽帶來力量。研究參與者的評論包括：「當我傾聽別人時，靈魂會變得平靜，」「當你幫助別人時，實在很難覺得沮喪，」還有「我還能覺得自己有價值……因為我還有東西可以付出。」

史瓦茲根據她對多重硬化症患者的訓練，提供了一些確切的建議：

學習用支持的方式傾聽。這項建議的基礎來自心理學家羅傑斯（Carl Rogers）的研究。支持者會回應參與者講的話，而不給建議。你告訴我：「我很難過，」而我說：「你說你很難過，是因為什麼？你可以多說一點嗎？」你聚焦在對方話語中最情緒化的字眼，以某種方式重述，然後詢問更多細節。你以同理的方式探問，但不加評斷。

內在神聖的生命。他經歷過地獄般的人生，但是他卻還能信任人、愛人，請別人當他的朋友。那一刻，我覺得上帝出現在我面前。」艾達強調，方舟團體最美的地方，就是希望每個人分享彼此神聖的人生故事。

艾達還說了另一個故事，是她如何聆聽另一個方舟團體成員非語言的溝通。這個成員叫露絲，她有腦性麻痺的問題，因此需要一種特殊設備才能與人溝通。艾達說：「我們會一起去游泳。她很喜歡。之後我們會一起泡在熱水池裡，她的肌肉經常會一直抽筋。有一次我看到兩個漂亮的年輕女人泡在熱水池裡，心裡忍不住想，喔，我跟她們比起來好胖。我覺得很不自在。但是我們泡進熱水池時，有多重身體殘障的露絲卻開始潑水，吸引那兩個年輕女孩的注意，然後指著我，用手語比出『朋友』的意思。她滿臉笑容地這麼做，似乎非常驕傲，彷彿在說：『我好高興能跟這些年輕女生說，艾達是我的朋友。』那真是我人生中最讓人感到震驚和謙卑的一刻。」

「傾聽不只是聽別人說什麼，還要傾聽語言之外的一切，」阿蘇莎太平洋大學的心理學家雷曼說，他也主持一項研究方舟團體的計畫。「這個團體中的成員會透過身體接觸或單純的情緒流露，傳達出傾聽、陪伴與了解的力量。在方舟團體的晚餐時間，一個心智能力大約三四歲的成員垂下頭低聲哭泣，你會看到他們在傳遞豆子的同時，還用手臂環抱著她。這些時刻很平凡卻又很神聖，但無論如何都充滿了肯定。」

雷曼說，事實上，對別人傾聽和全神貫注會拆穿我們深信不疑並因此深感痛苦的三個謊言：我們擁有的一切決定了我們是誰、別人對我們的評論決定了我們是誰，以及我們的謀生方式決定我們是誰。直到傾聽時，人際關係中最重要的推動力量才顯現出來：我對人是信任的；有人信任我；我能夠給別人某種重要的東西。

你如何能用這樣深刻的方式傾聽，不只聽到聲音，而是聽到另一個人的心與本質？為你愛的人溫柔地刷背，「傾聽」他們的身體放鬆時發出的愉悅嘆息。握住一個人的手，「傾聽」他如何回握你的手。給一個人一個長長的擁抱，一起「傾聽」你們的身體如何重新肯定彼此的親近與溫暖。

第五課：向年幼的人學習

我們可以向小孩子學習，因為他們是最天真自然的。「當一個六週大的寶寶微笑，那微笑是如此充滿喜悅，沒有被任何一絲負面的東西束縛，」普瑞斯頓說。「那是很美的一件事，而自從我在自己小孩身上首次體會之後，我就決定這輩子最重要的目標就是要讓他們保有這種感覺。孩子的快樂是最珍貴的，我會盡全力去保護。自從在孩子身上體驗到這件事之後，我自己愛人的能力就改變了很多。是孩子教會我如何對別人付出同情與愛。」

遵循孩子給我們的教導，我們才知道如何教育和保護他們。猶太大學的心理學家柯耶—拉洛斯（Ilse de Koeyer-Laros）與佛格（Alan Fogel）一直在研究嬰兒和幼兒所展現的同理心。柯耶─拉洛斯說：「我們從寶寶一歲的時候開始研究，然後每年追蹤。」她與同事檢視的是一種他們稱之為「共同調控」（co-regulation，注：社會裡同伴為了維繫互動而改變行為）的活動。「我們相信，當你檢視真實的溝通過程時，你會發現，即使是一個人在講話，另一個人在聽，雙方其實都同時參與活動，你們會持續地互相影響。如果我開口說話，而你突然安靜下來，我就會感覺到你是真的在聆聽，而這會幫助我整理自己想說的話。你在母子互動中就會看到這點。」當母親與孩子在互動時，經常會互相專注地凝視，一起玩、一起笑。柯耶─拉洛斯說，即使寶寶很專心地在玩玩具，沒有看著母親，母親也會靜靜地看著寶寶玩，並且在需要時提供幫助。在積極的共同調控中，就會產生較多正面的情緒與溝通。

「有人專注地陪伴在場，對幼兒來說非常重要，」柯耶─拉洛斯說。「即使在寶寶還很小的時候，你也可以傾聽他們發出的微小訊號。例如嬰兒在玩的時候，仍會不時回頭確定母親在場。嬰兒會探索他的世界，但一定會回來尋找這個永遠等候著他、讓他感到安全的父母。嬰兒會在難過的時候去找尋父母，而開始了解他們無論如何都會照顧他。」

如果父母在孩子經歷正面和負面經驗時，都能真正在場，孩子就能安全地探索自己各式各樣的豐富情緒。舉例來說，研究顯示，有安全親子依附的孩子能夠用比較複雜的答案，描述自己各種不同的情緒。柯耶─拉洛斯說，父母本身就有情緒問題時，例如有憂鬱症，經常會導致一種稱為「追跟躲」（chase and dodge）的模式。「一旦嬰兒看向別的地方，媽媽可能會覺得被拒絕。在我們的一項研究中，有一位母親就不斷叫寶寶的名字，輕敲他的頭，或抓住他的下巴，把坐在高腳椅上的孩子的臉轉向她。有些父母會變得很焦慮，想要知道：『你還在這裡嗎？你還看著我嗎？有什麼不對勁嗎？』」這與具有同理心的陪伴和傾聽完全相反。這些父母無法讓孩子自由自在地活著。這些父母也可能無法處理孩子的負面情緒，而拒絕承認這些情緒的存在。相反地，「不論孩子經歷什麼，父母都能專注地傾聽，帶著同理心注意他的需求，孩子就會開始比較能專注在自己身上，」柯耶—拉洛斯說。

無限大愛研究中心贊助的另一位研究者，耶魯大學的史旺博士則研究了父母照顧孩子時，神經生理學層面的變化，尤其是在母親身上。父母對於孩子的「投入」和對於為孩子創造安全環境的執著，在演化上完全合理。顯然父母天生就會被設定為是新生兒絕佳的傾聽者。事實上，父母的傾聽會有一種近乎偏執的特質。當父母給予孩子專注的愛，甚至會仔細傾聽孩子哭聲裡的不同音調，而這將會影響孩子未來是否具有韌性，是否能避免心理上的問題，而且一般認為這種影響會非常持久。所以早期的親子依附確實會形塑孩子的人格與未來，而且就算沒有絕對的決定性，至少會有很高程度的影響。

普瑞斯頓在養育自己的女兒時，就親身經歷過傾聽的力量。「如果她說：『我要自己穿鞋鞋，』但是我在趕時間而回答：『我們會來不及，』然後就自己幫她穿上鞋子，那麼接下來兩個小時她可能都會鬧脾氣。但是如果我耐心地等三分鐘，讓她自己穿鞋，她就會開心得多。在這種時候，雖然我要花很多力氣才能專注地聽她說話，但是長久而言，我可以把她的行為問題降到最低。如果孩子不覺得自己被認真傾聽，你可能一整天都要跟他的脾氣對抗。如果你每二十分鐘就多花一分鐘確定孩子的狀況，看他們有什麼感覺或需求，生活就會變得容易許多，你就不會對自己的孩子滿腔怒氣，生活會變得比較正面，家裡的氣氛也變得平靜。傾聽孩子讓你可以乘風高飛，而不必逆水行舟。」

你可以在自己的孩子身上嘗試練習**以傾聽愛你的孩子**。試著每天空出一段時間，邀請你的孩子說出心底的話。傾聽他的話，還有他的情緒。想像這是你第一次真正如此傾聽他。讓每一次感覺都像全新的體驗。當父母認真傾聽時，孩子會覺得自己被愛、有價值。在一天結束，你把孩子送上床時，問他：「你今天過得最糟的部分是什麼？最好的是什麼？」你會因此獲得許多珍貴的資訊，了解孩子正在浮現的獨特性格。你也可以把這個練習用在朋友、家人、學生、鄰居和同事身上。

♥

幼兒進入兩歲，發展出自我意識時，就會開始出現同理的能力。雖然新生兒也可能在聽到其他嬰兒哭時一起哭，但不是所有嬰兒都會如此反應，而且我們也無法確定這是否只是一種制約反應，但普瑞斯頓相信這確實是一種同理心的表現。

六個月大的嬰兒在面對他人難過時，常見的反應是為自己尋求安慰。到了九月大時，嬰兒開始會對別人的情緒訊號有反應。例如一項研究就發現，嬰兒在看到母親傷心時，會出現不開心的臉部表情。到兩歲時，蹣跚學步的幼兒就可能會對別人產生具有同理心的關懷，在別人難過時試圖安慰對方。在語言開始發展之後，他們發揮同理心的方式就會迅速擴展。

好的傾聽就是最好的培育。會深刻傾聽我們的人，是我們想要親近的人。所以，今天的傾聽，就是明天愛的基礎。

你的傾聽量表

現在我們要邀請你回答「愛與長壽量表」中有關傾聽的部分。計算分數有兩個步驟。首先，請你確定哪些題目必須「相反計分」（以Ⓡ符號標示）。對於相反計分的題目，請按照以下表格計分：

如果你選擇的分數是	請把該題目的分數計算為
1	6
2	5
3	4
4	3
5	2
6	1

第二步驟是計算「相反計分題目」的分數之後，再把每項題目的分數加總起來。你可以現在開始做這份量表，或看完本書、在日常生活中練習傾聽的各種方法之後，再測量一次。

請在以下的量表中，按照你認為每句話符合個人特質或經驗的程度，圈出適當的分數。**這個量表沒有所謂的正確答案，所以請盡可能誠實地回答。**

1. 當家人在跟我說話時，我會給予全部的注意力。
1 非常不同意；2 不同意；3 有點不同意；4 有點同意；5 同意；6 非常同意

2. 當我愛的人需要我的注意時，我會真誠地努力慢下腳步，給他所需要的時間。
1 非常不同意；2 不同意；3 有點不同意；4 有點同意；5 同意；6 非常同意

3. 我愛的人知道他們如果有任何憂慮，都可以來找我，我一定會給予關注。
1 非常不同意；2 不同意；3 有點不同意；4 有點同意；5 同意；6 非常同意

4. 當我的家人需要跟我說話時，我真的很難慢下腳步。Ⓡ
1 非常不同意；2 不同意；3 有點不同意；4 有點同意；5 同意；6 非常同意

5. 我有時候會因為沒有花時間關注，而沒有發現家人的需求和憂慮。Ⓡ
1 非常不同意；2 不同意；3 有點不同意；4 有點同意；5 同意；6 非常同意

6. 當朋友需要跟我說話時，我會專注地傾聽。
1 非常不同意；2 不同意；3 有點不同意；4 有點同意；5 同意；6 非常同意

7. 當朋友需要我的關注時，我會努力慢下腳步，給予他所需要的時間。
1 非常不同意；2 不同意；3 有點不同意；4 有點同意；5 同意；6 非常同意

8. **我的朋友能夠很放心地與我分享他們的困難。**

1 非常不同意；2 不同意；3 有點不同意；4 有點同意；5 同意；6 非常同意

9. **當朋友需要我的建議或分享他的感覺時，我很難慢下腳步傾聽。**Ⓡ

1 非常不同意；2 不同意；3 有點不同意；4 有點同意；5 同意；6 非常同意

10. **我的朋友可能也認同我不是世界上最好的傾聽者。**Ⓡ

1 非常不同意；2 不同意；3 有點不同意；4 有點同意；5 同意；6 非常同意

11. **鄰居或同事都會找我談他們的煩惱。**

1 非常不同意；2 不同意；3 有點不同意；4 有點同意；5 同意；6 非常同意

12. **同事和鄰居知道他們如果需要跟人分享自己的感覺，都可以來找我。**

1 非常不同意；2 不同意；3 有點不同意；4 有點同意；5 同意；6 非常同意

13. **在鄰里間和職場上，大家都知道我是一個會花時間關注別人問題的人。**

1 非常不同意；2 不同意；3 有點不同意；4 有點同意；5 同意；6 非常同意

14. **如果鄰居或同事有困難想跟我討論，我可能不會注意到。**Ⓡ

1 非常不同意；2 不同意；3 有點不同意；4 有點同意；5 同意；6 非常同意

15. **幾乎沒有同事或鄰居在有問題時向我尋求建議或同情。**Ⓡ

1 非常不同意；2 不同意；3 有點不同意；4 有點同意；5 同意；6 非常同意

你的得分：

- 高度付出者（80%）：99 分以上
- 經常付出者（60%）：93-98 分
- 中度付出者（40%）：86-92 分
- 低度付出者（20%）：78-85 分

16. **當別人需要有人講話時，我會努力對他們付出時間和關注，即使對方是完全不認識的陌生人。**
1 非常不同意；2 不同意；3 有點不同意；4 有點同意；5 同意；6 非常同意

17. **我會努力真心地關注世界上正在發生的問題。**
1 非常不同意；2 不同意；3 有點不同意；4 有點同意；5 同意；6 非常同意

18. **我通常都很匆忙，不可能花時間跟陌生人講話。**Ⓡ
1 非常不同意；2 不同意；3 有點不同意；4 有點同意；5 同意；6 非常同意

19. **說實話，我沒有時間去嘗試了解世界各地正在發生的問題。**Ⓡ
1 非常不同意；2 不同意；3 有點不同意；4 有點同意；5 同意；6 非常同意

20. **我忙著處理自己的事已經忙到不可開交了，不可能花時間去了解陌生人的問題。**Ⓡ
1 非常不同意；2 不同意；3 有點不同意；4 有點同意；5 同意；6 非常同意

第十二章

創造之道：發明與創新

在一九九七年一個秋日午後，時尚攝影師葛爾多帝（Rick Guidotti）的人生徹底轉了方向，當時他看到一個十二歲的女孩跟朋友在等公車。

「她的頭髮、皮膚或眼睛裡都沒有任何色素，而且她漂亮極了，」葛爾多帝說。「我還來不及問能否幫她拍照，她已經不見了。於是我到附近的大型連鎖書店，找尋有關白化症的書。我找到的每一張照片都在醫學教科書裡，跟其他遺傳性疾病並列在一起。你會看到穿著內衣的兒童與成人在醫生辦公室裡靠牆站立，臉上鋪著一道黑影，以對他們的身分保密。每一張照片都充滿了絕望、痛苦，全都在表現一種身體殘障的狀況。但是這跟那個在街上咯咯笑著、頭髮在風中飄揚的女孩子，完全不一樣。」

葛爾多帝聯絡了「美國白化症與低色素組織」（National Organization for Albainism and Hypo-pigmentation），希望能讓他對世界展現白化症之美。他說：「我還記得我拍的第一個女人。她來到我的攝影棚時，頭髮垂下來，蓋住了大半的臉。她這輩子不斷受到嘲弄和折磨。

我放了音樂，開始拍照，在幾分鐘之內，她從我的拍攝過程中，第一次感受到自己是一個光芒耀眼、出奇美麗的受造物。這對她帶來強大的衝擊。我知道小孩子還是會嘲弄她，但是已經不會對她造成同樣大的傷害。」

當《生活》（*Life*）雜誌在一九九八年六月刊登這些照片之後，其他各式組織陸續跟葛爾多帝聯絡。沒多久他就完全放棄了時尚攝影，而他成立的新組織「正面曝光」（Positive Exposure），現在已成為一個全球組織。組織的共同主持人，同時也是流行病學家和精神醫師麥克連（Diane McLean）也持續用錄影方式，為葛爾多帝的拍攝對象記錄他們的生命故事。「我們要傳達的是一個舉世共通的訊息，」葛爾多帝說。「那就是讚頌差異，正視在差異中存在的美。」

「在某次攝影展中，一個馬芬症候群（Marfan's syndromes）的女性患者來找我。馬芬症候群可能導致脊椎彎曲和手腳異常生長。我有一張作品，就是拍一個有馬芬症候群的男孩沒穿上衣的樣子，那是一幅很美的肖像照。這個女人告訴我：『我和父親都有馬芬症候群，我們從來不曾穿泳裝去海邊，看過這幅照片後，我決定去買一件比基尼。』一旦你對美和差異的觀感改變，你眼裡看到的世界就不再一樣了。」葛爾多帝的照片如此美麗又強而有力，以致於一個人只要看著這些照片，就會經歷巨大的轉變。

葛爾多帝已經不再帶著大批工作夥伴坐頭等艙、住四季飯店，而是坐經濟艙、睡在別人家的沙發上，只拍攝有基因異常的人，改變他們的人生，讓他們看見自己的美。就像被拍攝者凱薩琳所說：「在葛爾多帝幫我拍的照片裡，我不再看見我的疾病。我不再看見破壞、局限、欠缺。我看到一個人。」

創造力，就像愛一樣，只要表達出來，就能同時造福表達的人和接受的人。葛爾多帝已經讓他的創造力更上一層樓，轉變為愛的使命。

創造力是生命最初的驅動力

從毛毛蟲的蛹到全宇宙，從銀河系到蛋白酥，從李爾王到哈利波特，從雪梨歌劇院閃閃發光的屋簷到蜂窩中均衡成對的蜂巢結構，是創造讓一切存在擁有嶄新形式，而我們每天都生活其中。我們必須由內心深處，由我們每個細胞深處，感覺到自己也屬於這神奇而不斷開展的萬物之一。

《易經》中第一卦即「乾卦」，意思是創造。《易經》認為乾卦代表了天地最原始的力量，其實許多文化都具有這種觀點。哈佛大學神學家考夫曼（Gordon Kaufman）就提出，我們對上帝的定義就是創造。「上帝是萬物中最終極的，亦是我們至今仍無法參透也無法解開的謎，而且很可能永遠無法解開，」考夫曼如此認為。我們可以驚嘆銀河系與行星驚人的演變、地球上生物的無限多元，和人類意識與愛的能力的誕生……，創造本身就是上帝之謎。

僅是我們行星上所誕生的多元生命，就讓人驚奇。地球上大約有一千萬到一億個物種，生命是如此頑強與富含創造力，有些有機體能在攝氏負七十度下的冰天雪地中生存，有些又能在華氏七百度高溫沸騰的黑色硫磺水中生活。暢銷書作者與科學家謝瑞克（Rupert Sheldrake）寫道：「整個宇宙都在創造的演化中，你會覺得創造的目的似乎只是為了創造本身，例如我們就不了解為什麼世界上要有這麼多種蜜蜂。」（根據估計，地球上大約有三十萬到三十五萬種蜜蜂。）所有的生命是如此密切相關、共同演進並達成平衡，以致於一個物種的死亡，就會成為另一個物種的食物。整個宇宙的構成，確實仰賴密不可分的各個部分。

所以今天你在這裡，活在生氣蓬勃的萬物當中，腦中有千萬億個神經元在啟動著。這所有的創造力對你而言有什麼意義？你如何將這樣的創造力運用在自己和他人身上？哈佛客座教授、哲學家柯萊頓（Philip Clayton）說：「宇宙不斷地產生嶄新、美麗、井然有序的複雜性，因此變得愈來愈複雜、相互關聯、美麗、驚人、令人讚嘆。在這樣的背景下，我們該如何看待人類的生命？」柯萊頓相信，我們可以從宇宙中了解人類創造力的意義。「一旦我們了解每個人都是這個不斷展現新意的大宇宙中一個微小的宇宙，我們本來就是其中一部分，就能體會到自身生命的豐富。我會發現自己也擁有那種不斷展現的創造性，而喜悅地參與其中。」

「創造力讓人類得以存活，」哈佛大學心理學家卡森（Shelly Carson）說。「我們沒有足夠的力氣與速度，可以躲避掠食動物的攻擊，因此我們藉著創意和創新而存活下來。

盾的想法和極端的個性。

衛斯理學院的心理學家魏克在研究中證實，創造力與健康的自戀（也就是正面的自我認知）息息相關：「在做博士論文時，我的研究對象是一群舊金山著名女子大學米爾學院（Mill College）的一百四十名特殊女性。米爾學院吸引了許多對藝術感興趣和來自顯赫好萊塢家庭的女性，確實非常適合做健康自戀與創造力的相關研究。結果我發現，健康自戀的女性比較可能擁有較高的創造力和同理心，也比較可能達到高的社會地位。她們對新的事物抱持開放的態度，願意感受樂趣和痛苦，也能察覺生命經驗中細微的差異和各種矛盾。這些女性的人生，似乎一直充滿了活力。」

卡森還認為，有創造力的人都比較好奇、喜歡複雜、據理力爭、擁有自信、偏好從大處著眼、有強烈動力，並且獨立自主。

創造與樂趣密不可分。創造力也跟自我實現的能力息息相關。創造力還有助於提升病人的身心健康，並能提升自我評價。

關於創造的六堂課

創造的純粹樂趣會驅使我們遊戲、探索、開創，與整合自己的新想法。創造力是對這個世界的禮物，是對生命本身的熱愛，而且絕對值得培養。研究顯示，只要稍微練習與留意，每個人都能變得更有創造力，更能享受其中樂趣。

第一課：生活中的創造俯拾皆是

契克森米哈賴認為，創造可分為兩種，其中一種是「充實生活不可或缺的」個人的創造，他稱之為「細微創造」（little C）。相對地，「巨大創造」（Big C）則是會改變世界的創造，我們也都會經由深刻的了解，參與這樣的創造。「如果以歷史或文化的觀點來看，只有在為別人帶來改變時，才是真正的創造力，」契克森米哈賴說。「創造與文化之間，必須連結起來。」他舉畫家梵谷為例。

一開始梵谷的畫完全不受人重視，但在第一次世界大戰後，他的畫突然對世界有了意義。「大家需要一種新的方式來表達和因應他們因為戰爭產生的感覺，而他的作品便在此時被注意到，被文化所接受。」對契克森米哈賴而言，梵谷此時才成為一個「巨大創造者」，也就是對於藝術和文化有持久影響的人。「印象畫派能在巴黎開花結果，一部分原因是新的中產階級開始願意用畫作裝飾自己的家。這進一步吸引了來自全世界，有遠大抱負的年輕藝術家。」因此契克森米哈賴認為，不論在任何領域，創造力之所以勃發，部分原因一定是社會大眾的肯定與欣賞。

創造是創造者與觀賞者之間的互動。所以我認為這也是一種愛，是一種付出與接受的方式。卡森對於創造也有類似的「大」、「小」區分，但她把創造分為「低」、「中」、「高」三種層次。她說：「**低層的創造力**是我們每天都會參與的創造。『亂世佳人』中的郝思嘉拿客廳裡的綠色窗簾做成禮服，或小朋友沒有黏膠，就用口香糖來固定腳踏車輪胎的擋泥板，就屬於這種創造。這種創造極具創意，也極為常見。而發揮**中層創造力**的人則是能以創造性工作維生者，不管是設計壁紙、畫畫或寫作。他們很有創造力，但並沒有改變世界。發揮**高層創造力**的人則像哥白尼、愛因斯坦、畢卡索、貝多芬、牛頓等。他們徹底改變了自己的領域，也改變了世界。」

柯萊頓（Philip Clayton）建議我們以這樣的態度回應宇宙：「我喜悅地參與。」而我們也可以用同樣的態度參與「巨大創造」。我小時候身邊有許多充滿創造力的人：我姊姊吹奏雙簧管，我祖母把房間租給孟德威爾（Robert Motherwell）與波拉克等畫家。我父親曾在歷史悠久的斯托本玻璃公司（Steuben Glass）當設計部門主任，後來創立自己的設計公司。我很早就學會藉由欣賞而參與這所有的創作。我們所有人都會因為這些巨大創造者的勇於冒險而獲益，例如諾貝爾醫學獎得主馬歇爾（Barry Marshall）因為冒險吞下一整個試管的幽門桿菌，而向世人證明潰瘍是由感染引起（他吞下這種微生物後立刻得了潰瘍，並服用抗生素而痊癒）。

我們生活在充滿了偉大創造力的豐饒之地。加州大學心理學家藍可（Marc Runco）說，任何時刻，我們只要環顧四周，就會發現偉大的創造俯拾皆是：「我坐在書房，裡頭有數千本書，擺了整面牆的CD。我的電視開著。我穿著一件亮紅色的襯衫。因為貝爾發揮創造力，發明了電話，我才能從這麼遠的地方跟你溝通。創造力到處都是，但我不確定大家是否了解自己身邊圍繞著多少創作。」

盡情享受偉大創造的恩賜。現在就看看周圍，計算你正參與多少源於偉大創造力的神奇結果。這本書是怎麼來到你手上的？如果沒有語言的進化，它不可能存在。如果沒有印刷術的發明、科學家的創造性研究，以及數位造影與電腦的進步，這本書也不可能存在。既然談到你正在拿著這本書的手，那麼你應該知道，我們手掌上與其他手指相對的拇指也是大自然最神奇的發明之一。沒有拇指，我們連剝香蕉都做不到，更不用說建造房子了。

讓自己接觸偉大的創造。卡森和藍可都建議我們可以多接觸音樂、文學、藝術，提升自己的創造力。特地找時間去美術館，好好欣賞裡面的畫。看到一位畫家的作品後，研究他的故事，或者是讀詩、參加詩歌朗誦會、參觀畫廊、教堂和觀賞音樂會等。你還可以閱讀發明者的傳記，去參觀特殊的科學展覽。看著夜空的星星、思索宇宙大爆炸的起源，或光線如何在早晨射進窗戶。盡情享受偉大創造的恩賜。

計畫一場旅行，見證創造性人物的人生故事。在最徹底放鬆的度假期間，去探索一位偉大創造者的人生。以畫家歐姬芙為例，你可以造訪紐約市，因為她是在這裡認識她丈夫史帝格利茲並震撼紐約畫壇，也可以去新墨西哥州，看看她最後隱居的幽靈牧場。追尋莫札特腳步的假期，則可以包括他曾創作與演出的地方，如巴黎、倫敦、薩爾斯堡、慕尼黑和維也納等城市。

創造自己的回顧展。設計一場自己的回顧展，浸淫在你最喜愛的偉大導演、藝術家、畫家，或其他任何屬於創造性人物的創作當中。

第二課：為了純粹的喜悅而創造

「靈魂的存在是為了自身的喜悅，」詩人布萊（Robert Bly）寫道。同樣地，創造的存在也是為了其自身的喜悅。不論多微小的創造，當中都有純粹的來自內心深處的愉悅。卡森的研究中有一名沒受過教育的餐廳女服務生。卡森回憶道：「她在那裡工作幾個月後，就重新設計了他們的菜單，還換掉桌巾，重新安排桌位。後來，她去一家連鎖藥局工作。過不了多久，她就重新設計了商品的陳列，和特殊節慶的裝飾方式。她很有動力去做這些創造性的事。就跟所有創造的活動一樣，這樣的行為來自於內在的動力。行動的本身就帶來回報。」

你必須突破成規，才可能發揮這種日常生活中的創造力，而一點一滴落實創造力，就會對你的個性帶來深刻影響。一九八一年的一項研究對九名女性追蹤了一年。這些女性每週聚會一次，嘗試在縫紉、編織、繡花和其他類似計畫上發揮創造力。她們被鼓勵嘗試新的想法，並以新的觀點看待熟悉的事物。在研究剛開始時，研究者請受試者的親人和好友來評量她們的人格特質，而這些人都不知道研究的目的。一年結束後，她們再度受到評量，結果出現明顯的變化。比起以前，她們更輕鬆有趣、不會小心翼翼、獨立、有活力、有目標、有毅力，在不熟悉的情況下也比較不焦慮。這項研究雖小，卻顯示出創造力不但具有益處，而且非常容易獲得。

一九八八年的另一項研究中，邀請一群業餘的爵士音樂家接受紙筆創造力測驗，結果發現他們在自發性、聯想力、想法豐富度和願意冒險程度等項目上的得分，都遠高於控制組。該研究在結論中指出，即使只是業餘的音樂演奏，也可能有助於釋放創造力。

研究也顯示，創造力強的人在生理上也比較敏感，他們對電擊強度的評估會高於創造力低的人。創造力強的人會比創造力低的人，需要多一倍的時間才會對刺激「慣化」。這種敏感性想必會帶來愉悅，因為創造力高的人會持續尋求新奇和刺激。契克森米哈賴認為，創造力高的人最強烈的特質就是「對周遭發生的事物永遠保持嶄新的好奇心。」

提升你的敏感性。更仔細留意你的感官知覺。請伴侶或朋友幫你按摩，但是從盡可能最輕微的碰觸開始。注意你所有的感官知覺。當某件事吸引你的注意，就停留在上面，觀察所有的細節。專注於一朵花或一片花瓣。留心樂曲中的和諧、長笛在交響曲中細緻的交織，或聲樂家停留在某個音符上的顫音。深刻而敏感地留心你的世界。

讓熟悉事物變成新事物。在熟悉的活動或例行公事中，嘗試新做法。讓你的花園今年充滿各種紫色。為全家人準備晚餐，而且從甜點開始往回吃。使用少見的美味食物來點綴你的沙拉，例如熱帶水果或魚子醬。用新的方式搭配衣服。

讓快樂變成靈感來源。在最快樂的時候，停下來想一想，你可以將哪些全新的經驗帶入你的生活。試著實踐你想像過的一些經驗。

喜悅引發創造，創造又會引發喜悅。早在一九八七年，康乃爾大學的心理學家伊森（Alice Isen）就發現，感到快樂的人當中（在看完喜劇片或收到禮物後），四分之三的人都比平常有創造力。他們更容易看出不同字彙之間的關聯，或善於解決問題，或產生不尋常的聯想。四年後，伊森也在對醫學院三年級生的研究中，發現同樣的結果。處於喜悅和正面狀態的學生會比同儕更快想出方法來解決複雜的醫學問題。在一九九九年，伊森提出快樂和創造力的關聯，可能是因為正面情緒和創造性思考，都由神經傳導素多巴胺，也就是所謂的讓人「感覺良好」的化學物質所引發。

根據北卡羅萊納州立大學的心理學家佛瑞德瑞克森（Barbara Fredrickson）認為，創造是以正面情緒為基礎的，強而有力的「擴張與建造」現象。當我們處於喜悅的狀態時，會比較有彈性，容易接收新資訊，簡而言之，會比較愛玩。佛瑞德瑞克森在二〇〇四年的一項研究顯示，負面情緒會窄化人的想法和行為，讓我們只專注於求生。正面情緒則會「擴大腦海中浮現的想法與化為行動的可能性」。佛瑞德瑞克森請受試者觀看中性的、會激發歡樂的，以及會引發恐懼和憤怒等不同影片，藉此測試她的理論。之後受試者被要求列出當下想做的事。那些看了歡樂片段的受試者所列出的數量，比看了恐懼或憤怒片段的受試者，整整多出了一倍。

契克森米哈賴也曾提出，最具創造力的人常說自己的工作是在玩，或說出類似這樣的話：「我這輩子每天都在工作，但也可以說，我這輩子從來沒有工作過。」

創造一個想像的花園。這個練習是卡森提出的：想像你來到一個特別的花園。仔細想像它的細節。現在，請你看花的照片或去苗圃，選出下次去花園想看到的花。找出石頭或鵝卵石的照片，選出你希望的花園有什麼樣的小徑。找出涼亭的照片，把你喜歡的涼亭加入花園。連續幾個月，想像你的花園逐漸成形。

第三課：創造力具有許多形式

哈佛研究者嘉納（Howard Gardner）認為，創造者有各種不同的類型：

- 有些人喜歡解決問題。發現DNA是雙螺旋形狀的華生（James Watson）和克里克（Francis Crick），就屬於問題解決者。
- 有些人喜歡建造理論，幫助我們以嶄新的觀點看待現實。愛因斯坦、佛洛依德和達爾文，都是理論建造者。
- 有些人喜歡根據自己內心的意象創造作品，讓人重複觀看、閱讀或體驗。這類的創造是內省的，而且強烈仰賴個人情感。作家和畫家，從莎士比亞到雷諾瓦，都是這樣的例子。
- 還有一種創造者喜歡創造儀式化的演出作品。像編舞大師瑪莎・葛蘭姆或戲劇類電影導演，都是這類例子。表演本身就必然包含許多創造層面。

● 第五種創造力則表現在社會領域。這種高風險的「公開表演」目的，在於造成社會或政治改變。甘地和他的追隨著就是很好的例子。

哪一種創造力最適合你？許多人擅長一種形式，但也有人掌握好幾種。達文西是最常提到的例子，也因此我們經常以「文藝復興人」來形容有創造力的人。對我而言，在我被邀請主持一個機構，協助所有成員達成共同願景時，我的創造力才終於開花結果。

第四課：用嶄新方式思考

與創造力密切關聯的一項元素，是多元化思考，這是一個富有原創性和彈性的思考過程。創造當中的多元化思考會對你有益。藍可研究了一百一十五個研究對象後發現，多元化思考和自我實現有關。「自我實現」這個辭彙是由心理學家羅傑斯首創。羅傑斯認為這是一種自發的、真實的，具有創造性的能力。我們無法區別創造力和自我實現的差異，因為這兩者密不可分。卡森也同意：「一個人的創造力愈強，他的人生就豐富。這樣的人比較能欣賞美麗的事物，比較能以類比方式思考，也更會尋求嶄新的經驗。」

我們可以用幾種有趣的方法，評量多元化思考的程度。科學家的方法是用「遙遠聯想測驗」（remote associates test），來評量聯想能力。創造性的思考，通常就是以新的方式把不同的事物連結在一起。

在遙遠聯想測驗中，受試者會看到三個字，然後被要求想出某個跟這三個字都有關聯的字。要完成這項任務，他們必須啟動三個不同的聯想網絡，然後找到這些網絡重疊之處。例如你拿到的三個字是「油漆」、「洋娃娃」和「貓」。結果你可能選擇「房子」做為第四個字，因為你可以油漆房子，貓可以是住在房子裡的寵物，而洋娃娃可以住在娃娃屋裡。這類測試的難度會逐漸增加。在這類測試中表現良好的人，都很擅長多元思考。卡森說，「不時有受試者說出我們從沒想過的絕妙答案。」另一項創造力測試稱為巴倫威許藝術量表（Barron Welsh Art Scale）；這是讓受試者看兩兩一組的影像，然後請他們選出自己偏好的一張。「創造力高的人，都會選擇比較複雜的一張，」卡森表示。

此外，多元化思考也跟一種欠缺「潛在抑制」（latent inhibition）有關。所謂潛在抑制是我們大腦中一種過濾機制。當我們坐在電腦前工作時，我們會過濾掉牆上有畫、窗外有樹、有鳥兒啁啾，書桌上有紙有書等這些事實。我們也會過濾掉自己的記憶和內心產生的畫面等。但是卡森和同事利用腦部造影研究高創造力的人時，發現他們大腦的枕葉和頂葉部分受到強烈的啟動。換句話說，這些受試者跟創造力可能有關的右半腦，此時活躍程度較高（當然大腦中的功能劃分，並不能以單純的位置來區別），而與抑制有關的部分則相對不活躍。

卡森與同事彼得森（Jordan Peterson）也研究了高創造力人士的潛在抑制，結果發現他們過濾刺激的程度比一般人低。卡森說：「過濾刺激程度低的人，會讓很多外在與內在刺激進入意識。一旦刺激過多到超出負荷，就可能變得茫然失措、失去判斷力，甚至精神異常。但如果你具有較高的認知能力，就可以比別人更完整地消化這些資訊。我們認為高創造力的人就是如此。他們可以接收到比較多的刺激，也可以看出不同的概念與刺激之間的類比。事實上，愛因斯坦就描述過這個過程。他說他會想像許多東西，漂浮在腦海中，然後在心裡結合這些事物，形成新的概念。另一個我喜愛的比喻則來自法國數學家彭加勒：『創意在擁擠（crowd）中產生。我可以感覺它們彼此碰撞，直到成對組合在一起，這時我只需要幾個小時，把結果寫下來就成了。』」

利用腦力激盪提升創造力。獨自或跟一群人一起，提出某個難題，然後讓想像力自由馳騁。說出你想到的、任何可能的解決方法，不論有多怪異或誇張。任何人都不准在這個過程中發出任何批評。

嘗試畫心智圖。這項技巧是英國心理學家博贊發明的。方法是先準備一張很大的空白紙張，以及各種顏色的鉛筆或馬克筆，然後在正中心畫出一個核心形象（代表「難題」），再從這個形象輻射畫出分枝。例如我可能在中心點寫出「愛」這個字，然後開始思考：我要怎麼寫出一本關於愛的書？接著我開始想到各種愛的方式，並畫成分枝。按照自己覺得適合的方式，來選擇每條分枝的顏色。然後我可能想到這些愛的方式的例子，便從這些方式裡再畫出分枝。最後我會得到一張龐大的，分枝眾多的聯想樹狀圖，這時就可以把毫無相關的分枝的分枝的分枝連在一起。這會幫助我以新的觀點，找出新的模式。

《學習革命》（*The Learning Revolution*）的作者德萊登（Gordon Dryden）也曾說過：「創意是舊元素的新組合。世界上沒有什麼新的元素，只有新的組合。」

為一件物品想出多種用途。卡森會請學生坐下來，寫出他們能想到的一個紙夾的所有用途，然後彼此分享。「他們總是會對別人的答案感到驚訝。」同樣地，你也可以選一個字（任何字）然後試著想出關聯。例如，桌子最常見的連想就是椅子。但是你也可能想到食物、餐點、鄉村風橡木家具、調味料罐、橡木、松木、鋼製主廚桌，甚至「保持開放態度，把一切攤在桌上」這句話等等。

想像兩件看似不同的東西在哪方面相似。找兩樣看似完全不同的東西，然後想像它們有什麼相似之處。「一罐湯跟鮮血有什麼相似的地方？」或者隨機從字典上挑出兩個字，找出它們在外表上或在象徵意義上有何相似之處。

想像看似相同的東西在哪方面不同。你也可以做完全相反的練習：找兩個很相似的事物，然後試著找出它們有哪些不同——例如「小」和「微小」有什麼差異。

第五課：創造力讓生命活起來

葛魯斯納（Johanna Grussner）是一位芬蘭的爵士歌手，來自芬蘭的鄉村地區，後來到波士頓知名的柏克里音樂學校（Berklee School of Music）就讀。之後她到紐約演唱，並在布朗區的八十六號公立學校教十到十二歲的孩子音樂。葛魯斯納在沒有任何特殊經費贊助下，成立了兒童合唱團，並讓這個合唱團遠赴自己的家鄉芬蘭去表演。《紐約時報》在這趟巡迴表演期間，以多達三頁的頭版來報導。

葛魯斯納在接受廣播訪問時回憶說：「在我的家鄉，我的小學只有六十個學生，但有三個老師。」這所布朗區的小學有數千名學生，卻連一間音樂教室都沒有。「這些孩子從來沒有真正學習過音樂，」她說。「我背著吉他，從一間教室到另一間教室。我一個學期在一週內教一千個學生，然後下學期再教另一千個學生。當這些孩子唱歌時，會把一切能量都灌注在歌聲裡，用全部的身體、全部的心意唱歌。」葛魯斯納教他們唱福音歌曲，因為這些歌朗朗上口、旋律性強，也可以邊唱邊擺動。這些孩子在課堂上很難專注，但是當他們學會唱歌之後，葛魯斯納說：「他們終於有了一項拿手的事，因此對自己有了信心。我們到芬蘭演唱的經驗，真的讓人很激動，我們一邊唱一邊都哭了。」

創造對我們的身體和情感都有益處。在我協助失智病人時，每每對於他們一開始畫畫，就變得如此安靜穩定而感到驚訝。我在費爾西老年中心（Fairhill Center on Aging）為「阿茲海默症協會」舉辦過焦點團體，而這些老人畫出的作品經常讓我驚異。這些畫作甚至因為失智帶來的缺乏抑制，而呈現更自由奔放的色彩和形式。抽象表現主義畫家德庫寧（Willem de Kooning），就藉由作畫來對抗阿茲海默症，許多雜誌都刊登過他的作品。現代藝術博物館（Museum of Modern Art）甚至在他死後舉辦了一場罹患失智症時創作的作品展覽。藝評家拉森（Kay Larson）寫道：「阿茲海默症的侵蝕無法去除一輩子的自律和對技藝的熱愛。當疾病來襲時，藝術家已經準備好。他知道自己的最愛，而他的最愛也支持著他。」創造力似乎存在於所有人的內心裡，在比理性思考更深的地方。

西北紀念醫院（Northwestern Memorial Hospital）的心理學家及護理人員沛斯（Judith Paice）在二〇〇六年對癌症病人所做的研究顯示，藝術治療在一個小時後就能顯著降低病人的症狀。五十個患者在四個月內持續接受觀察，顯示藝術治療改善了他們的疼痛、憂鬱、焦慮、昏沉、缺乏胃口和呼吸短促等。「藝術治療提供了一個出口，讓病人可以專注在正面的事物上，藉此獲得一些掌控感。」卡森說，任何創造性的行動，不論是舞蹈、音樂或作畫，都可以幫助一個人表達自我，因此可以有很大的治療效果。「寫作的本身，就已經可以改變心情，」她補充說。

喬治華盛頓大學和國家藝文基金會（National Endowment for the Arts）贊助的一項長期研究，也證實唱歌具有療效。這項計畫從二〇〇一年開始追蹤從六十五歲到一百歲、參與社區藝術計畫的老年人，例如單身老人合唱團（Senior Single Chorale）的成員。相較於同年齡的控制組，這些老人覺得自己的身體較健康、較少看醫生、較少跌倒、較常參與社交活動、不憂鬱，精神也好。喬治華盛頓大學「老年、健康與人文研究中心」主任柯翰說，「更出人意料的是，他們的狀況甚至改善了。」同時是急診室醫生和大提琴高手的羅特（Erick Rotер）也表示，唱歌不但具有創造性，而且「也是一種身體的運動。當你唱歌時，身體的反應跟運動時一樣。」

芝加哥音樂治療師迪米契利—米特蘭（Louise Dimiceli-Mitran）在伊利諾州共濟會醫學中心（Advocate Illinois Masonic Medical Center）進行治療工作時，則是利用打鼓。「當你跟大家圍成一圈打鼓時，會覺得自己的身體彷彿跟一個節奏交響樂團融為一體，」她說。根據一篇研究對象超過一百人、刊登在《另類醫療》（*Alternative Therapy*）上的研究報告，集體打鼓確實能提升免疫能力。該研究的主持人比特曼（Barry Bittman）表示，他們發現打鼓者血液中，抵抗感染的免疫細胞數量大為增加。此外，打鼓者體內，有益荷爾蒙DHEA對壓力荷爾蒙可體松的比例也改善了，而前者的平衡對免疫功能有益。但只是聽打鼓聲而沒有實際參與打鼓的人，則這兩種荷爾蒙的濃度都沒有明顯變化。比特曼認為，受試者的免疫能力指標之所以出現變化，原因可能包括自我表達和同伴情誼，以及鼓聲的節奏所帶來的減壓效果。

而羅特認為，為別人演奏音樂有很強烈的人道意義，是一種人性的療癒法。「如果你接受醫生的檢查，那是很枯燥乏味的。但是演奏音樂不太一樣，那感覺就像是把一個人的心靈傳遞到另一個人心裡，那是非常個人而私密的。即使無法測量，但這確實對雙方都有很大的益處。幾個月前，我為一個得了癌症的女士演奏。這個感覺很神奇，她引出了我內在很多東西，絕對是我獨自演奏時得不到的。而且當一個人演奏音樂時，他的呼吸會不一樣，身體的姿勢也不一樣。你必須放鬆，才能演奏出美妙的音樂。所以你將學會同時放鬆又充滿能量，這就對健康有益。」

沉浸於創造性的嗜好。藉由創造，為自己和他人療傷。讓嗜好成為你的副業，這比單純的嗜好或偶爾的涉獵更有意義。認真練習一種樂器，參加書法課、繪畫課、攝影課、園藝課等，並認真練習你的新技能。

分享這份禮物。藉由表演、展覽、教導別人，或者明年在你新設計並栽種的花園裡辦派對，把新技能當做一份禮物傳遞出去。

第六課：將創意與奉獻結合

物理學家葛斯渥密（Amit Goswami）說過，創意帶來的自由是道德的基礎。有時候我們會遭遇一些難以找到合理解決的困境。如葛斯渥密所說：「當理性不足以找到合乎道德的答案，只能靠有創意的量子跳躍來達成。有創意的方法經常會引出較豐富的解決方法，而使人對問題的脈絡完全改觀。基本上，道德似乎能促進內在創造力的演化。」

只有極少數人能感受到道德領域裡深刻的創造力，這些人就是我們所說的極端利他主義者：他們是道德世界的巴哈與貝多芬，是如此一心一意、專心致志，以致於願意做出偉大的犧牲。

和平朝聖者（Peace Pilgrim）的故事，就是一個很好的例子。她從一九五三年到一九八一年，徒步兩萬五千英里，沿路提倡和平的理念。她橫跨美國七次，經常不吃東西、不停地走，直到有人收留她或提供食物。她希望藉由走路達成的目標是：讓全球解除武裝，所有人和平相處。她是道德領域的創造性天才，激勵了許多人付出。和平朝聖者生於一九〇八年，本名是萊德（Mildred Norman Ryder）。一九三八年某一個夜晚，她整晚在森林裡禱告，希望發現這一生的使命後，得到某種頓悟。她回憶道：「一股強大的平靜籠罩住我。我毫無保留地願意將這一生奉獻給超越自身的某種東西。」她從此開始「為付出而活，不再為得到而活」。

多年之後，她描述自己第一次感覺到完全的內在平靜與幸福的經驗：「我彷彿不是走在地球上。每一朵花、每一棵樹，似乎都罩上一圈光環。萬物都散發出光芒，點點的金光像細雨從空中落下。」

在阿帕拉契山脈健行過後，她突然想到自己可以成為一個和平朝聖者，為提倡和平走遍全國：「我在腦海裡看到自己一路走著，背負著使命。我看到一張地圖，上面標示出所有大城市，我知道自己要做什麼。我要告訴所有人如何達到和平。」

她的頓悟和願景，就像一幅畫或一首樂曲，是創造性的行為，而這就是心理學家皮邱斯基（Michael Piechowski）所說的道德創造力。他認為，「如果發現一項真相，是一個創造的過程，那麼發現關於自己的真相，必然也是一種創造。」內在的成長與蛻變，也是創造嶄新自我的一種方式。

聖雄甘地是另一個令人震懾的道德天才，他的一生和他的努力激勵了許多人。他的道德創造力讓他發明了「不合作主義」，對不義之事進行非暴力抵抗。

或許是對人類的愛，讓道德領域的創造天才得以「發現」解決人類苦難的獨特方法，而激勵他人追隨。有趣的是，研究顯示，天分突出的孩子在很小的時候就會顯現出道德上的敏感度，而且似乎有相當的能力思考公義和公平的意義，並且會希望能安慰別人。對於智商一百六十以上的孩子所做的研究顯示，他們遠比同儕更能在概念上理解何謂公平、正義和對他人的責任。一群天賦突出的十二歲孩子，在道德理解和判斷的測試上，得分甚至遠高於大學生的平均分數。

我不禁想到愛迪生。他說過：「我希望為人類服務，提升人類的生活。當我沒有設想一項發明如何服務人類時，這項發明就不會完美。我必須找出這個世界需要什麼，然後才著手進行。」這個天才只受過三個月的正式學校教育，一出生就左耳全聾，右耳也喪失八〇％的聽力，卻在一萬次的失敗嘗試後，發明了電燈泡中的燈絲。他真的點亮了全世界。

閱讀道德天才的故事。從歷史中獲得啟發。閱讀這些道德天才的傳記，例如和平朝聖者、愛迪生、金恩博士。

去了解一些募款活動各自以哪些方式激勵自己找出新方法來服務他人，例如幫早產兒募款的健行（March of Dimes walk）、愛滋病募款健行等。華裔藝術家林纓（Maya Lin）那座刻滿陣亡將士名字的華盛頓越戰將士紀念碑，也是極有創造力的道德創舉，因為在紀念碑前徘徊，就會讓人湧起深刻的傷痛與感動。

參與道德的創造。參加為某項宗旨舉辦的健行，或參與你覺得有創意、有想像力的非營利基金會的活動。

❤

富勒（Buckminster Fuller）的觀點讓我非常動容。他是一個夢想家、建築師、發明家、圓頂建築結構（geodesic dome）的創始人，還是二十八本書的作者。他深深關切地球的永續發展和環境保護，一生總共獲得二十五項專利和多個榮譽博士學位。一九二七年冬天，當時破產又失業的他，眼睜睜看著女兒死於肺炎。他差一點自殺，但在最後一刻，他決定開始「一項實驗，看看單憑一個人的力量如何能改變世界、造福全人類」。對於創造力，富勒曾說：「當我在處理一個問題時，我只思考如何解決這個問題。但是當我處理完之後，如果解決的方法不完美，我知道這一定是錯的。」

創造力始於信任。一種相信自己能夠發明、創新，並勇於實踐夢想的力量。

你的創造力量表

現在我們要邀請你回答「愛與長壽量表」中有關創造力的部分。計算分數有兩個步驟。首先，請你確定哪些題目必須「相反計分」（以®符號標示）。對於相反計分的題目，請按照以下表格計分：

如果你選擇的分數是	請把該題目的分數計算為
1	6
2	5
3	4
4	3
5	2
6	1

第二步驟是計算「相反計分題目」的分數之後，再把每項題目的分數加總起來。你可以現在開始做這份量表，或看完本書、在日常生活中實踐培養創造力的各種事情之後，再測量一次。

請在以下的量表中，按照你認為每句話符合個人特質或經驗的程度，圈出適當的分數。**這個量表沒有所謂的正確答案，所以請盡可能誠實地回答。**

1. 我喜歡運用我的創造技能，幫助家人執行有價值的計畫。
1 非常不同意；2 不同意；3 有點不同意；4 有點同意；5 同意；6 非常同意

2. 我覺得幫助家人培養技巧、變得有創造力，是很重要的。
1 非常不同意；2 不同意；3 有點不同意；4 有點同意；5 同意；6 非常同意

3. 我擅長把家人的不同能力搭配在一起，為他們找出潛在的機會。
1 非常不同意；2 不同意；3 有點不同意；4 有點同意；5 同意；6 非常同意

4. 我不太會幫助家人想出好的解決方法。Ⓡ
1 非常不同意；2 不同意；3 有點不同意；4 有點同意；5 同意；6 非常同意

5. 我不擅長幫助家人想出他們在生活中的優勢。Ⓡ
1 非常不同意；2 不同意；3 有點不同意；4 有點同意；5 同意；6 非常同意

6. 運用創造力幫助朋友執行有價值的計畫，讓我很開心。
1 非常不同意；2 不同意；3 有點不同意；4 有點同意；5 同意；6 非常同意

7. 我很有興趣激勵朋友尋求很棒或很激勵人心的經驗。
1 非常不同意；2 不同意；3 有點不同意；4 有點同意；5 同意；6 非常同意

8. 我會隨時留意有哪些書籍和電影，可能有助於朋友成長。
1 非常不同意；2 不同意；3 有點不同意；4 有點同意；5 同意；6 非常同意

9. **我不會花時間幫朋友找尋目標或想出達成目標的方法。®**
1 非常不同意；2 不同意；3 有點不同意；4 有點同意；5 同意；6 非常同意

10. **我沒有興趣想一些幫助朋友創造或發現機會的方法。®**
1 非常不同意；2 不同意；3 有點不同意；4 有點同意；5 同意；6 非常同意

11. **在幫助鄰居或同事發展一個創意時，時間不是那麼重要。**
1 非常不同意；2 不同意；3 有點不同意；4 有點同意；5 同意；6 非常同意

12. **我喜歡運用創造力，幫助同事或鄰居執行有價值的計畫。**
1 非常不同意；2 不同意；3 有點不同意；4 有點同意；5 同意；6 非常同意

13. **我會隨時留意哪些書籍和電影有助於鄰居或同事成長。**
1 非常不同意；2 不同意；3 有點不同意；4 有點同意；5 同意；6 非常同意

14. **我不很擅長幫助同事或鄰居想出好的解決方法。®**
1 非常不同意；2 不同意；3 有點不同意；4 有點同意；5 同意；6 非常同意

15. **我不擅長激勵鄰居或同事為重要的使命努力。®**
1 非常不同意；2 不同意；3 有點不同意；4 有點同意；5 同意；6 非常同意

你的得分：

- 高度付出者（80%）：99 分以上
- 經常付出者（60%）：92-98 分
- 中度付出者（40%）：83-91 分
- 低度付出者（20%）：73-82 分

16. 我會努力激勵身邊的人維繫生活中重要的關係。

1 非常不同意；2 不同意；3 有點不同意；4 有點同意；5 同意；6 非常同意

17. 我鼓勵生活中正面的情感依附與關係，例如飼養寵物、學習某項技藝或訂立好的目標。

1 非常不同意；2 不同意；3 有點不同意；4 有點同意；5 同意；6 非常同意

18. 我沒有興趣幫助兒童尋找目標，或設法達成目標。Ⓡ

1 非常不同意；2 不同意；3 有點不同意；4 有點同意；5 同意；6 非常同意

19. 我沒有興趣想出一些方法，來幫助他人創造機會。Ⓡ

1 非常不同意；2 不同意；3 有點不同意；4 有點同意；5 同意；6 非常同意

20. 我不會很有動力找尋好的方法，來幫助他人。Ⓡ

1 非常不同意；2 不同意；3 有點不同意；4 有點同意；5 同意；6 非常同意

第十三章

做好事，過好日：你的付出計畫

我們來到這裡了。如果你還記得，我曾在第一章請你握住我的手，找到心中那把火炬，也就是付出的祕密。

有愛的人生，是唯一有價值的人生

這把火炬讓克里夫蘭全面燒燙傷中心前主任佛瑞提亞尼醫生的話充滿溫暖：「我的工作讓我心中充滿難以理解的寧靜與喜悅。」越南所有街童的「媽媽」諾貝的話也可以讓人感受到這股溫暖：「我知道愛有多美，愛是一種讓人難以相信的禮物，而分享愛更是美。」默思牧師則在金恩博士的承諾中找到那把火炬：「在我有生之年，我將不會憎恨。」這把火炬的火焰也閃爍在四肢癱瘓的心理師高特里柏心中：「知道我仍可以幫助別人，救了我一命。我心底產生一種新的平靜，讓我可以聽到別人內心的聲音。」此刻和未來，我都記著方舟團體創辦人凡尼爾溫柔的光芒：「我們都非完人，唯一的答案是彼此相愛。」

科學證據一再支持我們的直覺。布朗的研究顯示付出會降低死亡率。柯勞斯的研究顯示即使只是為別人禱告的簡單舉動，也能大幅降低健康問題對老年人帶來的影響。魏克的研究顯示，付出有助於我們一輩子的健康，時間長達五十年以上……這些科學研究都不斷證實，付出會改變人的心理與生理，不論年紀、經歷或階級地位為何。有些科學家研究人的生活，有些則研究人體內的分子，讓我們開始了解：當一個人付出時，會刺激哪些荷爾蒙分泌，例如催產素；我們也看到，在我們感到慈悲時大腦中某些部分會啟動。我們正在描繪科學家所說的「平靜及連結」的新神經迴路，這與「戰鬥或逃跑」反應正好相反。

現在，我有足夠的信心說出我一直以來的感覺：有愛的人生，是唯一有價值的人生。雖然科學永遠無法解開愛這個謎，但科學最可能幫助我們找到真相。科學正在告訴我們，付出會帶給人類極大的好處。

付出是利他也利己

我的觀點並沒有矛盾之處。有些演化生物學家可能會激動地跳出來說：「大自然會確保付出帶來好的感覺，正是因為我們全都是自私的！只要剝掉利他主義者的外皮，你肯定會看到一個利己主義者！」

我有時候會懷疑這句話的真正意義。他們的意思是，世界上沒有所謂真正的付出，因為真正的付出必須是不自私的？真正的付出絕對不能有利於付出者？以這種觀點來看，我們照顧自己的孩子或親人，只是因為彼此有共同的基因，而不是因為我們本質上有任何良善之處，也不是因為我們單純、強烈且無條件地愛著他們。

請想像開天闢地之初，渾沌中的一個細胞。當這個細胞與其他細胞結合，它們便開始融為一體、互相合作，甚至分擔不同的特定功能，進一步演化為多細胞的有機體。生命的壯麗多元、受造物的豐富變化，大部分都要歸功於這樣的合作。就如大衛・威爾森所說：「我們從古至今都說善有善報，事實上，這也是許多宗教的基本教條。獲得善報或許不是立刻發生，也不是每一次都有，但整體而言是如此。」事實上他的研究顯示，一個健康的社會，一定是一個付出的社會。

我們有時候似乎會對慷慨行為這個名詞感到困惑。二〇〇二年，我參加了在普林斯頓大學高等研究中心（Institute for Advanced Studies）舉辦的有關賽局理論和愛的研討會。賽局理論的重點是不同團體的人如何互動，以達到他們自身的目的。賽局理論為這些互動創造出數學模型，希望能在實際團體中和電腦模擬中測試。計畫的共同主席之一是諾渥克（Martin Nowak）博士，也是哈佛理論數學中心的主任。諾渥克因為提出了「慷慨地以牙還牙」（generous tit-for-tat）這種賽局理論版本，而聲名大噪。「慷慨地以牙還牙」理論修改自麥克阿瑟天才獎得主艾克斯羅德（Robert Axelrod）發明的「以牙還牙」理論。艾克斯羅德邀請全世界各地的人寄給他某種公式，解釋個人如何求生存，並生存得最好。其中最強有力的公式叫作以牙還牙，內容大致是：一開始你會很願意信任與合作。如果你的夥伴背叛你，你會處罰他一次，然後準備好再度與他合作。就某個層面而言，你維護了自己的權益，但也會考慮大局而原諒對方。

但是，另外一個模型來自史丹佛大學的生物人類學家，也是人類演化理論的領導先驅波恩（Chris Boehm）。波恩有一個極為有趣的想法：如果行善對我們自己和整體人類有利，那麼長時間下來，我們的基因很可能會朝比較不自私、比較付出的方向去演化。

換句話說，演化可能站在付出的這一邊。這種看法與暢銷經典《道德的動物》和《非零年代》的作者萊特的想法不謀而合。萊特認為，隨著一個真正相互依賴的全球社會逐漸成形，人類也會愈來愈傾向合作，進而成為一個全球性的有機體。

有一次，我與凱斯勒（Jerome Kassirer）在餐廳聊天。凱斯勒在我主掌的生物倫理系擔任教職。我們花了兩個小時談論人類奉獻愛的能力。我指出，他每天花好幾個小時閱讀年輕學者的研究論文，並幫助他們發表，因此是「培育他人」這種付出方式的典範。他卻回答：「這麼做讓我覺得很愉快，怎麼會是無私的愛？我只相信利己主義。」但是，他感受到的快樂其實就是重點。

因此我要說，這樣的利己主義愈多愈好！在付出時盡情地感到快樂。你看過哪一尊佛像不是心寬體胖、笑容滿面？我絕對不願意歌頌付出者不會感到喜悅和快樂的愛。從靈魂的每一個角落享受付出，把這本書的訊息讀到內心深處：付出而更快樂，付出而更健康，付出而更長壽。

訂立自己的付出計畫

本書最大的目的就是：仔細描繪付出所包含的豐富內容，和各種付出的方式。愛迪生是一位偉大的發明家，他大多數時間獨自工作，而德蕾莎修女幾乎從來不會單獨一個人，她經常在窮人和垂死之人的床邊。這兩個人截然不同，但都是世界級的付出者。該如何付出，最終還是由你選擇。

其實，付出是一個簡單的動作。從一個簡單的行動開始，你的人生就會從此改變。大多數人至少會在幾項方式上，得到很高的分數。我不想為任何人建議任何嚴格的計畫，但你可以嘗試以下幾種方法：

每天選擇一種方式和一個領域。每天做一項付出。本書提供了十種方式和四個領域，所以有四十個方法可以選擇。每天實驗一種，留意自己擅長哪一種或哪一種會讓你覺得愉快，是小的舉動？大的行動？在家中的付出？對陌生人的付出？

從得分最高的方式開始。花一個星期練習這種方式，然後再花一星期練習你得分第二高的方式。每個星期聚焦在一種方式上，一直到你得分最低的方式，總共十週。同樣地，留意哪種方式感覺最好，會對你帶來最大的獎勵。如果你願意，可以針對得分最低的幾種方式，再做一次問卷，看看在你改變方式之後，得分是否跟著改變。

聚焦在付出的領域，而非方式。選擇某一個領域，例如家庭，然後每天練習一種方式。接著移到下一個領域，這大約要花四十天。

做你愛做的事。如果你對其中某個領域或某種方式，特別有熱情或感受到很大的回報，那麼就留在這裡，進一步專注其中。

在八到十週之後，嘗試再度回答「愛與長壽量表」的問題。但是請記住，這項量表只是一個工具。更重要的是你對生活的感受，以及你在付出後是否感到更有活力、更受到欣賞、更快樂，感覺自己更有價值。記住甘地發人深省的話：「我們所做的事，和我們有能力做的事，之間的差異就足以解決這世界的問題。」

付出永遠不嫌晚

那個炎熱的夏日夜晚，我搭著空調故障的巴士往回家的路上。我沒辦法睡覺，因為後面的年輕人不斷敲我的肩膀。我想到普瑞斯頓的話：「是我的孩子教會我同理心與愛。」我也因為想起前總統雷根而微笑，因為他中彈命危被送進急診室時，卻能立刻用「希望你們都是共和黨員」的玩笑話讓在場的醫生放鬆。我也想起為阿茲海默症患者扮演小丑的湯普森曾說：「我只是對一個失智症病人張開雙手，想像我的掌心有最柔軟、最溫柔的愛，她就抬頭對我微笑了。」佛金的話也浮現在我心中：「我們送一個只剩六星期壽命的人去體驗生活。其實，改變現狀永遠不嫌晚。」

這也是我現在想對你說的。改變現狀永遠不嫌晚。我們到家了嗎？班奈特到家了。這個全身燒傷的男人講到他的妻子：「因為她的忠誠，我開始了解無論如何，我都可以撐下去。我與她的關係不斷改善，愈來愈好。」而他的妻子也已經到家了：「我無法想像沒有他該怎麼辦。他是我的唯一。」

在巴士上，那個陌生的年輕人不斷輕敲我的肩膀。我可以聽到他問：「我們到了嗎？」這是所有人都會問的問題。而答案就是愛。

愛是為了你自己，是由你而生，也是因為你而存在。

愛就對了。

心理勵志　BBP395

好人肯定有好報

Why Good Things Happen to Good People：The Exciting New Research that Proves the Link Between Doing Good and Living a Longer, Healthier, Happier Life

作　者 — 波斯特（Stephen Post）、奈馬克（Jill Neimark）
譯　者 — 李淑珺

事業群發行人／CEO／總編輯 — 王力行
副總編輯 — 周思芸
研發總監 — 張奕芬
責任編輯 — 陳孟君
封面設計 — 三人制創

出版者 — 遠見天下文化出版股份有限公司
創辦人 — 高希均、王力行
遠見・天下文化・事業群　董事長 — 高希均
事業群發行人／CEO — 王力行
出版事業部副社長／總經理 — 林天來
版權部協理 — 張紫蘭
法律顧問 — 理律法律事務所陳長文律師
著作權顧問 — 魏啟翔律師
社址 — 台北市 104 松江路 93 巷 1 號 2 樓
讀者服務專線 —（02）2662-0012
傳　真 —（02）2662-0007；2662-0009
電子信箱 — cwpc@cwgv.com.tw
直接郵撥帳號 — 1326703-6 號　遠見天下文化出版股份有限公司

國家圖書館出版品預行編目(CIP)資料

好人肯定有好報 / 波斯特(Stephen Post), 奈馬克(Jill Neimark)作 ; 李淑珺譯. -- 第二版. -- 臺北市 : 遠見天下文化, 2016.11
面；　公分. -- (心理勵志 ; BBP395)
譯自 : Why good things happen to good people : the exciting new research that proves the link between doing good and living a longer, healthier, happier life
ISBN 978-986-479-112-5(平裝)

1.利他主義 2.利他行為

191.13　　105020689

電腦排版／製版廠 — 立全電腦印前排版有限公司
印刷廠 — 祥峰印刷事業有限公司
裝訂廠 — 政春裝訂實業有限公司
登記證 — 局版台業字第 2517 號
總經銷 — 大和書報圖書股份有限公司　電話／(02)8990-2588
出版日期 — 2009 年 1 月 30 日第一版
2016 年 11 月 30 日第二版第 1 次印行

定價 — NT380 元
平裝版 ISBN — 978-986-479-112-5
英文版 ISBN — 978-0-7679-2017-9
書號 — BBP395
天下文化書坊 — bookzone.cwgv.com.tw